Carmen Alborch · *Allein sind wir stark*

Carmen Alborch

Allein sind wir stark

Solas
Wie unabhängige Frauen
das Leben
selbstbewußt meistern

Aus dem Spanischen von
Michaela Meßner

Oesch Verlag

Die spanische Originalausgabe erschien 1999
unter dem Titel *Solas. Gozos y sombras de una manera de vivir*

Paseo de Recoletos, 4. E-28001 Madrid

Die Deutsche Bibliothek – CIP-Einheitsaufnahme

Alborch, Carmen:
Allein sind wir stark : Solas, wie unabhängige
Frauen ihr Leben selbstbewußt meistern /
Carmen Alborch. Aus dem Span. von Michaela Meßner. –
Zürich – Oesch, 2001
Einheitssacht.: Solas <dt.>
ISBN 3-85833-500-2

Satz: Oesch Verlag
Druck und Bindung: Legoprint S.p.A., Lavis (TN)
ISBN 3-85833-500-2

Gern senden wir Ihnen unser Verlagsverzeichnis:
Oesch Verlag, Jungholzstraße 28, 8050 Zürich
E-Mail: info@oeschverlag.ch
Telefax 0041/1 305 70 66 (CH: 01/305 70 66)

Unser Buchprogramm finden Sie im Internet unter:
www.oeschverlag.ch

Inhalt

Allein leben und allein sein ist nicht dasselbe
Anmerkungen zum Thema 11

Die vielen Gesichter der Einsamkeit 15
Was aber ist Einsamkeit? 16
Ohne Beziehungen gibt es keine Erfüllung 22
Einsamkeit und Liebe 26
Einsamkeit und Familie 31

Die Einsamkeit der Frauen 37
Das Phänomen Ehelosigkeit 40
Historische Modelle 43
Frauen brechen mit der Tradition 50
Jungfrau und Vampirin 63
Licht- und Schattenseiten des 20. Jahrhunderts . 68
Von Virginia Woolf zur *rive gauche* 71
Die *garçonne:* kurzer Rock und kurze Haare . . 80
Vom Kampf um Rechte zum *home sweet home* . 83
Der Bruch mit den Stereotypen 94

Single-Frauen und Single-Männer
Eine neue soziale Kategorie 103
Ein kultureller Wandel 103
Weibliche *lone rangers* 109
Dornröschen und der Prinz 120
Die alleinstehende Frau von heute 128
Der Rückschlag 132
Unsere wunden Punkte 143

Trennung und was danach kommt 147
Die Gründe 147
Die Verlassenen 154
Trennung in beiderseitigem Einverständnis . . . 160
Die schwierige Übergangsphase 161
Die Arbeit als Übergangsritus 167
Freundschaft zwischen Frauen:
ein gutes Mittel gegen die Einsamkeit 177

Alleinsein als positive Erfahrung 191
Der Blick nach innen 191
Und die Gefühle? 196
Wo liegt das Problem? 201
Den Geist öffnen 213
Jugend, Schönheit und Selbstachtung 217
Die Spielregeln 223
Das Dilemma der Weiblichkeit 230
Die Sexualität der Single-Frauen 238
Von der Liebe fürs Leben zu alternativen
Beziehungen 252
Beziehungen mit jüngeren Männern 257
Liebe im Verborgenen 259
Intensive Beziehungen ohne Verbindlichkeit . 261

Vom Dilemma, sich für oder
gegen die Mutterschaft zu entscheiden 262

Der eigene Raum 269
Angst vor den Zahlen 274
Der öffentliche Bereich 275

Die Mühen des Alleinseins 281

Bibliographie 287

Für meine geliebte Mutter
und meine Schwester Tita,
zwei wundervolle Frauen,
die wissen, was Einsamkeit ist
und Großherzigkeit bedeutet.

Allein leben und allein sein ist nicht dasselbe

Anmerkungen zum Thema

Als Frau allein zu leben ist nicht dasselbe, wie sich einsam zu fühlen oder gar eine Einzelgängerin zu sein. Das Buch, das die Leserin oder der (hoffentlich) Leser hier vor sich hat, handelt von den zahllosen Erscheinungsformen des Alleinseins und von der Frage, wie es sich auf Frauen auswirkt.

Vorerst möchte ich klarstellen, daß die Verfasserin dieser Zeilen stolz darauf ist, allein zu leben, daß sie viele Menschen an ihrer Seite weiß, die ihr Glück und Wärme geben, und daß sie sich mitnichten für eine einsame Frau hält. Das liegt zunächst einmal daran, daß ich eine wundervolle Familie habe, die mir eine wesentliche Stütze im Leben ist, daß ich von Menschen umgeben bin, die mir sehr nahe stehen, die mich lieben und mir diesen unentbehrlichen emotionalen Rückhalt geben, ohne den sich das Leben wohl nicht wirklich lohnen würde. In diesem Sinne betrachte ich mich also als einen glücklichen Menschen, da ich auf diese wärmende Zuneigung, durch die ich mich auch geistig erfüllt fühle, bauen kann.

Und doch hat mich das Thema Einsamkeit, über meine eigene Lebensgeschichte hinaus, als frauenspezifisches Thema und Studienobjekt schon seit langem gereizt, insbesondere im Hinblick auf meine eigene Generation, in der es Frauen gibt, die der Einsamkeit auf eine rauhere und härtere Weise ausgesetzt waren als ich.

Ich denke, daß wir Frauen aus der sogenannten »68er-Generation« in etliche Widersprüche verstrickt waren, die auf unsere Erziehung und den historischen Moment, den wir durchleben mußten und durften, zurückzuführen sind.

Die »Erziehung des Herzens«, die wir genossen haben, entstammte offensichtlich der herrschenden Kultur der herrschenden Klasse. Das heißt, die Frau war für die Rolle der Hausfrau und Mutter bestimmt; und sollte sie mitunter einen akademischen Titel tragen – was konnte dieser anderes sein als eine Krücke zum Erreichen dieses Ziels?

Doch am Rande der offiziellen Kultur gab es auch die Unzufriedenheit und das Leid der Frauen, wurden wir ständig zu Zeuginnen ihrer Resignation und Unterwerfung – obwohl sie doch den angeblich so beneidenswerten Status einer glücklichen und für alle Zeiten verheirateten Frau erreicht hatten.

Wie wir wissen, erreichte die Diskriminierung der Frauen in den sechziger Jahren einen Höhepunkt. Diese Diskriminierung erstreckte sich auch auf den universitären Bereich. Hier unterscheiden sich die Frauenberufe stark von denen der Männer.

Trotz alledem war die Universität, wie ich sie kennengelernt habe, ein privilegierter Hort der Freiheit, der es durch den Lesestoff, die Reisen und die Auseinandersetzungen gestattete, unseren intellektuellen Horizont in einem Maß zu erweitern, das vielen anderen Menschen verwehrt war.

Zunächst waren wir »links« und anschließend eingefleischte Feministinnen. Wir kämpften lang und erbittert um die Scheidung, für die Abschaffung der strafrechtlichen

Verfolgung der Abtreibung, für das Recht auf unseren Körper, die wirtschaftliche Unabhängigkeit. Wir kämpften für das, was wir für gerecht hielten. Dabei lernten wir, daß die Freundschaft zwischen Frauen ein gutes Gegenmittel sein kann gegen das, was Hauptthema dieses Buches ist: Lieblosigkeit und Einsamkeit.

Wie sind wir die geworden, die wir sind? Ich glaube, die meisten von uns sind allein, weil sie sich nicht haben unterkriegen lassen. Wir lebten in einer Paarbeziehung, solange die Liebe währte, solange wir einander begehrten, solange das gemeinsame Leben Spaß machte und wir uns ausreichend geliebt fühlten und solange gegenseitiger Respekt andauerte.

Aus der Perspektive meiner Generation, auf der Grundlage meines Engagements, meiner Erlebnisse und meiner Kultur habe ich dieses Buch geschrieben, was nicht heißen soll, daß ich mich auf meine persönliche Erfahrung beschränkt hätte. Ich greife zurück auf die Forschungen und Debatten, die beigetragen haben, die Lage der Frauen besser zu verstehen. Dabei habe ich erfahren, wie es um den Feminismus bestellt ist. Ich habe die Ansichten von Frauen anderer Generationen und Länder einander gegenübergestellt und mich dabei besonders für die Erfahrungen junger Frauen interessiert.

Weil wir Teil der Geschichte sind, wollte ich die historischen Aspekte nicht unterschlagen. Es war jedoch nicht meine Absicht, eine akademische Untersuchung zu schreiben; vielmehr wollte ich so über das Thema nachdenken, daß sich eine möglichst große Zahl von Frauen angesprochen fühlt. Daher habe ich auf die akademische Zitierweise verzichtet.

Ich hoffe, daß die Leserin oder der Leser dieser Seiten

aus meinen Recherchen – die im übrigen faszinierend waren – Nutzen zu ziehen vermag. Dies würde mich zufriedenstellen und für die Arbeit an diesem Buch entschädigen.

Abschließend möchte ich mich vor allem bei meiner Familie bedanken, von der ich immer Unterstützung und Anregung erhalten habe. Dann bei meinen Freunden, die meine Arbeit mit Interesse, Verständnis und Geduld begleitet haben, bei José Luis Gutiérrez, Carlos Ortega, Toni Picazo, Paca Conesa, Consuelo Catalá, Antonio Losada. Meinen Kolleginnen vom *Congreso Rosa Conde,* Amparo Rubiales, Cristina Alberdi und Ángeles Amador, sowie Laia Frías danke ich für ihre Hilfe. Mein besonderer Dank gilt der Historikerin Isabel Morant, die mich von Anfang an begleitete, und Charo Álvarez, der guten Fee, die mich in die komplizierte Welt der Informatik einführte.

Mein Dank gilt all den Menschen, die direkt oder indirekt dazu beigetragen haben, daß mein Weg etwas leichter wurde. Und natürlich dem Verlag Temas de Hoy.

Die vielen Gesichter der Einsamkeit

Viele große Gestalten der Literatur, von Aristoteles bis Joseph Conrad, haben über die Einsamkeit geschrieben: Jack London, Hermann Hesse, T. S. Eliot, Sigmund Freud, Thomas Wolfe, James Joyce, Immanuel Kant, René Descartes, Franz Kafka, Tennessee Williams, Georg Wilhelm Friedrich Hegel und viele andere. Friedrich Nietzsche war wohl der besessenste und bedeutendste Philosoph der Einsamkeit und vielleicht auch eines ihrer zerrüttetsten Opfer, denn er litt unter einer ihrer psychopathischen Spielarten. Auch Guy de Maupassant, Lew Tolstoi, Ludwig Wittgenstein, Miguel de Cervantes, August Strindberg oder Simone Weil – für sie bedeutete einsam zu sein, die Wahrheit der Welt zu besitzen – hatten unter ihr zu leiden.

Die Einsamkeit äußert sich in unendlich vielen Formen und unter Umständen ziemlich heftig. Sie ist permanentes Studienobjekt von Ärztinnen, Soziologinnen, Psychologen, Psychoanalytikerinnen, Theologen, Predigerinnen oder Beichtvätern, Sozialwissenschaftlerinnen, Anthropologen, Pädagoginnen, Lehrern und Erzieherinnen, Demographen, Gesetzgeberinnen oder Politikern, Schriftstellerinnen, Malern, Musikerinnen, Essayisten, Dichterinnen oder Philosophen. Unter den Schriftstellerinnen sind es besonders die Autorinnen von Kriminal- oder Detektivromanen, vielleicht weil die Einsamkeit schon immer Ursprung für die unergründlichste Angst des Menschen war, für seine tiefsten und schwärzesten Momente der Verzweiflung und weil sie zu den Beweggründen der niederträchtigsten, abscheulichsten und unerklärlichsten Verbrechen zählt. Aber auch im Schaffensmoment der Kunst, im höchsten Gefühl sublimsten ästhetischen Genusses ist der Mensch einsam. Die Einsamkeit ist weder ein Virus noch eine Erkrankung der Seele, denn wir alle haben sie mehr oder minder stark gespürt, unter ihr gelitten oder sie sogar genossen.

Was aber ist Einsamkeit?

Was ist nun eigentlich Einsamkeit, die im Leben des Menschen, in seiner Seele und seinem Geist so viel Raum einnimmt, daß sie uns »von der Wiege bis zur Bahre und vielleicht noch darüber hinaus« begleitet, wie es bei Conrad geschrieben steht? Liegt vielleicht, wie Wolfe nahelegt, das Wesen der Tragödie nicht so sehr im Konflikt zwischen unvereinbaren Gegensätzen als vielmehr in der Begegnung des Menschen mit seiner Einsamkeit?

Einsamkeit ist weit mehr als eine Idee; sie ist ein Gemütszustand, ein Gefühl – und nicht nur eine bestimmte persönliche Situation. Zwei Dinge charakterisieren sie: die Kommunikationslosigkeit – sei sie nun gewollt oder ungewollt, körperlich oder seelisch bedingt – und die Dauerhaftigkeit, die in die quälende Angst derer führt, die vergeblich nach einem Menschen suchen, der sie von ihrem Leid erlöst.

Sehen wir uns als Beispiel ein paar beunruhigende, schöne und zugleich haarsträubende Verse an:

Was seht ihr, ihr Krankenschwestern, was seht ihr?
Als ihr mich ansaht, dachtet ihr:
eine alte Frau, gebrechlich und stumpfsinnig
mit verloren blickenden Augen,
die ihr Essen entgegennimmt und nie Antwort gibt.
Wenn ihr die Stimme erheben würdet, um mir zu sagen: Es würde mich freuen, wenn du es probieren würdest ... dann würde ich euch sagen, wer ich bin, ich, die ich hier sitzen bleibe, reglos, die ich aufstehe, um eurem Befehl zu folgen und zu essen, wie ihr es wünscht.
Ich bin ein zehnjähriges Mädchen, habe Papa und Mama.
Ich habe Brüder und Schwestern, die sich alle liebhaben.
Bald darauf war ich eine Braut von zwanzig, als mein Herz einen Sprung tat und sich an die Versprechen erinnerte, die ich zu halten versprach.
Mit zweiundzwanzig hatte ich selbst Kinder, die mich brauchten, und ich gab ihnen ein behütetes und glückliches Zuhause.
Mit fünfzig laufen wieder neue Kinder zwischen meinen Beinen herum.
Aber mit dem Tod meines Mannes brauen sich düstere Tage über mir zusammen.
Ich sehe in die Zukunft und werde krank vor Angst.
Die jungen Leute in meiner Familie sind alle sehr mit ihren Dingen beschäftigt.
Und ich denke an die Jahre der Liebe, die ich erlebt habe.
Jetzt bin ich eine alte Frau, und die Natur ist sehr grausam.
Der Körper wird welk, Anmut und Kraft sind dahin.
Wo früher ein Herz war, ist heute nur noch ein Stein.
Aber unter dem alten Gehäuse atmet noch ein junges

Mädchen, und jetzt wird mein geschundenes Herz wieder lebendig.
Ich erinnere mich an das Leid, ich erinnere mich an die Freude,
ich liebe wieder und lebe wieder
und denke, daß es so wenige Jahre sind,
daß sie zu schnell vorbeigegangen sind.
Und die Tatsache, daß nichts von Dauer sein wird, akzeptiere ich.
Also macht eure Augen auf, ihr Krankenschwestern, und seht!
Ich bin keine alte, gebrechliche Frau. Kommt her und schaut mich an!

Dieses Gedicht, das ich hier in freier Übersetzung wiedergebe, wurde am 2. Februar 1974 in der Zeitung des *Hospital Guy* im Distrikt Greenwich (London) veröffentlicht. Geschrieben wurde es von einer einsamen und schweigsamen Greisin, die in der geriatrischen Abteilung untergebracht war und von der ihre Pflegerinnen angenommen hatten, sie könne weder lesen noch schreiben. Nach ihrem Tod wurde es in ihrer Schublade gefunden.

Ganz wie die Depression, eine ihrer bekanntesten Folgen, kann die Einsamkeit versteckt, verleugnet, angenommen und auf viele Weisen gedeutet werden. Mitunter ist sie schmerzhaft, selbstzerstörerisch, süß und bitter zugleich, sie wird mit Stolz oder Verzweiflung getragen, kann beängstigend oder schlichtweg verheerend sein, aber auch schöpferisch und bereichernd.

Fachleute sind der Ansicht, daß wir die Einsamkeit bereits in den ersten Lebensmomenten auf eine unbestimmte und instinktive Art wahrnehmen, wenn wir den schützenden Mutterleib verlassen haben und der Nabelschnurkontakt zur Mutter unterbrochen wurde. Dieser Bruch sei der Ursprung der Einsamkeit, die uns immer begleitet, und ihr Gegenbild der sehnliche Wunsch nach Rückkehr in den Mutterleib, der Wunsch nach Verschmelzung mit der Mutter, der Urtrieb nach einem Ende der Einsamkeit.

Einsamkeit und Dunkelheit fallen in der Vorstellung des Kindes zusammen, das verängstigt mitten in der Nacht weint, damit ihm eine Stimme antwortet. Wenn Mutter oder Vater antwortet, verschwindet die Dunkelheit.

Ein Übermaß an Bruch oder Trennung führt zu krankhaften Formen der Einsamkeit bis hin zur großen Bandbreite sexueller Abweichungen, etwa als »pervertierte« Form des Kontakts bei Voyeuren oder Exhibitionisten oder bei Männern, die Frauen anonym anrufen und ihnen Obszönitäten sagen.

Einsamkeit ist die Unmöglichkeit der Kommunikation; vielleicht hat Dante dieses Gefühl in seiner *Göttlichen Komödie* im neunten Kreis der Hölle (32. und 33. Gesang) auf die erschreckendste Weise dargestellt: *Was spiegelst du dich so in unserm Leide?* Die Unglückseligen liegen in einem Eisgrab, verdammt zu ewiger Einsamkeit in endloser und eisiger Agonie:

Und einer von den Traurigen aus dem Eis
Rief uns dann zu: »Oh, ihr verruchten Tiere,
So daß euch zuerkannt der letzte Kreis,

Nehmt mir vom Angesicht die Eisvisiere,
So daß das Leid, wodurch das Herz mir bricht,
Sich etwas löse, eh es wieder friere.«

[aus dem 33. Gesang. Ü.: Wilhelm G. Hertz]

Soziologisch gesehen, ist Einsamkeit heute eine Folge des Individualismus der modernen westlichen Gesellschaften, die das Individuum mit seinen jeweiligen Rechten und Freiheiten über die Gruppe stellen. In den auf Gemeinschaft basierenden Gesellschaften hingegen rührt das Gefühl der Einsamkeit daher, daß das Individuum – dessen Rechte immer denen der Gruppe, der Familie, des Clans, des Dorfes oder des Stamms untergeordnet sind – sich entfernt und seine Gemeinschaft verläßt. Diese Gemeinschaft weist jede Initiative zurück, die aus individueller Freiheit erwächst.

Aus diesem Grunde ist die Einsamkeit ein äußerst komplexes Phänomen, das gleichermaßen in der verzweifelten Angst der Greisin gegenwärtig ist, die in ein Altersheim gesperrt wird, wie in dem metaphysischen Schrecken Nietzsches oder in Madame Bovarys unendlicher Langeweile in der Provinz.

Allein zu sein ist nicht dasselbe, wie sich allein zu fühlen, noch ist allein zu leben gleichbedeutend mit Isolation oder Einsamkeit. Das Spektrum dieses Gefühls ist groß: Der Zustand wird als befriedigend oder als nur eine begrenzte Zeit lang erträglich empfunden, als freiwillig gewählt oder aufgezwungen, als ein momentaner oder ein dauerhafter Zustand, als durch den Zufall oder durch eine gewisse Folgerichtigkeit bedingt, als oberflächlich oder tiefgehend oder als Endzustand. Wenn wir sagen, wir würden alleine geboren und müßten alleine sterben, so meinen wir, daß die beiden äußersten Ereignisse im Leben eines Menschen von Einsamkeit gezeichnet sind.

Über die Einsamkeit des Menschen wird in Literatur, Philosophie und Religion viel nachgedacht. Auf dem Terrain der Philosophie und Religion zeigt sich die Einsamkeit von ihrer komplexesten und dichtesten Seite. Auf der einen

Seite die theologische Einsamkeit des Gläubigen, die nur in der Begegnung mit Gott gestillt wird. So leidet zum Beispiel der Einsiedler nicht so sehr unter Einsamkeit, da er ja von dem von ihm verehrten hohen Wesen nie verlassen wird. Und auf der anderen Seite die Entwurzelung als Form der Einsamkeit, welche die Entfernung vom heimatlichen Boden mit sich bringt, der uns Sein und Leben gegeben hat. Diese Form der Einsamkeit ist immer im Spiel, wenn Individuen, Gemeinschaften oder Völker ihr Territorium verlassen müssen, angefangen bei den Völkerwanderungen der Afrikaner, die durch Krieg oder Hunger verursacht wurden, bis hin zur Verfolgung indianischer Nationen selbst in den elenden »Reservaten«, in die sie gepfercht wurden. Sie ist auch immer gegenwärtig, wenn Einwanderer die Sprache und die Sitten des fremden Landes nicht kennen und es nur als einen feindlichen Ort begreifen, an dem sie arbeiten und wohnen müssen.

Die Einsamkeit als soziales Phänomen verweist uns auf jene Menschen, die sich nicht in das Normen- und Wertesystem einer bestimmten Kultur oder Zivilisation integriert fühlen. Wenn Karl Marx, der bei seiner Annäherung an das Phänomen der menschlichen Einsamkeit geblendet war vom Entfremdungscharakter des Wirtschaftssystems, der Gesellschaft die Schuld an der Einsamkeit zuschöbe, so würde ihn Freud mit dem Argument widerlegen, daß die Einsamkeit im Menschen selbst liegt, nicht in dem System, das ihm als soziale und wirtschaftliche Struktur dient. Die Aggression gegen den Menschen, die ihn in seiner Einsamkeit einschließt, rührt nicht vom System, sondern vom eigentlichen Wesen des Menschen selbst her und geht aus diesem Grunde dem Erscheinen des Kapitalismus voraus.

In *Der Steppenwolf* schildert Hermann Hesse auf meisterhafte Art und Weise das Unbehagen eines Menschen, der sich zwischen zwei Kulturen, die ihm gleichermaßen fremd sind, hin und her gerissen fühlt; in *Die Früchte des Zorns* von Steinbeck können wir Ähnliches entdecken: die Entwurzelung der mexikanischen Saisonarbeiter in der ihnen fremden Welt.

Zum Schluß sei auf die Einsamkeit des Individuums in der Begegnung mit den anderen hingewiesen, die auch in körperlicher Hinsicht vielleicht als eine der schmerzvollsten Formen der Einsamkeit erfahren wird. Schöpferisch tätige Menschen, Künstlerinnen, Maler, Bildhauerinnen, Musiker, Lyrikerinnen und Dichter haben dem ständigen Leiden jener Menschen, die sich unter ihresgleichen einsam fühlen, Gestalt verliehen oder sich von diesem inspirieren lassen; daran zeigt sich auch, daß dieses Leid als Stimulus für die Schöpfung der größten und erhabensten Kunstwerke gedient hat.

Wie wir gesehen haben, ist das Phänomen Einsamkeit überaus komplex, es ändert sein Gesicht je nachdem, wer an ihr leidet und unter welchen persönlichen, geistigen oder sozialen Umständen es auftritt.

Ohne Beziehungen gibt es keine Erfüllung

Es ist unsere Bestimmung im Leben, unser Glück zu suchen (was niemals vollständig gelingen kann). Wenn wir es gefunden haben, genießen wir es im allgemeinen in Gesellschaft, denn der Mensch ist ein soziales Wesen. So werden wir als Person in dem Maße geschätzt, in dem wir in der Lage sind, unseren Mitmenschen Freude zu bereiten. Anderseits ist Erfolg nichts anderes als Bestätigung durch unsere Mitmenschen. Die Stimme einer Diva kann noch so wundervoll sein, sie ist unfruchtbar, wenn sie sich in der Öde und Einsamkeit einer Wüste verliert – der beängstigendsten Form von Einsamkeit für die Diva, denn dort bekommt die Sängerin nicht den Applaus, der sie bestätigt: ein Nachweis dafür, daß die Menschen entschieden auf die Anwesenheit und Zustimmung ihrer Mitmenschen angewiesen sind.

Es gibt also keine Erfüllung ohne die Beziehung zu den anderen; wir brauchen ihre Anerkennung, ihre Unterstützung, ihre Konkurrenz und ihre Liebe als Heilmittel gegen die Einsamkeit. Um leben zu können, brauchen wir den Blick der anderen. Es wird uns nie gelingen, uns ohne den Beistand der anderen an uns selbst zu erfreuen; selbst Robinson Crusoe bedurfte der Gesellschaft eines Freitag.

Rousseau war in der westlichen Welt der Vorreiter der Idee vom sozialen Charakter des Menschen, dem er, anders als die Kyniker und Stoiker, nicht das Bedürfnis absprach, einen Zustand der Erfüllung zu erreichen. Das heißt, Rousseau begreift das Glück des Menschen als etwas, das aus seiner Unvollkommenheit heraus entsteht, aus seiner Beschaffenheit als unvollständiges Wesen, das der Hilfe und Zuneigung seinesgleichen bedarf, um ein Gleichgewicht oder ein vernünftiges Maß an individuellem Glück zu erlangen. Natürlich ist sich der französische Denker der Vergänglichkeit von Glück oder Lust bewußt: »Je mehr der Mensch an etwas hängt, desto stärker leidet er.« Eine Freude, die alleine erlebt und nicht geteilt werden kann, ist keine Freude, während das Leiden in der Einsamkeit, die wie ein machtvoller Katalysator wirkt, sich bis zur Beklemmung steigert.

Rousseaus Gedanke zur Unvollkommenheit des Menschen ist auf großartige Weise von Platon im Mythos von den »runden Wesen« vorweggenommen worden. Laut Platon bestanden die Menschen ursprünglich aus drei Geschlechtern: dem männlichen, dem weiblichen und dem mannweiblichen; der Mann stammte von der Sonne, die Frau von der Erde und das zweigeschlechtliche vom Monde. Die Gestalt jedes Menschen war rund, ein jeder hatte vier Beine und vier Arme, zwei Geschlechtsorgane und zwei verschiedene, aber einander entgegengesetzt liegende Gesichter mit jeweils zwei Ohrmuscheln an dem gemeinschaftlichen Kopf und einem ringsherum gehenden Nakken. Ihr großer Übermut hatte sie dazu verleitet, sich einen Zugang zum Olymp bahnen zu wollen, um die Götter herauszufordern. Diese wußten schließlich nicht mehr, ob sie die Menschen, wie einst die Giganten, mit dem Blitz zerschmettern und ihre Gattung zugrunde richten oder ob sie sie verändern sollten, um nicht die Opfer zu verlieren, mit denen sie von den Menschen bisher geehrt wurden.

Zeus beschloß, sie in zwei Hälften zu schneiden, um sie schwächer werden zu lassen und ihre Zahl zu vergrößern. Nach dem brutalen Eingriff verspürten beide Hälften zum ersten Mal Angst und Einsamkeit, und um sie zu überwinden und sich nicht verloren zu fühlen, machten sie sich auf die Suche nach ihrer anderen Hälfte. So trat die Einsamkeit in das Leben der verängstigten Menschen, welche die Schamteile noch im Rücken und den Kopf nach vorne gewendet hatten. Statt ihre Zahl zu vergrößern, begann die Menschheit zugrunde zu gehen, und wenn sie ihrer anderen Hälfte begegneten, schlangen die verschiedenen Hälften, die angesichts der Einsamkeit hilflos und verschreckt waren, mit so sehnsüchtigem Verlangen und solcher Begierde die Arme umeinander, daß sie Hungers starben. Schließlich machte Zeus der Tragödie ein Ende, indem er ihnen die Geschlechtsglieder nach vorne versetzte und ihnen die Fähigkeit verlieh, sich durch die Frau zu vermehren.

Doch statt das Potential ihrer Verschiedenheit zu nutzen, führten sie selbst das Werk der Teilung aus, das Zeus begonnen hatte. Die Unordnung, die es mit sich brachte, die verschiedenen Hälften wieder zusammenzubringen, führte zum Chaos und in der Folge zu all der Verruchtheit und all den Lastern, von denen die Menschheit seither geleitet und stigmatisiert wird. Als der Mensch die niemals geplante Schlacht gegen die Götter verlor, entschied sich der Mann für den einfachsten Weg: die Frauen und schwächeren Männer zu beherrschen.

So schildert die Geschichte den Ursprung der Menschen und ihr Schicksal, unvollständige Wesen zu sein, die ständig auf der Suche nach der ihnen genau entsprechenden anderen Hälfte sind. Zugleich beschreibt sie den Ursprung der menschlichen Einsamkeit.

Diotima lehrte Sokrates die verschiedenen Stufen der Liebe, die mit der erotischen Liebe beginnen und bis zur reinen Liebe zur Schönheit hinaufreichen. Aber sie erzählte ihm auch von einer anderen Art von Liebe: der öffentlichen oder politischen Liebe, einem Gefühl der Zuneigung zu allen Menschen und Dingen, die in dem Maße etwas mit der Einsamkeit zu tun hat, als du das Gefühl hast, daß andere Menschen ein Teil von dir sind. Auf diese Weise wächst du mehr, als wenn du ein einsames Individuum wärest. Selbst wenn wir von der Vorstellung ausgehen, daß wir vollendete, wenn auch zweifellos unvollkommene Individualitäten sind, scheint es doch (nach Tzvetan Todorov) offensichtlich, daß wir in ständiger Verhandlung leben und daß uns in unserem Alltag Zusammenarbeit mehr Nutzen bringt als Egoismus.

Einsamkeit und Liebe

Wir können nicht über die Einsamkeit reden, ohne auch auf die Liebe zu sprechen zu kommen, zumal die Liebe stets als ein wesentliches Schlüsselelement der weiblichen Persönlichkeit angesehen wurde. Oft wurde sogar behauptet, die Frau sei »von Natur aus« besonders für die Leidenschaften des Herzens prädisponiert. Eben jene weibliche Hingabe in der Liebe, die oftmals von Bedingungslosigkeit und Allgegenwärtigkeit geprägt war, hat zu einer Art höchster Erfüllung geführt, welche die Liebe in eine Religion verwandelt. Wir Frauen sind zweifelsohne in einer Kultur sozialisiert worden, in der die Gefühle einen herausragenden Stellenwert haben. Die verschiedenen Rollen, welche die Gesellschaft Männern und Frauen zuweist, spiegeln sich in der Vorstellung wider, welche die einen wie die anderen sich von der Liebe machen. Die Asymmetrie der Gefühlsrollen ist auch heute noch, da die Liebe aus der Enge von Heim und Herd befreit wurde, eine Tatsache, zumindest in jenen Gesellschaften, in denen die Entscheidungsfreiheit von Frauen und Männern geachtet wird. Diese Situation, die, wie wir sehen werden, zu einer Reihe von Konflikten führt, legt uns den Gedanken nahe, daß wir Rimbauds Aufforderung nachkommen sollten, die Liebe »neu zu erfinden«. Zu suchen wäre dann ein neues Gleichgewicht, die wirklich gegenseitige Liebe, die, wie Denis de Rougemont sagte, die Gleichheit der sich Liebenden erforderlich macht und herstellt, so daß der Mann einer Frau seine Liebe zeigt, indem er sie wie ein eigenständiges menschliches Wesen behandelt. Diese Art von Liebe hat nichts mit der Vorstellung von der Liebe als Leidenschaft gemein.

Ich will hier auf das wundervolle Buch *Die Liebe und das Abendland* (1939) von de Rougemont zu sprechen kommen, und zwar nicht so sehr aufgrund seiner glänzenden Analyse des Ursprungs und der Entwicklung des Mythos von Tristan und Isolde, als vielmehr aufgrund der Gültigkeit seiner Worte im Hinblick auf den Konflikt zwischen der leidenschaftlichen Liebe und der Ehe. Der Autor vertritt die Ansicht, daß es gerade die Leidenschaft ist, die die Idee der Ehe tötet. Diese Aussage machte er ausgerechnet in einer Epoche, in der versucht wurde, die Ehe auf den Werten einer Ethik der Leidenschaft zu gründen, nach der die Leidenschaft um ihrer selbst zu lieben sei und die Liebe mehr als das Liebesobjekt selbst. Nach dieser Ethik bedeutet Leidenschaft Leid, etwas, das durchlitten wird: die Vormacht des Schicksals über die Freiheit und Verantwortlichkeit der Person. Die Leidenschaft ist die höchste Prüfung, die ein Mensch erfahren kann; nur wer durch sie hindurchgegangen ist, hat ein erfülltes Leben genossen.

Alle oder fast alle träumen den Mythos von Tristan und Isolde, sosehr er auch in Vergessenheit geraten sein mag. Hier liegt das Geheimnis der Angst begraben, die heutzutage so viele Paare quält. Leidenschaft wird mit Abenteuer gleichgesetzt, mit den vielversprechenden Brüchen im Leben und damit, daß wir dazu neigen (und es genießen), Risiken einzugehen, was uns die Illusion von Freiheit und Erfüllung verschafft – eine echte Illusion, weil der leidenschaftliche Mann sich danach sehnt, besessen zu werden, und weil die leidenschaftliche Liebe gerade das Gegenteil von Leben bedeutet, nämlich eine Verarmung des Seins und die Unfähigkeit, das Gegenwärtige zu lieben. Weil wir einerseits mit der Idee der Ehe aufgewachsen und anderseits zugleich durch Lektüre, Filme und Theaterstücke von jener romantischen Atmosphäre umfangen sind, stehen wir in einem steten Konflikt.

Leidenschaft und Ehe seien daher grundsätzlich unvereinbar. Durch ihren Ursprung und ihr Ziel schließen sie sich gegenseitig aus, und wenn beide zugleich da sind, führe das zu unlösbaren Problemen. Die Liebe, so heißt es, muß alle Hindernisse besiegen, aber sie zerbricht fast immer an einem: an der Dauer, dem Grundstein der Ehe, die als Institution geschaffen wurde, um zu überdauern. In vielen Fällen, etwa in den Botschaften aus Hollywood, sind die Ehe und die sogenannte romantische Liebesgeschichte eins; die Ehe geht aus der Romanze hervor. Die romantische Liebesgeschichte wird durch Hindernisse am Leben erhalten, durch erhebende Augenblicke und Trennungen, während die Ehe aus Gewohnheit und alltäglicher Nähe besteht. Die romantische Liebesgeschichte sucht nach der »Liebe aus der Ferne« der Minnesänger; die Ehe sucht nach der Nächstenliebe. Wenn ein Mensch in romantischer Verliebtheit geheiratet hat, so ist es ganz normal, daß sich, sobald diese verflogen ist, die Frage stellt, warum überhaupt geheiratet wurde. Genauso normal ist es, daß ein Partner, im Glauben an die universelle Propaganda der romantischen Liebe, die erstbeste Gelegenheit wahrnimmt, sich erneut zu verlieben. Sich scheiden zu lassen, um in der neuen Liebe, die in eine neue Ehe mündet, ein neues Versprechen von Glück zu finden: alle drei Vorstellungen laufen auf dasselbe hinaus: auf einen erneuten Versuch.

Abgesehen vom Kult der romantischen Liebe, der sich

verstehen läßt als eine die Vernunft des Kompromisses übertönende Glückssuche, rührt die Krise der Ehe von einer Vielzahl tiefgreifender Ursachen her, unter ihnen die Emanzipation der Frau, die Popularisierung der Humanwissenschaften, die zu gesteigerter weiblicher Selbsterkenntnis und höherer Erwartung an das Eheleben führt, sowie die großen Entwicklungschancen der Psyche in der Moderne. Wir müssen versuchen, aus dieser Krise, zu der es nicht aus Zufall kam, die Botschaften herauszulesen, die uns über uns selbst, unsere Wünsche und Geheimnisse Aufschluß geben.

Zuletzt bringt Rougemont die Ehe mit der Treue in Verbindung: Sich eine Frau auszuwählen bedeutet für einen Mann soviel, wie auf sie zu setzen, es ist eine Entscheidung der Willkür, für deren Folgen er geradezustehen sich verpflichtet. Zugleich ist es die andauernde Weigerung, die eigenen Wünsche zu verspüren (weil wir zum Wohl des geliebten Wesens handeln wollen). Diese Weigerung ist weder ein Akt sich selbst auferlegter Disziplin noch eine verhaßte Einschränkung, ist weder Heldentat noch Herausforderung, sie ist vielmehr eine unglaubliche Genügsamkeit, eine geduldige und zermürbende Fleißarbeit und bringt auf diese Weise die Vernunft zum Ausdruck. Das Glück in der Ehe hat seine Grundlage in der Gesetzlichkeit eines mit dem anderen auf immer verbundenen neuen Lebens, denn wenn das Verliebtsein ein Zustand ist, so ist das Lieben ein Handeln; den Zustand erleiden wir, für das Handeln aber entscheiden wir uns. Schließlich definiert Rougemont die Ehe als eine Institution, die die Leidenschaft nicht wegen der Moral, sondern wegen der Liebe im Zaume hält. Diese Alternative bedeutet aber nicht, daß die Leidenschaft damit in Bausch und Bogen verurteilt wäre, denn dieses hieße ja auch, einen Pol unserer schöpferischen Spannung zu unterdrücken.

Wie wir gesehen haben, ist de Rougemont auf der Suche nach einem neuen Gleichgewicht in der Partnerschaft, einem Gleichgewicht, das zwischen stets gleichzeitig auftretenden, einander zuwiderlaufenden und legitimen Forderungen eingespannt ist, zwischen Stabilität und Entwicklung, zwischen Gattung und Individuum, zwischen der Verwirklichung der Person und dem Absoluten. Auch für dieses Gleichgewicht erweist sich die Gleichheit der Liebenden als grundlegend. Anthony Giddens, der in dieselbe Richtung zielt, stellte die romantische Liebe der »zusammenfließenden Liebe« entgegen, die eine aktive Liebe ist und sich folglich nicht mit den Wendungen der romantischen Liebe (»für immer« oder »einzig und allein«) verträgt. Die zusammenfließende Liebe setzt die Gleichheit des emotionalen Geben und Nehmens voraus; Liebe nähert sich – nach Giddens – um so stärker dem Prototyp der reinen Beziehung an, desto mehr die Beziehung auf sexueller und emotionaler Gleichheit beruht. Das hat, im Hinblick auf die bereits existierenden Formen, explosive Auswirkungen auf die verschiedenen Rollen der Geschlechter und ihre Machtbeziehungen. Der Wandel der Intimität kann einen subversiven Einfluß haben, wenn wir ihn als eine Vereinbarung über die persönlichen Bindungen zwischen gleichen Individuen, als absolute Demokratisierung des zwischenmenschlichen Bereichs, begreifen.

Einsamkeit und Familie

Wenn wir uns mit der Einsamkeit auf dieselbe Weise wie mit der Liebe befassen wollen, müssen wir auch hier von der Familie und der Ehe sprechen: Beide Institutionen wandelten sich im Laufe der Zeit bis hinein in unsere Tage, in denen die sogenannte patriarchialische Familie in die Krise geraten ist, als Folge eines Paarmodells, in dem die Gleichberechtigung der Geschlechter eine immer größere Rolle spielt und dem die zunehmende weibliche Autonomie *nicht* mehr fremd ist.

Selbstverständlich werden nach wie vor viele Ehen geschlossen (und immer mehr geschieden); daneben gibt es immer mehr Formen des Zusammenlebens, Paare ohne Trauschein, Einelternfamilien, Frauen, die allein leben, emotionale Beziehungen, bei denen die Beteiligten keine Kompromisse schließen und keine Verantwortung übernehmen, zahlreiche Formen des Zusammenlebens, die mit dem traditionellen Muster nichts mehr gemein haben und folglich die institutionalisierte Version der ewigen Liebe in Frage stellen. Wir dürfen nicht vergessen, daß es auch glückliche Ehen gibt, was darauf zurückzuführen ist, daß sie auf Engagement, Toleranz, Respekt und Kompromißbereitschaft beruhen. Noch immer entscheiden sich die meisten Paare, die eine Familie gründen wollen, für die Ehe, auch wenn, wie bei Umfragen der Europäischen Gemeinschaft neulich festgestellt wurde, die Zahl der unehelichen Kinder zunimmt.

Zunächst hat die Ehe als soziale Institution die Aufgabe, die biologische Reproduktion zu sichern. Folglich waren die jungen Frauen aufgrund ihrer größeren Fruchtbarkeit die begehrtesten. Schönheit, Jugend und Fruchtbarkeit sind kulturelle Leitbilder, die auch heute noch zusammengehören, selbst wenn Schönheit heute »Sex-Appeal« heißt. Aber wir sollten uns auch in Erinnerung rufen, daß in der Zeit, als die Menschen Nomaden und Jäger, Ackerbauern und Sammler waren, die sexuelle Aktivität nicht unbedingt mit der Reproduktion verknüpft wurde. War eine Frau schwanger, wurde das als die Folge einer Fähigkeit verstanden, die nur sie selbst besaß. Für die Tatsache, daß sie in ihrem Schoß Leben hervorbringen konnte, wurde die jeweilige Fruchtbarkeitsgöttin verantwortlich gemacht. Männer und Frauen lebten in der Einheit mit der Natur (oder waren Teil einer einzigen Natur), und es gab die Zweiteilung in eine männliche und eine weibliche Sexualität nicht; diese trat erst in Erscheinung, als die Männer ihre Rolle bei der Erzeugung der Nachkommenschaft kennenlernten. In den *Eumeniden* des Aischylos sagt Apollo, die Mutter sei nur die Amme für den Samen, der in ihren Bauch gelegt wurde; nicht sie bringe den Sohn hervor, sondern der Vater sei der Erzeuger, die Frau empfange den Samen als ein fremdes Aufbewahrungsgefäß und behalte ihn dort, sofern es den Göttern gefalle.

Später fingen die Männer an, die Aktivitäten der Frauen zu beschneiden, um das Erbe der Kinder zu sichern. Die Frau, die den Mysterien des Lebens unterworfen ist, gab das Recht weiter, ohne es selbst inne zu haben, übernahm die Nährfunktion und beteiligte sich nicht an der Eroberung der Natur durch den Mann. Der Unterwerfung der Frau durch den Mann begegnen wir von der Genesis bis hin zum Napoleonischen Kodex: Da sie dem Mann gegeben wird, um ihm Kinder zu schenken, gehört sie auf dieselbe Weise zu seinem Besitz, wie die Frucht eines Baumes dem Gärtner gehört. Die weibliche Sexualität wird allmählich als etwas Mysteriöses, Komplexes, Diffuses und Gefährliches angesehen. Leider ist dies selbst heute noch in vielen Kulturen mehr als nur eine Reminiszenz, von Verstümmelungen bis hin zur Forderung der Erhaltung der Jungfräulichkeit und der Steinigung bei Ehebruch.

Die christliche Ehe, die abgesehen von der katholischen Kirche noch andere berühmte Verteidiger gekannt hat – etwa C. G. Jung und Goethe, der sie als die große Errungenschaft der westlichen Kultur und als das solide Fundament jeden persönlichen Lebens ansah, bis hin zu Engels, der den monogamen Bund als die vernünftigste Form der Geschlechterbeziehung betrachtete, diese absolute Ehe erlangt im 19. Jahrhundert zusammen mit einer Aufwertung des Liebesgefühls durch die Romantik große Popularität. Die Ehe, eine Institution, die den Eheleuten soziale, politische oder wirtschaftliche Respektabilität bescherte, sollte für die Frau, die nur auf Glück hoffen konnte, wenn sie ihrer Aufgabe als Mutter und Ehefrau nachkam, eine Erfüllung darstellen. Dies bedeutete zugleich eine Zurückweisung der lesbischen und der unverheirateten Frau. Die Frau war auch weiterhin dazu verurteilt, die einzig mögliche Rolle als Mutter und Ehefrau zu spielen und auf eigene Individualität zu verzichten. Sie wurde nur als Mutter, Schwester, Tochter, Ehefrau oder Geliebte eines Mannes geachtet und beachtet, der seinerseits sehr wohl anerkannt war.

Die sozialen, demographischen und wirtschaftlichen Veränderungen haben Frauen (und auch Männern) eine größere individuelle Freiheit beschert, die es ihnen gestattet, unabhängig von der traditionellen Familie zu leben und zu handeln. Wir ertragen es heute nicht mehr, in ein Familienschema gepreßt zu werden. Wir brauchen Raum, wir wollen frei sein, um das zu sein, was wir sein wollen. Als Preis für diese Freiheit kann sich ein Gefühl des Alleinseins einstellen, eine Leere, die wir zu füllen versuchen, ohne uns damit aufzuhalten, nach den Ursachen dieses Gefühls zu forschen. In dieser fragmentierten und individualistischen Gesellschaft gibt es nicht nur *einen* Weg und *eine* Art zu leben. Obwohl das Modell der traditionellen Familie, wie wir gezeigt haben, immer noch Gültigkeit hat, wird diese demokratischer, und ihre Hierarchien werden flacher. Der schwindende soziale Druck hat vielfältigen Beziehungsformen Raum geschaffen. Das Prinzip Gleichheit greift öfter und bestimmt sowohl die Institutionen wie auch das Verhalten der Individuen. Es kommt zu zwischenmenschlichen Konflikten, die eine Antwort auf die Wachstumskrise einer Gesellschaft darstellen, die sich auf dem Weg zu einer realeren Demokratie befindet, in der wir ohne verfälschte Versionen unserer selbst und der anderen lieben können und in der Modelle des Zusammenlebens, die auf Unterwerfung beruhen, im Verschwinden begriffen sind.

Die große Zahl der immer noch stattfindenden Mißhandlungen beweist – einmal davon abgesehen, daß sie das Elend des Menschen und die Brutalität einiger Männer zeigen –, daß die Frau immer noch als Besitztum des Mannes betrachtet wird, ein Besitz, den Mann nicht unbedingt achten muß und mit dem er sich bestialische Exzesse »leisten« kann, die zur Verzweiflung und zum Tod des »Besitzes« führen.

Lassen wir diese schlimmen Vorfälle einmal außer acht, so stoßen wir auf ein Dilemma, das aus dem Mißverhältnis zwischen unserem religiösen und kulturellen Glauben an eine lebenslange Ehe und der Realität am Anfang des

21. Jahrhunderts erwächst. Wir wollen für immer geliebt werden, und trotzdem wird es immer unwahrscheinlicher, daß wir eine lebenslange Ehe eingehen. Viele Menschen in den am »höchsten« entwickelten Ländern verbringen die größte Zeit ihres Erwachsenenlebens in verschiedenen Beziehungen.

Ebenso wichtig für unser Thema wie die Komplexität und Ungewißheit sind auch neue soziale Phänomene, in denen die Einsamkeit andere Gesichter zeigt, Zeichen unserer Zeit. Wir werden dies später analysieren, nachdem wir uns ein wenig mit der Geschichte befaßt haben; eine Geschichte voller hübscher Überraschungen, deren Kenntnis es uns gestatten wird, den Geist zu erfassen, der in unserer Natur haust. Am Beispiel von Frauen, die ihr Seelenleben wirklich kennen.

Die Einsamkeit der Frauen

Alleinstehende Frauen hat es immer gegeben, in verschiedenen Zeiten und an verschiedenen Orten; aber sie haben ganz gewiß niemals zum herrschenden Kern der Gesellschaft gezählt. Das Patriarchat und die geschlechtsspezifische Arbeitsteilung führen aus sich heraus schon zu einer geringeren Wertschätzung jener Frauen, die ihre Rolle in der Fortpflanzung nicht erfüllen, insbesondere seit sich das bürgerliche Ideal der Frau verfestigt hat: der häusliche Engel, der bevormundet und geschützt werden muß und sich ganz allein seinen Kindern widmet. Dieser Kult der Frau als Nonne am heimischen Herd fand in Dickens einen seiner Bannerträger.

Dabei komme ich auf das Beispiel der Amazonen zu sprechen, auch wenn es als sicher gilt, daß sie uns, so interessant sie auch sein mögen, nicht als Vorbild dienen können, da sie ihre eigene Gesellschaft bildeten. Die Amazonen heirateten nicht, hatten die Kontrolle über ihre eigene Nachkommenschaft und standen außerhalb der Athener Gesellschaft. Aufgrund ihrer unklaren Rolle am Rande der Gesellschaft ist ihr Bild in anderen Epochen auf die »übertrieben« unabhängigen Frauen übertragen worden, so daß das Amazonentum als ein ständiger und universeller Alptraum der Männer überdauert hat.

In früheren Zeiten wurden viele Frauen, die sich nicht der Norm unterwarfen, als Hexen bezeichnet, und das Wort ist heute noch nicht ausgerottet. Natürlich lassen sich auch die Prostituierten unter die Kategorie der Single-Frauen, der »Hexen«, einordnen; sie bildeten eines der ersten Kollektive von Lohnempfängern und erfüllten eine bestimmte soziale Funktion: Initiationsriten, außereheliche Erleichterungen ... Hexen, Zauberinnen, Prostituierten und anderen Frauen mit »schlechtem Lebenswandel« wurden jedoch vor allem in den unteren Klassen nicht nur negative, sondern auch außergewöhnliche positive und oft auch magische Kräfte zugesprochen.

Die bloße Existenz alleinstehender Frauen verändert sowohl die traditionelle Dynamik zwischen Mann und Frau wie auch die wesentliche Funktion der Ehe. Wenn die Unterdrückung der Frau, wie Simone de Beauvoir sagte, im Wunsch ihren Ursprung hat, den Fortbestand der Familie zu sichern und den Familienbesitz zusammenzuhalten, so entgeht die Frau in dem Maß, in dem sie der Familie entflieht, auch dieser absoluten Abhängigkeit.

Ganz gleich, ob die Frauen ihre Einsamkeit gewählt haben, ob sie unter ihr leiden oder sie einfach erdulden, sie führt sie immer in eine schwierige Situation, da diese Lebensform jede Reflexion ausgeschließe. Jules Michelet schrieb: »Die Frau geht zugrunde, wenn sie weder ein Heim hat noch Schutz genießt. Sofern es etwas gibt, das uns die Natur auf offenkundige Weise lehrt, dann dies, daß die Frau dazu gemacht ist, beschützt zu werden, um als Mädchen an der Seite ihrer Mutter zu leben und als Ehefrau unter der Vormundschaft und Autorität ihres Ehemannes.« Und Jules Simon behauptet, die Frauen seien dazu gemacht, ihr Leben im Verborgenen zuzubringen, außerhalb des heimischen Herdes und der Ehe gebe es keine Rettung. Selbst für Rousseau ist die Frau nur im Hinblick auf den Mann eine Frau. Die Ordnung der Natur gebiete es, daß sie gehorcht, denn ihre einzige Bestimmung sei es, Ehefrau und Mutter zu sein; falls sie sich die Rechte des Mannes anmaßen und allein befehlen würde, so bringe das nur Elend, Schande und Ehrverlust mit sich.

Nach dem Erdbeben, das die Französische Revolution und die Aufhebung der alten Ordnung darstellten, kam es zu einer Umdefinierung, durch die das Öffentliche und das Private ebenso wie die Rollen der Geschlechter wieder neu bestimmt wurden; die öffentliche Sphäre war jetzt männlich, die private weiblich. Bekanntlich führte das damals zum fundamentalen Widerspruch, daß man(n) in der Zeit, in der mit der Proklamation der Gleichheit und der Rechte des Individuums die Demokratie begründet wurde, zugleich den Frauen das Bürgerrecht verweigerte. Auf diese Weise wurden die Frauen, nachdem sie gegen Ende des Ancien régime und auch noch während der Revolution »zuviel« Macht erlangt hatten, erneut vom öffentlichen Leben ausgeschlossen. Hinzu kam, daß die Ärzte, die großen »Weisen« des Jahrhunderts, diese Ausgrenzung mit der Natur der Frau rechtfertigten. Als Argument führten sie an, die Minderwertigkeit der Frau liege in ihrer Biologie und Anatomie begründet. Nicht daß den Frauen keine Bedeutung beigemessen wurde; im Gegenteil: sie wurden gerühmt für ihre Schönheit, ihre Tugend und ihre Nützlichkeit, wobei auf die familiäre Rolle als Mütter und Hüterinnen der Tradition und der Rasse gepocht wurde und sie gar gepriesen wurden für die gesellschaftliche Rolle, die sie erfüllten: die soziale Mutterschaft. Indem sie sich um die Kranken und die Armen kümmerten, leisteten sie unentgeltliche Sozialarbeit. Und doch war nicht alles Private weiblich, denn der Vater herrschte über die Familie und befand sich im Besitz einiger maßlos übertriebener Rechte. Die alleinstehende Frau rief Mißtrauen, Verachtung oder Spott hervor. Der Junggeselle hatte auch seine Fehler, aber er wurde letztlich mehr als interessant und lustig denn als lästig angesehen. Die alte Jungfer mit ihrer dürren Gestalt hingegen roch ranzig. Laut Balzac war sie ein unproduktives Wesen, das in seiner Häßlichkeit nur bestätigte, daß es die Bestimmung der Frau und ihre einzige Ehre war, die Herzen der Männer höher schlagen zu lassen. Die Frau stellte also wiederum einen Besitz dar, der per Vertrag erworben wurde ... Sie war nichts weiter als ein Anhängsel des Mannes. Die unverheirateten Frauen hielt man(n) weitgehend für überflüssig, bösartig, intrigant und ausgesprochen bedrohlich.

Obgleich der Napoleonische Kodex (mit Ausnahme der Bürgerrechte) der unverheirateten Frau die gleichen Rechte wie den Männern zubilligte, genoß sie in Wirklichkeit nicht entfernt das Ansehen der verheirateten Frauen, und ihre Rechte wurden zunehmend inhaltsleer und mißachtet.

Das Phänomen Ehelosigkeit

Die Ehelosigkeit ist ein charakteristisches Phänomen der westlichen Zivilisation. Sie zeigt sich in der ganzen Geschichte, mit einer ungleichen Verteilung auf die einzelnen Länder und die verschiedenen sozialen Milieus innerhalb der einzelnen Staaten (Cécile Dauphin). Im 19. Jahrhundert lösen sich die Familien als Folge des Wachstums der städtischen Agglomerationen und der steigenden Industrialisierung auf und setzen für die wirtschaftliche Entwicklung der neuen bürgerlichen Gesellschaft, die sich nun herausbildet, kostbare neue Arbeitskräfte frei.

Die Stadt wird zur Domäne der Ledigen, sie zieht gleichermaßen »Junggesellinnen« an und bringt sie gleichzeitig hervor. Die großen Städte sind wahre Reservate an ledigen Frauen, eine Folge der Landflucht, die diese meist jungen Frauen vom Umland in die Städte treibt. Ihre Mitarbeit am industriellen Prozeß bedeutet eine große Umwälzung, die das Schicksal der Frau ändert und eine neue Ära für sie einläutet, in der sie Zugang zur Bildung erreicht. Alleinstehende Frauen waren die ersten, die bezahlte Arbeit bekamen, ihre Unabhängigkeit wurde auch als Bedrohung empfunden (Geneviève Fraisse). Insbesondere in der Stadt rücken die alleinstehenden Frauen in den Vordergrund, denn nachdem sie ihre Familien verlassen haben, in die sie in ihrer Eigenschaft als Töchter, Schwestern oder Tanten integriert waren, treten sie nun auf dem Arbeitsmarkt in Erscheinung und werden schließlich in das soziale Netz integriert, allerdings auch hier keinesfalls als Gleichberechtigte.

Die massive Abwanderung der Männer bewirkt ein Defizit und vergrößert in der Folge die Zahl der »ledigen Töchter«, die nun die Chancen der Witwen schmälert, sich wieder zu vermählen. Keine junge Frau mit gesundem Menschenverstand konnte sich wünschen, das Leben einer alten Jungfer zu führen, deren Schicksal es war, daß sie bemitleidet und lächerlich gemacht wurde. Zudem waren diese im Glauben der damaligen Epoche die geeigneten Opfer für die weibliche Krankheit par excellence: der Hysterie. Frauen, die unverheiratet blieben oder nach kurzer Zeit verwitweten, waren nach diesem Glauben von hysterischem Wahnsinn und weiteren Manien und Melancholien bedroht, was sie in unvollständige und mitleiderregende Kreaturen verwandelte, da sie es nicht geschafft hatten, sich als Frau zu verwirklichen.

Das war die negative Variante. Doch zum Glück sah die Wirklichkeit in einigen Fällen positiver, unter Umständen gar rosig aus. Wie wir sehen werden, verbesserte sich die Situation, als die Frauen in die Berufswelt eintraten und ihre Bildungschancen wahrnehmen konnten. Viele, die sich gegen eine Heirat entschieden, begannen einen eigenen, unabhängigen Lebensstil zu entwickeln. Das Hinausschieben der Eheschließung und die steigende Zahl der Scheidungen trugen zum Anstieg der Zahl der Frauen ohne Ehemann bei. Das Etikett der alten Jungfer genügte nun nicht mehr, um die unverheiratete Frau zu definieren.

Die Umwälzungen der Epoche ermöglichten es, daß sich trotz der Ängste und Verurteilungen das Bild von der Unabhängigkeit der Frau herausbildete. Jalan beschrieb drei Klassen von ledigen Frauen in England: die braven Töchter, die verzweifelten Aufmüpfigen, die den Beschränkungen ihrer Situation zu entkommen suchten, und die neuen Frauen, die versuchten, das Stereotyp der gescheiterten alten Jungfern zu durchbrechen und die den Stand der ledigen Frau brauchten, um Autonomie und Bewegungsfreiheit zu genießen.

In den Klagen und erschreckenden Visionen, die in den Schriften der damaligen Zeit immer wieder auftauchen, wurden viele Fragen aufgeworfen. Wer sind diese Frauen? Was sollte aus ihnen werden? Das Problem des Ledigenstandes wurde breit debattiert; englische Parlamentsmitglieder schlugen vor, die arbeitslosen ledigen Frauen ans andere Ende der Welt, nach Australien, zu verschiffen, wo akuter Frauenmangel herrschte. Auch in den Vereinigten Staaten wuchs im 19. Jahrhundert die Zahl unverheirateter Frauen, und einige Vorschläge gingen so weit, diesen »Überschuß« an Frauen nach Oregon oder Kalifornien zu verfrachten, in jene Staaten also, in denen Frauen in diesen Jahren deutlich in der Minderzahl waren.

Die Bedeutung der Tatsache, daß alleinstehende Frauen Zutritt zum Arbeitsmarkt bekamen, kann nicht überschätzt werden, denn das Wachstum der aktiven weiblichen Bevölkerung trug nicht nur zur Entwicklung des Dienstleistungssektors bei, ihr Einzug in die Berufswelt veränderte auch die Beziehungen zwischen Männern und Frauen am Arbeitsplatz. Diese neue Realität sorgte für einen schleichenden Einstellungswandel, so daß das Bild der arbeitenden Frau sich nach und nach durchsetzte.

Als die Frauen die Arbeitswelt betraten, verrichteten sie in verschiedenen Ämtern, Karrieren und Berufen typisch weibliche Tätigkeiten, etwa als Gouvernanten, Bibliothekarinnen, Erzieherinnen, Näherinnen, Postangestellte, Kindermädchen und später als Lehrerinnen.

Historische Modelle

Einsamkeit kann auch bedeuten, in einem fremden Haus zu leben. Im 19. Jahrhundert wurde das Hauspersonalwesen, das zuvor der Aristokratie vorbehalten war, zum Zeichen bürgerlicher Distinktion, es wurde zu einer weiblichen Domäne und verlor zunehmend an Wert. Die ledigen Frauen lebten im allgemeinen als Bedienstete in fremden Haushalten, so daß bereits ab Mitte des 18. Jahrhunderts die Mehrzahl der Frauen, die außer Haus arbeiteten, dem Haushaltspersonal angehörten. Als der Reichtum zunahm und damit auch die Zahl der Familien, die es sich leisten konnten, eine Bedienstete anzustellen, und als in Stadt und Industrie neue Arbeitsplätze für Männer entstanden, überließen diese aufgrund der schlechten Arbeitsbedingungen und der Erniedrigungen, denen sie ständig ausgesetzt waren, die Dienstleistungen im Haushalt den Frauen. Die wenigen Männer, die weiterhin dort blieben, übernahmen Aufsichtstätigkeiten wie etwa die Verwaltung. Die großen Städte nahmen die Mädchen vom Lande auf, die als einzige Qualifikation ihre Kraft und ihre Jugend vorzuweisen hatten, da sie meist aus mittellosen Familien stammten. Viele Mädchen wurden aus den Waisenhäusern als Bedienstete in die Stadt geschickt, sobald sie zwölf Jahre alt waren, und blieben im Haus, bis sie genug Geld beisammen hatten, um sich die Aussteuer zu kaufen, die es ihnen gestattete zu heiraten; wenn sie dieses Ziel nicht erreichten, blieben sie für immer dort.

Während die Angestellten aus den ärmsten Familien stammten, wurden die Kindermädchen und Gouvernanten aus bescheidenen bürgerlichen Familien angeworben, Töchter von Pfarrern oder kleinen Beamten. Diese Kategorie von Frauen erlangte durch die Romane *Jane Eyre* und *Agnes Grey* der Brontë-Schwestern Charlotte und Anne Unsterblichkeit. Das Elend der häuslichen Arbeitskräfte wurde als soziale Unausweichlichkeit angesehen; daß aber ledige Bürgerstöchter gezwungen waren, unter harten Bedingungen zu arbeiten, oder sich nach dem Tod der Eltern, wenn sie die Vierzig überschritten hatten, eine Anstellung zu suchen hatten, schien noch trostloser. Da das viktorianische Modell den Frauen keine andere Alternative anbieten konnte als die beiden Extreme der Mutterschaft oder der Prostitution, bekam das Bild der alten Jungfer einen Anstrich von Reinheit, Güte, Unschuld und Opferbereitschaft. Im Bild der in Not geratenen bürgerlichen Gouvernante kamen die Werte, Probleme und Ängste der viktorianischen Mittelklasse zum Ausdruck.

Die jungen Frauen in den Industriestädten des 19. Jahrhunderts gingen lieber in die Fabriken, statt als Bedienstete zu arbeiten; ebenso wie diese hatten sie die Vorstellung, ihre Arbeit sei eine vorübergehende Notwendigkeit, die nur bis zu ihrer Heirat bestehen würde. Die Fabrik war einer der Orte, an denen sie ihren zukünftigen Ehemann kennenlernen konnten, der wirtschaftlich die Hauptsicherheit einer Frau darstellte. Viele aber mußten nach einem anstrengenden Arbeitstag in der Fabrik, in die sie ihre Kinder mitnahmen, zu Hause weiterarbeiten, ohne die Aussicht, daß ihre Situation sich verbessern würde. Die Arbeitsbedingungen waren im allgemeinen sehr hart, und in den Fabriken herrschte noch dazu die traditionelle Unterordnung der Frau vor: Ihr wurden die übelsten Arbeitsplätze zugewiesen, und ihr Gehalt war wesentlich niedriger als das der Männer, selbst wenn sie die gleiche Arbeit verrichtete.

Folglich entwickelte sich unter diesen arbeitenden Frauen ein Kameradschaftsgefühl. Sie zählten auf die Unterstützung ihrer Kolleginnen und waren nicht so isoliert wie die Bediensteten, obwohl sie weniger Protestaktionen durchführten als die Männer und weniger gut organisiert waren. Zweifellos lag das an der geringen Wertschätzung ihrer eigenen Position, an der Angst, sie könnten durch ihr Pochen auf Unabhängigkeit vom Arbeitsmarkt gedrängt werden, und auch am Männlichkeitskult vieler Gewerkschafter, die gegen die Fabrikarbeit von Frauen und auch gegen deren Gewerkschaften waren. »Der arbeitende Mann wird die Zulassung in die (Stell-)Vertretung nicht gutheißen, weil es seine eigene verhindern könnte«, schrieb 1842 eine englische Arbeiterzeitung. In der Tat mußten viele Frauen zu Dumpinglöhnen arbeiten und verdrängten als billigere Arbeitskräfte manchen Mann von seinem Arbeitsplatz. Insbesondere Akkordarbeiterinnen waren beliebt, da sie offenbar diziplinierter als Männer arbeiteten und seltener betrunken waren – ob in der Fabrik oder isoliert als Heimarbeiterinnen. Doch die Frauen machten trotzdem mobil. Mary Collier, die englische Dichterin, die bis zum Alter von dreiundsechzig als Wäscherin arbeitete – noch ein überaus harter, typisch weiblicher Beruf –, schrieb: »Unsere harte Arbeit, unser täglich Werk ist so schonungslos, daß wir kaum Zeit zum Träumen haben.«

Die White-collar-Angestellten heirateten später als die Arbeiter und hatten nur halb so viele Kinder wie diese. Umgekehrt als bei den Männern sind die allein lebenden, ledigen oder verwitweten Frauen in den höheren Schichten zahlreicher als in den niedrigeren. Trotzdem entbehrt die Hypothese, nach der der Ledigenstand vom Qualifikationsniveau abhängt, nicht jeglicher Grundlage, ebenso wie der Zugang zur Kultur und die Zurschaustellung intellektueller Fähigkeiten zahlreichen Frauen die Ehe verunmöglichten – als seien Hirn und Uterus unvereinbare Organe.

Anderseits gelangte eine wachsende Zahl von ledigen Frauen in Führungspositionen, indem sie religiöse Aktivitäten organisierten: sie arbeiteten als Missionarinnen, gründeten Waisenhäuser und veröffentlichten religiöse Schriften. Weitere Berufe waren durch ein gewisses humanistisches Ideal inspiriert – Krankenschwester, Lehrerin –, nicht zu vergessen die Neigung zur tätigen Nächstenliebe. Viele Frauen beteiligten sich an Bewegungen gegen die Sklaverei und für die soziale Reform, am Kampf gegen Diskriminierung und natürlich an den Revolutionen, ohne daß dies bedeutete, daß sie damit gleiche Rechte und Chancen für die Frauen errungen hätten.

In diesem Bereich der Emanzipation, der vom religiösen Modell und dem Bild der Mütterlichkeit durchdrungen war, atmetete alles den Geist von Aufopferung und Verfügbarkeit, von Demut und Unterwerfung, von Selbstverleugnung und Aufopferung. Doch zugleich wurde den Frauen eine berufliche Ausbildung ermöglicht und insbesondere aktiven Frauen die Möglichkeit geboten, verantwortliche Posten einzunehmen. Ihr Beitrag führte dazu, daß die ledigen Frauen in den päpstlichen Lehren Rehabilitation erfuhren. Vergessen wir nicht, daß die Klöster Orte darstellten, an denen die Frauen unabhängig von den Männern ihre Kreativität entwickeln konnten und daß Transzendenz und Mystizismus ein wirksames Gegengift gegen die Einsamkeit als schmerzhaften Geisteszustand waren.

Auch Theater, Oper und Ballett bahnten ab dem 19. Jahrhundert mit der Öffnung staatlicher Schulen schönen und talentierten jungen Frauen einen Weg, ihr Los zu verbessern. Viele Schauspielerinnen, Sängerinnen und Tänzerinnen waren sexuell freizügig, sie lebten in einem besonderen Ambiente, in dem sie sich wie Männer betragen konnten und sich aus purem Wohlgefallen, gegen Geschenke oder gegen Geld ihre Liebhaber auswählten und sie wieder fallenließen. Auf diese Weise wurde die Trennlinie zwischen sozialer Ehrbarkeit und Prostitution sehr unscharf. Während sich für einige Schauspielerinnen am Theater die Gelegenheit ergab, glänzende Ehen zu schließen, zogen andere es vor, ledig zu bleiben, um ihre Unabhängigkeit nicht zu verlieren. Das war bei der Tänzerin Fanny Essler und bei Sarah Bernhardt der Fall, einer der besten Schauspielerinnen aller Zeiten, die auch für ihr Gefolge von Liebhabern berühmt war. Durch die Geschichte wissen wir einiges über jene Frauen, die erfolgreich waren, nicht aber über die anderen, die kein außergewöhnliches Leben führten und über die es kaum Daten gibt. Sie bildeten gewöhnlich die Chöre oder das Corps de ballet und zeichneten sich durch die Bereitschaft aus, sexuelle Gefälligkeiten zu erweisen; dafür waren sie der Gefahr ausgesetzt, schwanger, krank oder Opfer männlicher Gewalt zu werden. In der Literatur finden sich Frauen, welche die traditionellen Schemata durchbrachen, wie die Kurtisanen der besseren Gesellschaft, von denen einige als Schauspielerinnen begonnen hatten. Davon abgesehen, daß sie es verstanden, ihre Reize zu ihrem eigenen Nutzen einzusetzen, war ihnen meist kein glückliches Schicksal beschieden, sie wurden gesellschaftlich geächtet.

Was klar zutage tritt, ist die Tatsache, daß es damals nicht nur eine einzige Art von alleinstehender Frau gab. In dem Bereich, der uns angeht, war die Realität bereits vielgestalt, und wahrscheinlich veränderten sich mit den Umwälzungen, die im Laufe des Jahrhunderts stattfanden, auch der soziale Blick, das kulturelle Echo.

Wir bekommen den Eindruck, daß sich alle Ängste vor der sexuellen, sozialen, wirtschaftlichen und intellektuellen Autonomie der Frauen auf die alleinstehende Frau konzentrierten. Das Aufkommen der Physiologie und die Entdeckung einer spezifisch weiblichen Natur gegen Ende des 18. Jahrhunderts trugen ebenfalls dazu bei, daß die gesellschaftliche Rolle der ledigen Frauen oder der Witwen als nebensächlich betrachtet wurde und sie sich sogar in ein Symbol der Nutzlosigkeit verwandelt fühlten, so daß die weibliche Einsamkeit als Bedrohung des Familienmodells empfunden werden konnte. Die familiäre Hierarchie ist so bedeutsam, daß sie sogar als Argument benutzt wird, mit dem der Frau die Teilnahme am öffentlichen Leben verweigert werden soll. Denn wie sollte sie sich im Hause unterordnen können, wenn sie im Bereich der Öffentlichkeit dieselben Rechte besaß?

Als einige mutige Frauen wie die kluge Mary Wollstonecraft versuchten, sich frei zu verhalten und im öffentlichen Bereich Fuß zu fassen, indem sie eine berufliche Karriere einschlugen und das heilige Modell der Ehefrau und Mutter, des Heimchens am Herd oder der Hausgöttin ablehnten, wurden sie von den Wissenschaftlern, Ärzten und Sexualwissenschaftlern schnell marginalisiert und bekamen das Etikett »Lesbierinnen« aufgedrückt. Hier haben wir es mit der »Abnormität des Uterus« des 18. Jahrhunderts zu tun, die in den gelehrten Diskursen des 19. Jahrhunderts wieder aufgegriffen wird.

Der Kampf zwischen der schönfärberischen Legende von der Ehe und der Karikatur der »alten Jungfer« wird auf unterschiedlichem Niveau endlos fortgeführt. Unter den Junggesellen tun sich indes vor allem Genies und Schriftsteller hervor.

Angesichts dieser Verleugnung ihrer Identität mußten die alleinstehenden Frauen ihren Weg mitunter trotzig gegen das siegreiche Bild der Ehefrau und Mutter verteidigen. Die Antworten auf das Modell erfolgten trotz der Schwierigkeiten und Widerstände, indem sie auf ihre eigene Erfahrung abstellten, die Utopie verfolgten und auf die Sublimierung zurückgriffen. Viele ledige Frauen knüpften ein Beziehungnetz unter Gleichgesinnten und fanden in diesen und in sich selbst die Stärke, die ihnen die nötige Kraft gab, um einer feindlichen Umwelt zu trotzen.

Frauen brechen mit der Tradition

Wenn wir hier Bruchstücke der Lebensgeschichten dieser Frauen festhalten, tragen wir dazu bei, daß ihre Namen nicht in Vergessenheit geraten und sie wieder eine Identität erhalten, ohne daß sie zu Stereotypen verkürzt werden. Wir können herausfinden, bis zu welchem Grad wir uns als ihre Nachfolgerinnen betrachten wollen, ohne die Einsamkeit dieser Pionierinnen zu vergessen und das Leid, das ihre Außenseiterrolle begleitet.

Ab der zweiten Hälfte des 19. Jahrhunderts erscheinen die ersten organisierten feministischen Bewegungen. Die Frauen, die sich darin engagierten, galten als auf unangenehme Art männlich, als unmoralisch und verantwortungslos, als das Ergebnis der sexuellen Freizügigkeit der damaligen Zeit oder zumindest als Grenzgängerinnen. Die Frauenbewegung mit ihren herausragenden Persönlichkeiten und Reden stellte ein Phänomen dar, das auch seine tragischen Seiten hatte, eine Welt, die Henry James 1886 auf meisterhafte Weise, wenn auch aus einem besonderen Blickwinkel heraus, in *Die Damen aus Boston* dargestellt hat.

Die sozioökonomischen Ereignisse der Epoche waren die Vorboten einer echten politischen und kulturellen Bewegung, die für die Autonomie der Frauen kämpfte, indem sie für die Ehelosigkeit eintrat. Nach dem Vorbild vieler Feministinnen, die wie Pauline Roland ihre Weigerung, in den Stand der Ehe zu treten, öffentlich kundtaten oder die wie Florence Nightingale sich weigerten, sich selbst zu verleugnen, machten einige Frauen wie etwa Christabel Pankhurst aus der Ehelosigkeit der Frauen eine politische Entscheidung, eine freiwillig gewählte Option als Antwort auf die Situation sexueller Sklaverei. Die *Woman's Social and Political Union* bestand zu 63 Prozent aus unverheirateten Frauen. Die als sexuelle Verweigerung verstandene Ehelosigkeit wurde damals als eine politische Geste angesehen, als ein Zustand, der so lange aufrechterhalten werden mußte, bis ein neues soziales Bewußtsein entstanden sein würde.

Viele der bedeutendsten Frauen des vergangenen Jahrhunderts konnten sich dank ihrer Ehelosigkeit um die Verwirklichung ihrer Ideale kümmern: darunter Susan B. Anthony, L. May Alcott, Elizabeth Blackwell, Florence Nightingale, Frances Villard oder Clara Barton. Sie gingen außer Haus, trieben sich herum, betraten verbotene Orte – Cafés, Meetings –, unternahmen Reisen. Letztlich weigerten sie sich, die ihnen zugewiesene Rolle zu spielen, und wandelten sich – sowohl öffentlich als auch privat – von der gehorsamen zur unabhängigen Frau, begannen sich eine eigene Meinung zu bilden und zu öffentlichen Figuren zu werden.

Viele Frauen konkretisierten tätige Nächstenliebe durch soziale Arbeit in den Brutstätten der Not, den Vorstädten, in denen die Verelendung der Arbeiterklasse rasch um sich griff. Octavia Hill gründete das erste *settlement* für Frauen, dem später noch weitere folgen sollten, in denen ledige Frauen lebten, die sich von der Gesellschaft abgesondert hatten. Oft handelte es sich um Geschwister oder Studienfreundinnen, die so die Gemeinschaft fortführten, die in den Hörsälen ihren Anfang genommen hatte – Frauen, die das traditionelle Eheschicksal ablehnten und die ihr soziales Engagement als Verwirklichung ihrer individuellen Freiheit betrachteten.

Diese Entwicklung der tätigen Nächstenliebe hatte viele Folgen (Michelle Perrot). Sie ermöglichte es Bürgerlichen, eine andere Welt kennenzulernen, was für viele ein richtiger Schock war. Flora Tristán und Bettina Brentano waren die ersten Reporterinnen des Elends, und Florence Nightingale, gestärkt durch ihre Erfahrungen im Krimkrieg, führte nicht nur in den Hospitälern, sondern auch in der Armee Reformen durch. Die Frauen begannen, sich Wissen anzueignen und eine praktische Kompetenz auszubilden, die sie zu potentiellen Expertinnen machte. So konnten sie dank ihres Engagements allmählich in der Welt der Wissenschaft und Forschung Fuß fassen.

Die tätige Nächstenliebe begünstigte außerdem den Kontakt zwischen den Frauen der Mittelklasse, indem sie von Neuengland bis Athen zur Entstehung der Keimzelle eines feministischen Bewußtseins beitrug, eines echten Experimentallabors. Auch wenn an bestimmten Orten die Macht der Familie als Herzstück der Wirtschaft und des ethnischen Zusammenhalts noch verstärkt wurde und dabei die spezifischen Geschlechterrollen noch stärker betont wurden, kam es zu Begleitumständen, welche die Selbstbehauptung des Individuums begünstigten. Nach und nach gelang es den Frauen, das Recht zu erlangen, sich frei zu bewegen und frei zu verhalten.

Gegen Ende des 19. Jahrhunderts waren einige emanzipierte Frauen durch ihre Reisen zu Berühmtheit gelangt. Zum Beispiel die Nordamerikanerinnen, die nach Europa kamen, weil sie sich von Italien angezogen fühlten und die wie Edith Wharton oder Lee Vernon Männern in der Kunstkritik Konkurrenz machten.

Die russischen und jüdischen Frauen verdienen in dieser Hinsicht besondere Aufmerksamkeit. Die Memoiren von Emma Goldman, *Gelebtes Leben,* sind ein beispielhafter Bericht über die Reise als Mittel der Emanzipation. Die Reise verwandelt sich in ein Instrument, mit Hilfe dessen die Frauen versuchen, aus ihrem Raum und aus ihren Rollen auszubrechen. Die zweimal geschiedene Russin Lydia Alexandra Pachkov reiste als Korrespondentin für verschiedene Sankt Petersburger und Pariser Zeitungen durch Ägypten, Palästina und Syrien. Ihr Dokumentarbericht über die große Reise sollte später in Isabelle Eberhardt (1877–1904) den Wunsch wecken, den Orient kennenzulernen. Die uneheliche Tochter einer im Schweizer Exil lebenden russischen Aristokratin konvertierte zum Islam, nahm, als junger Rebell verkleidet, am Nordafrikakrieg teil und starb im Alter von siebenundzwanzig Jahren. Das Werk, das sie hinterließ, ist den Armen des Maghreb gewidmet.

Eine andere Entdeckungsreisende, die Orientalistin Alexandra David-Neél, schrieb *Mein Weg durch Himmel und Höllen. Das Abenteuer meines Lebens,* ein Werk, das aus den Briefen besteht, die sie ihrem Mann bis zu seinem Tod im Jahre 1941 schrieb. Nachdem sie zum Buddhismus übergetreten war, lebte sie über dreißig Jahre lang in Asien. Sie starb im Jahre 1969. Alexandra David-Neél ist eine faszinierende Persönlichkeit. Obwohl sie immer gegen den untergeordneten Rang, der Frauen mit der Heirat aufzwungen wurde, protestiert hatte und sie mit ihrer Karriere als Sopranistin, Vortragsrednerin und Dichterin selbst schon ökonomische Unabhängigkeit erreicht hatte, heiratete sie mit 36 Jahren. Sie glaubte, ledig zu bleiben, sei für sie nicht wünschenswert, allein schon deshalb, weil die Schriften einer ledigen Frau nicht wirklich ernst genommen würden. Den Ehemann an ihrer Seite brauchte sie, um Zutritt zur Welt der Kunst und Literatur zu erhalten. Nach Darstellung ihrer Biographin bestanden die Wahlmöglichkeiten einer Frau ihrer Epoche, selbst wenn sie persönlich über ausreichende Mittel verfügte, nach wie vor nur in der Heirat, dem Klosterleben oder in der Pflege der Eltern. Doch sie schaffte es, die Verwirklichung ihrer Ideale mit der Unterstützung und Liebe ihres in der Ferne lebenden Ehemannes zu verbinden.

Diese Weltenbummlerinnen pochten vor allem auf ihre persönliche Freiheit, und das taten sie in ihrer Kleidung und ihrer Lebensweise, in der Wahl ihrer Religion, ihrer intellektuellen Haltung und ihrer Liebhaber. Auch wenn sie es oft teuer bezahlen mußten, so gelang es ihnen doch, die Grenzen ihres Geschlechts zu übertreten. Die viktorianische Dame, die auf Entdeckungsreisen ging, repräsentierte das Bedürfnis einiger Frauen, die Barrieren der Gesellschaft niederzureißen, in der das beengte Leben ihrer Mütter und Schwestern in starkem Kontrast zur Freiheit ihrer Väter und Brüder stand. Auf ihren Reisen gingen sie der feinen Gesellschaft der Kolonien meist aus dem Weg, da ihnen dort wieder ihre alte Frauenrolle aufgezwungen worden wäre. Oft entschieden sie sich dafür, in der Wahl ihres Geschlechts unbestimmt zu bleiben, es störte sie in ihren praktischen Männerkleidern nicht, sich mit Edelmann oder Herr anreden zu lassen.

In diesen Augenblicken des Aufruhrs wandelt sich der Feminismus und entwickelt sich von einer intellektuellen Bewegung zu einer solchen, die für soziale Gleichheit kämpft und sich dabei mit der sozialistischen Bewegung trifft. In diesem Umfeld wird die moralische Überlegenheit und die Leistungsfähigkeit der Frauen offenkundig. Der Fall Anne Wheeler ist hierfür beispielhaft. Nachdem sie die Saint-Simonisten kennengelernt hatte, stellte sie 1818 die ersten Kontakte zwischen französischen und englischen Sozialisten her. In anderen europäischen Ländern traten die ersten Feministinnen im Zusammenhang mit der demokratischen und nationalen Bewegung auf den Plan.

Damals wurden die ersten feministischen Blätter gegründet, es treten die ersten Vereinigungen in Erscheinung, die um den Zutritt zu Erziehungs- und Bildungseinrichtungen kämpfen, die stets eine Schlüsselrolle einnahmen, wenn es darum ging, Gleichheit und eine Selbstbestimmung des Körpers zu erreichen. Zugleich werden die Forderungen nach einem Scheidungsrecht lauter.

Die Frauen kämpften hart darum, den Restriktionen zu entgehen, die ihnen von den gesellschaftlichen Normen auferlegt wurden, aber in Anbetracht der damals wirksamen Gesetze und Konventionen hatten sie nur teilweise Erfolg. Ganz gleich, ob sie als Einzelpersonen oder in der Gruppe agierten, die Feministinnen des 19. Jahrhunderts hatten etwas Heldenhaftes an sich. Durch ihre außergewöhnlichen Aktivitäten lassen sie uns am Augenblick der Provokation teilnehmen, offenbaren sie uns Entschiedenheit und vermitteln uns ihren Stolz, Frau zu sein. Die viktorianische Dame Harriet Martineau (1802–1876) lehnte die Ehe ab und verdiente sich ihren Lebensunterhalt mit der Schriftstellerei. Sie entwickelte eine soziologische und politische Beobachtungstechnik, lange bevor sich die Sozialwissenschaften etablierten. Durch ihre Publikationen zum Thema politische Ökonomie war sie schon mit dreißig berühmt; ihre Analysen zur Rolle und Situation der Frauen in Europa und den Vereinigten Staaten führten zur Gründung vieler fortschrittlicher Bewegungen in England, vor allem jener, die sich die Verbesserung der Bildungschancen für Frauen, für die reglementierte Prostitution und das Frauenwahlrecht einsetzten. Um die zu werden, die sie später war, mußte sie etliche familiäre Hindernisse überwinden und das männliche Modell übernehmen. Ihren Lebensabend verbrachte Harriet im Kreise ihrer Familie und Freunde wie eine perfekte Matriarchin und paffte Zigarren wie ein Geschäftsmann.

Die Schweizer Aristokratin Meta von Salis-Marschlins (1855–1929) sprach sich, gegen den Strom der liberalen Politiker des 19. Jahrhunderts schwimmend, für die Aristokratisierung der Welt im Sinne Nietzsches aus. Sie verteidigte die Utopie eines »Frauen-Menschentums«, in der die Frau die Seelenverwandtschaft kennenlernen und der Sklaverei einer »Haushaltsmaschine« entkommen würde. In einer Epoche, in der der Schweizer Feminismus von barmherzigen Werken träumt, absolviert sie ein Studium der Philosophie und der Rechte und hält Vorträge im Dienste einer ganz konkreten Sache: der Gleichheit der Rechte für Mann und Frau.

Die österreichische Aristokratin Bertha von Suttner hingegen (1843–1914) widmet ihr Leben dem Kampf für den Frieden in Europa und der Welt und macht sich damit zur Zielscheibe von Spottreden, in denen sie »Friedensbertha« genannt wird. Sie schreibt den Roman *Die Waffen nieder!*, der in zwölf Sprachen übersetzt wird, organisiert zahllose pazifistische Treffen und versucht Politiker zu überzeugen – und das in einer Epoche, in der die Frauen keine politischen Rechte haben. Ihre einzigartige Emanzipation überrascht in einem Milieu, in der die Politik für junge Damen eine Tabuthema ist.

Die holländische Sängerin und Schauspielerin Mina Kruseman (1839–1922) schrieb 1873 ihren ersten Roman. Darin schildert sie die Geschichte einer jungen Frau, die zur Heirat gezwungen wird. Die Vehemenz, mit der sie die Unterwerfung der Frau kritisiert, bringt sie dazu, junge Frauen das Schreiben und die Schauspielerei zu lehren, das heißt letzten Endes, ihnen beizubringen, wie sie sich Arbeitsdisziplin erwerben können und wie sie mit Verlegern und Unternehmern verhandeln müssen, um als Künstlerinnen akzeptiert zu werden. Sie ist der Prototyp einer emanzipierten Frau: alleinstehend und aktiv.

Die außergewöhnliche englische Feministin Olive Schreiner (1855–1920), geboren in Südafrika, eine Freundin von Eleonor Marx und zentrale Figur im Leben von Havelock Ellis – einem der ersten englischen Sexualtheoretiker –, analysierte mit großem Scharfsinn die Rassenfrage. Für sie bilden Leben, Politik und Schreiben eine fundamentale Einheit. Sie war eine echte Vorreiterin bei der politischen Behandlung privater Fragen.

Die Berlinerin Hedwig Dohm (1833–1919) war eine leidenschaftliche Theoretikerin des Feminismus; sie verbrachte ihr Leben damit, sich gegen die sexuelle, materielle und psychische Unterdrückung der Frau auszusprechen. Bei ihrer entschiedenen, oft mit beißender Ironie vertretenen antiklerikalen Haltung wies sie die neuen Theorien der Anatomen, Physiologen und Ärzte über die inferiore Natur der Frauen zurück.

All diese Feministinnen wecken aufgrund ihrer ausgeprägten Eigenständigkeit unsere Aufmerksamkeit. Andere emanzipierte Frauen ziehen ihre Stärke aus einer lebenslangen Freundschaft mit einer andern Frau. So etwa Elizabeth Cady Stanton (1815–1902) und Susan B. Anthony (1820–1906), die eine verheiratet mit einem aktiven Abolitionisten, die andere aus politischen Gründen unverheiratet geblieben. Die beiden Frauen waren in ihrem Kampf gegen die Sklaverei und für das Frauenwahlrecht unzertrennlich. Die Beziehung zwischen ihnen war nicht nur deshalb wichtig, weil sie ihnen eine emotionale Stütze bot, sondern auch weil sie die Freundschaft intellektuell stimulierte. Sie gründeten die »Nationale Vereinigung für das Frauenwahlrecht« *(Woman Suffrage Association, NWSA)*, da sie davon überzeugt waren, daß nur die Teilnahme der Frauen am politischen Leben für eine vollkommene Gleichstellung sorgen kann und daß der Kampf für die Rechte der Frau allein von den Frauen und ihrer Fähigkeit, sich zusammenzuschließen, abhängt.

Elizabeth Cady Stanton war außerdem die Initiatorin und der Motor für die in New York getroffene Übereinkunft, die sich zum Ziel gesetzt hatte, »die sozialen, zivilen und religiösen Bedingungen und Rechte der Frau« zu untersuchen, und in deren Rahmen ein Dokument entstand, das als »Erklärung von Seneca Falls« oder »Erklärung der Gefühle« bekannt wurde. Der Text, der in Zusammenarbeit mit Lucrezia Mott erstellt wurde, nahm sich die Unabhängigkeitserklärung der Vereinigten Staaten von 1776 zum Vorbild. Es wurden zwölf Beschlüsse gefaßt. Der erste davon lautet: »Alle Gesetze, die in irgendeiner Weise dem wahren und grundlegenden Glück der Frau im Wege stehen, laufen dem großen Gebot der Natur zuwider und besitzen keine Gültigkeit, denn dieses Gebot hat Vorrang vor allen anderen.«

Alles in allem sprachen sie sich gegen politische und

wirtschaftliche Restriktionen aus sowie gegen die Verweigerung der Zivilrechte, wobei sie ihre Vorschläge gegen die säkulare Legislation richteten, welche die Verschmelzung von Mann und Frau zu »einem einzigen Wesen« vorschrieb, welches selbstverständlich das des Mannes war.

Helene von Mulinen (1850–1924) und Emma Pieczynska (1854–1927) vereinigten die schweizerischen Feministinnen und verwandelten ihr Haus in Bern in einen Wallfahrtsort für emanzipierte Frauen aus aller Welt. Sie schlossen sich Josephine Butlers Kampf gegen die Sklaverei und die doppelte Sexualmoral an.

In der Folge bildeten sich echte feministische Familien, die sich über mehrere Generationen hinweg engagierten. Die berühmtesten waren die Familie Pankhurst in England und die Familie Morsier in der Schweiz. Emmeline Pankhurst gründete mit ihren beiden Töchtern die *Woman's Social and Political Union,* die vor allem aus ledigen Frauen bestand und sich für das Frauenwahlrecht einsetzte.

Frauen wie diese prägten das Bewußtsein des 19. Jahrhunderts mit ihrer strahlenden Persönlichkeit, ihrer unermüdlichen Hartnäckigkeit, ihrem flüchtigen und skandalumwitterten Ruhm und gelegentlich auch dadurch, daß sie ganz im stillen ihrer Arbeit nachgingen. All das zeigt, wie verkehrt es ist, Ehelosigkeit und Egoismus unter einen Hut zu stecken.

Viele Frauen widmeten sich der Schriftstellerei, als Protest und als Zeichen der Auflehnung gegenüber dem Gefängnis von Heim und Herd und um ungeachtet aller Frauenfeindlichkeit ihre Identität und wirtschaftliche Unabhängigkeit zu behaupten. Sie griffen die Ehe an und gaben mit ihrem eigenen Leben ein Beispiel. Das Ideal der Liebe erscheint nicht realisierbar, solange Ungleichheit,

Überlegenheit und Abhängigkeit das Verhältnis der Geschlechter prägen.

In der Periode zwischen dem Unabhängigkeitskrieg und dem Bürgerkrieg behaupteten einige privilegierte Amerikanerinnen, die wirtschaftlich unabhängig und gebildet waren, sie hätten die Freiheit der Ehe vorgezogen. Um es mit den Worten von L. May Alcott zu sagen, waren sie der Ansicht, die Freiheit sei »ein besserer Ehemann als die Liebe«. Der Verlust der Freiheit, des Glücks und der Selbstachtung wurde in ihren Augen durch die zweifelhafte Ehre, sich »Frau« statt »Fräulein« nennen zu dürfen, nur ungenügend kompensiert. Die unverheirateten Frauen bilden in gewisser Weise eine Art von Überfrauen, die ihrer Wahl ebenso treu bleiben und ebenso glücklich damit sind wie die verheirateten mit Mann und Heim. Sie wollten lieber unverheiratet leben, als ihre Seele in der Lotterie der Ehe zu verlieren (Cécile Dauphin). Dieses Prinzip wurde in Verbindung mit Protestantismus, Perfektionismus und dem Vorrang des Individuums vor den gesellschaftlichen Institutionen, insbesondere der Ehe, zum festen Bestandteil der Ethik des Individualismus im 19. Jahrhundert. Der individuellen Erlösung in der Einsamkeit mit Gott ist der Vorrang zu geben, zumal die Frau beim Jüngsten Gericht allein vor ihren Gott wird treten müssen. In einigen nordamerikanischen Texten des 19. Jahrhunderts trifft man häufig auf den Ausdruck *single blessedness,* der auf Shakespeares Stück *Ein Sommernachtstraum* verweist. In ihm wird die Ehelosigkeit mit Güte, Nützlichkeit und Glück assoziiert.

Dank eines verbesserten Zugangs zu den Bildungsmöglichkeiten sowie ihrer Fähigkeit und ihres Mutes, sich in einer männlichen Kulturwelt zu behaupten, erwiesen sich die Frauen auf verschiedenen Gebieten als intellektuell begabt. Dies ermöglichte es ihnen, in die Gesellschaft einzugreifen, indem sie ihr Talent als Vermittlerinnen einbrachten. Sobald sie einmal anfangen zu spüren, daß die Welt ihr Zuhause ist – sagte Simone de Beauvoir –, treten große Persönlichkeiten ans Licht, etwa Kämpferinnen wie Flora Tristán, Rosa Luxemburg oder Alexandra Kollontai (auf ihr Modell der »neuen Frau« werden wir noch zu sprechen kommen); Wissenschaftlerinnen wie Madame Curie, Malerinnen wie Rosa Bonheur, Berthe Morisot oder Mary Cassat, die bei der Überlegung, welchen Stellenwert die Ehe in ihrem Leben einnahm, zum Ergebnis kam, daß sie nicht sie selbst sein und gleichzeitig eine konventionelle Ehe führen konnte; berühmte Intellektuelle wie Lou Andreas-Salomé und zahlreiche Schriftstellerinnen wie Emily Dickinson, leidenschaftlich und allein ihrem Leben und ihrem Werk verpflichtet. Viele verbargen ihr Geschlecht mitunter hinter einem männlichen Namen, wie etwa Mary Ann Evans (George Eliot) oder die glänzende Provokateurin George Sand, deren Werke *Indiana* und *Lélia,* zusammen mit *Corinne* von Madame de Staël, vielen Frauen neue Identitätsmodelle lieferten. Je weiter das Jahrhundert voranschritt, desto mehr Frauen widmeten sich dem literarischen Schaffen.

Kunst und Literatur liefern kein einheitliches Bild der alleinstehenden Frau. Wie wir bereits angedeutet hatten, wurde die Ehe als vorrangiges Ziel jeder Frau angesehen, als die einzige Möglichkeit, gesellschaftliche Anerkennung zu erhalten, oder auch als einziges Mittel zum Überleben. Jane Austen beschreibt die Protagonistin von *Stolz und Vorurteil* als Frau, die von den Männern und der Ehe keine besonders hohe Meinung hatte. Dennoch war die Ehe immer ihr Ziel, denn für Töchter mit guter Erziehung, aber geringem Vermögen blieb dies die einzige ehrenhafte Möglichkeit, ihr Leben zu fristen. Obwohl ihr die Ehe als ungewisser Weg zum Glück erschien, hielt sie die Heirat doch für den angenehmsten Schutz gegen die Armut.

In *Shirley*, dem Roman von Charlotte Brontë (der einzigen der drei Brontë-Schwestern, die heiratete), fragt sich Carolina, nachdem sie sich damit abgefunden hat, daß sie nicht heiraten wird, was sie tun soll, um die Zeit bis zum Grab zu überbrücken: »Wahrscheinlich werde ich eine alte Jungfer sein. Wozu wurde ich geschaffen?, frage ich mich. Wo ist mein Platz auf dieser Welt?«

Kurz nach dem Erfolg von *Jane Eyre*, der auf die Tatsache zurückzuführen war, daß Charlotte ihre Identität und die ihrer Schwestern enthüllte – bis anhin hatten sie alle unter männlichen Pseudonymen veröffentlicht –, schrieb 1859 eine angesehene Zeitschrift, »die erlauchte Schar weiblicher Schriftsteller hat das Gegenmodell aufgestellt ..., Frauen, die sich ihren Lebensunterhalt selbst verdienen, die denken, lehren, befehlen, leiten; weibliche Figuren, die mit solcher Kraft gezeichnet sind, daß sie den Geist der Männer erobern.«

In *Die Damen aus Boston* beschreibt Henry James Miß Chancellor als eine Frau, die für die Ehelosigkeit bestimmt war: »Es gibt Frauen, die zufällig, und andere, die freiwillig unverheiratet sind, aber Olive Chancellor war durch und durch der Typ, für den eine Heirat gar nicht in Frage kommt. Sie war ebenso selbstverständlich eine alte Jungfer, wie Shelley ein Dichter und wie der August ein Monat der Schwüle ist. Es war so natürlich für sie, unverheiratet zu sein, daß Ransom sich des Gedankens nicht erwehren konnte, sie sei alt, obwohl er, als er sie betrachtete, feststellte (wie er sich sagte), daß sie bestimmt jünger sei als er.«

In der Literatur der damaligen Epoche haftete den Worten »unverheiratete Frau« fast immer etwas Anrüchiges an. Die viktorianische Gesellschaft in England ist bestürzt über die wachsende Zahl lediger Frauen im Land und geht sogar so weit zu behaupten, dies sei ein Zeichen für eine kranke Gesellschaft. Die europäische, und ganz besonders die viktorianische, Presse prangert diese Situation an, indem sie sich nicht so sehr auf die Frage der Anzahl dieser Frauen stützt als vielmehr auf ihre unsichere soziale Identität.

Die unverheiratete Frau ist das Gegenmodell zur idealen Frau. Jedes Bild von ihr spielt auf eine mehr oder minder verschleierte Form auf eine gewisse Abweichung vom weiblichen Ideal an, das durch einen juristischen Status definiert ist, einen Liebesbegriff, eine biologische Bestimmung und einen bestimmten Schönheitskodex. Lesbierin, Prostituierte, Blaustrumpf, Suffragette ... In der gesamten westlichen Welt machen abschätzige Anmerkungen die Runde, auch wenn sie jeder echten Grundlage entbehren. Keine andere Epoche machte sich über ihre Physiognomie, ihre Physiologie, ihren Charakter oder ihr soziales Leben so viele Gedanken.

Jungfrau und Vampirin

Die sich immer schärfer akzentuierende Frauenfeindlichkeit vieler Männer drückt sich im 19. Jahrhundert in einem Bilderschatz aus, in dem der Typus der *femme fatale* vorherrscht, der seinen Gipfel an Ausdruckskraft in *Salomé* von Oscar Wilde erreicht. Salomé ist eine gebildete und gefährliche Frau, die mit der Sünde, der Kälte, der Sexualität verbunden und zugleich mit Eros und mit Thanatos (dem Tod) in Verbindung gebracht wird. Das Gefühl der Unsicherheit und Furcht, das die neue Frau in vielen Männern weckt, zeigt sich in widerstreitenden Gefühlslagen, die zwischen Faszination und Abscheu, sexueller Anziehung und panischer Angst vor dem Abgrund pendeln (Erika Bornay).

Verschiedene Frauenmodelle hatten damals nebeneinander Bestand: Eva, Maria und Lilith: die entsexualisierte Frau, die »Nicht-Frau«, die Botschafterin des Bösen, die den Mann in sein Verderben treibt, die sinnliche und bedrohliche, die treulose Geliebte, die von Baudelaire besungen wird ...

Symbolismus und *Art nouveau* waren die Bewegungen, die den Grundstock für das Bild der perversen und faszinierenden Frau legten. Tatsächlich verwandten Maler wie Gustave Moreau, Knoff oder Fure einen Großteil ihres Werkes darauf, in ihren Bildern ihre seltsame Vorstellung von weiblichen Wesen darzustellen, sie mit mythischen, biblischen, diabolischen Gestalten zusammenzubringen, Sphinxen oder Figuren zwischen Frau und Bestie. Die weiblichen Vampire des 19. Jahrhunderts sind starke Versionen des Mythos der *femme fatale,* die in unserem Jahrhundert zu den kraftlosen und schwachen Vampirinnen des Kinos geworden sind, denen im allgemeinen – nicht immer – die mythische Größe ihrer verehrungswürdigen Vorgängerinnen abgeht (Pilar Pedraza).

Die Dichotomie Eva/Maria, die für die duale Natur der Frau steht, verschärft sich, je weiter das Jahrhundert voranschreitet. Die Jungfrau, von der im Evangelium die Rede ist, ist die Ehefrau; Eva hingegen ist die Frau, die den Mann ins Verderben führt. In den Kunstwerken hat die verführerische Eva den Vorrang. Die Unterdrückung heizte die erotische Phantasie an, die sich nur schwer mit dem Bild der züchtigen Ehefrau und sanften Mutter vereinbaren ließ. Als Kontrapunkt zur hilflosen und kindlichen Marienfigur taucht die Figur der starken Frau auf, die *femme fatale*. Zwischen beiden Polen gab es noch viele andere Frauentypen mit schwächer ausgeprägten Verhaltensmustern, aber sie waren in der Kunst und Literatur der Epoche weniger stark vertreten, da so bedeutende Schriftsteller und Künstler wie Zola, Strindberg, Rossetti oder Klimt dem frauenfeindlichen Lager nahestanden.

Doch gegen Ende des Jahrhunderts führten einige Künstler das Bild der sportlichen, unbefangenen und befreiten Frau ein, vor allem in der Graphik. Der Maler Ramón Casas zum Beispiel versucht, in der Fiktion Wirklichkeit werden zu lassen, was in der Realität nicht machbar schien, indem er lesende, lernende, schreibende oder Sport treibende Mädchen oder Frauen darstellt. In Wirklichkeit konnten im Jahre 1878 nur knapp zehn Prozent der Spanierinnen lesen.

Die Autoren des 18. und 19. Jahrhunderts verehren und lobpreisen die Frau, solange sie nicht versucht, aus ihrer traditionellen Rolle auszubrechen, und fühlen sich beunruhigt, wenn Frauen ihre Freiheit ausleben. Die Protagonistinnen der besseren Romane des Jahrhunderts sind allerdings mehr als bloße Karikaturen und entsprechen auch nicht den soeben genannten Stereotypen Ehefrau/Prostituierte; es sind Frauen, die sexuelle Wünsche haben und zu großen Leidenschaften fähig sind. Der Ehebruch wird zum zentralen Thema: *Madame Bovary* (Flaubert, 1897), *Ana*

Karenina (Tolstoi, 1877), *Nana* (Zola, 1880), *Nora* (Ibsen, 1880), *Die Präsidentin* (Clarín, 1884), *Effi Briest* (Fontane, 1893), Edna Pontellier (Protagonistin von *Das Erwachen* von Kate Chopin, 1899) oder Madame de Renal (Stendhal, *Rot und Schwarz,* 1830). Mit Ausnahme der Nora sind sie bürgerliche Ehebrecherinnen, und wir können sie im Lichte der Überschreitung der strengen Regeln des Ehelebens analysieren. Es geht hier um die Entdeckung, daß auch Frauen sexuelle Wünsche haben und den Drang verspüren, sich als Individuen zu behaupten. Ibsen zeigt dies meisterhaft an der Gestalt der Nora, die ihren Ehemann verlassen möchte, um endlich kein Kind mehr zu sein, eigenständig zu denken und sich selbst zu finden. Als dieser ihr erwidert: »In erster Linie bist du Gattin und Mutter«, antwortet sie: »Das glaube ich nicht mehr. Ich glaube, daß ich vor allen Dingen Mensch bin, so gut wie du – oder vielmehr, ich will versuchen, es zu werden.«

Die Frau, die oftmals gezwungen ist, eine Zweckehe einzugehen, ohne jede Freiheit und ohne eigenes Betätigungsfeld, gibt sich einem unbefriedigenden Müßiggang hin und träumt von ihrem Liebhaber, und zwar nicht nur als Flucht, sondern, bewußt oder unbewußt, als Rebellion. Edna Pontellier wird sich ihres Erwachens als menschliches Wesen bewußt, ihrer Sehnsucht nach körperlicher, emotionaler und wirtschaftlicher Unabhängigkeit, und nimmt sich, da ihre Wünsche nicht erfüllbar sind, das Leben. Das Werk erhielt von der Kritik sehr gegensätzliche Urteile, die auf moralischen und nicht auf literarischen Kriterien beruhten. Daß Kate Chopin Ednas Verhalten, ihre Sehnsucht nach Freiheit und Einsamkeit und ihren Selbstmord als Zeichen ihrer Freiheit nicht verurteilte, war ein Tabubruch. Effi Briest hingegen stirbt, von Traurigkeit verzehrt, in ihrem erzwungenen Exil.

Diese Werke sind ein Spiegel und eine Kritik der Gesellschaft ihrer Zeit, ihrer Struktur, ihrer Gesetze und Traditionen. Wenn wir uns Ana Karenina, Effi Briest, la Regenta *(Die Präsidentin)* und Madame Bovary genauer ansehen, stellen wir fest, daß keiner ihrer Schöpfer die Gesellschaft, in der sie sich bewegen, mit Liebe oder Bewunderung darstellt. Sie haben alle die Absicht, sie zu kritisieren, die Ursachen des Ehebruchs – der ihnen als zentrales Thema dient – aus ihrer Sicht und den Bedingungen der Gesellschaft heraus offenzulegen.

Die vier Frauen haben verschiedene Einstellungen zum Ehebruch, aber sie werden alle bestraft. Es wird ihnen, als Schicksal und Sühne, der Tod auferlegt, außer im Fall der Präsidentin Ana, die im wunderbaren Buch von Clarín zu Armut und Einsamkeit verdammt wird. Es sind unzufriedene Frauen, die sich auflehnen möchten und die nicht so sehr von ihren Ehemännern als vielmehr von der Umwelt, in der sie leben, besiegt werden. Das persönliche Schicksal ist abhängig von den gesellschaftlichen und historischen Bedingungen, und die Gesellschaften, in denen diese Romane spielen, tolerieren den Ehebruch noch nicht. Der Weg, dem sie folgen, ist derselbe: Illusion–Wirklichkeit–Enttäuschung.

Madame Bovary unternahm ihren ersten Selbstmordversuch aus Liebe; den zweiten, der ihren Tod herbeiführen sollte, aus Stolz, Ehrgeiz und wirtschaftlicher Not. Ana Karenina hingegen, eine Persönlichkeit voller Sensibilität, leidet unter einer großen moralischen Not und begeht Selbstmord, um sich von sich selbst zu befreien. Trotz ihres tragischen Endes ist sie von allen diejenige, die der

Emanzipation am nächsten kommt. Die vier Protagonistinnen vereint ihr Wunsch, der Langeweile, der Monotonie des täglichen Lebens und einem genauen Regeln unterworfenen Leben im Käfig zu entfliehen.

Licht- und Schattenseiten des 20. Jahrhunderts

Das 20. Jahrhundert wird von der Komplexität beherrscht. Es wurden große Fortschritte erzielt, aber es ist auch zu entsetzlichen Katastrophen gekommen. Kein Mensch wird leugnen, daß die – im wesentlichen der Frauenbewegung zu verdankende – Anwesenheit der Frauen als neuen Protagonistinnen des gesellschaftlichen Lebens ein entscheidendes Ereignis ist. Es war ein harter Weg, mit Licht- und Schattenseiten, Fortschritten und Rückschlägen. Wir haben das Ziel noch längst nicht erreicht.

Bereits an der Schwelle zum neuen Jahrhundert tritt in verschiedenen Bereichen des öffentlichen Lebens und des künstlerischen Schaffens die Gestalt der ledigen Frau stärker hervor, eine fröhliche, städtische, aus geordneten Verhältnissen stammende Reisende mit kulturellem Hintergrund, die den traditionellen Rollen demonstrativ den Rücken kehrt. In England und den Vereinigten Staaten, wo die Rechtsprechung in Sachen Eigentumsrecht, Scheidung, Erziehung und Frauenwahlrecht schon weiter fortgeschritten ist, entwickelt sich dieses autonome Lebensmodell zuerst und ruft die größte Faszination hervor. Wirtschaftliche Unabhängigkeit und freie Liebe verschmelzen allmählich immer stärker zu einem Bild, das den bereits erwähnten Mythos von der neuen Frau hervorbringt. Zwischen 1870 und 1920 verließen die ledigen Frauen ihre Häuser in so großer Zahl wie noch nie zuvor; es entstanden Frauenverbände, und populäre Frauenzeitschriften priesen den Ledigenstand als gangbaren Lebensstil an. Nie wieder würden sie diese verbitterten und erniedrigten Frauen sein, sondern fröhliche und aktive, nach Autonomie und Würde strebende Frauen, denen bedauerlicherweise Steine in den Weg gelegt werden. Louisa May Alcott schrieb im Jahre 1887 über die ledigen Frauen: »Niemals sind Ansehen und Vermögen von einzelnen Mitgliedern dieser talentierten Schwesternschaft so beherzt erworben worden wie heute, da ihnen der ganze Fortschritt und der ganze Ruhm offensteht.« Die Frau tritt in der Moderne erstmals als eigenständige Persönlichkeit auf.

Ich habe nicht die Absicht, hier sämtliche berühmten Frauen dieses Jahrhunderts vorzustellen. Es gibt viele, die diese Bezeichnung verdienen, auch wenn sie alle in einem Lexikon Platz hätten. Ich habe auch nicht vor, all jene zu erwähnen, die sich der traditionellen Rolle nicht unterworfen haben. Ich möchte nur auf einige hinweisen, die mir besonders wichtig und wagemutig erscheinen, da sie gegen den Strom für ihre eigene Autonomie gekämpft haben. Es ist auch nicht meine Aufgabe, eine Geschichte des Feminismus zu schreiben noch mich bei allen Etappen aufzuhalten, die unser Jahrhundert geprägt haben. Daher werde ich einige Momente herausgreifen, die Fortschritte oder Rückschritte dokumentieren. Ich hege die große Befürchtung, daß die Gesellschaft – obwohl sie diesen Emanzipationsprozeß theoretisch unterstützt – auch weiterhin von den traditionellen Rollenbildern getragen wird, auch wenn wir Frauen heute durch Studium, Arbeit und politische Teilhabe gesellschaftliche Anerkennung erfahren. In diesem Sinne müssen wir anerkennen, daß kein Sieg endgültig ist.

Die Wahrnehmung des 20. Jahrhunderts ist von einer Reihe von Bildern geprägt: die *garçonne* oder *flapper,* ein Produkt des Krieges und der wilden Jahre; die *befreite Frau,* ein Produkt der Pille; und das *Superweib* der achtziger Jahre, ein Produkt des Feminismus und der Konsumgesellschaft, eine Frau, die in der Lage ist, mit ihrer Karriere, ihren Kindern und ihren Liebhabern zu jonglieren.

Ein großer Unterschied zwischen dem 20. Jahrhundert und den vorangegangenen besteht darin, daß sehr viel mehr junge Frauen sich nicht so sehr darum sorgen, einen Ehemann als sich selbst zu finden. Es ist, als wären wir zum Schluß gekommen, daß Glück wichtiger ist als Resignation, daß es besser ist, Liebe und Zuneigung zu erfahren, daß dies jedoch nicht notwendigerweise durch die Ehe gegeben ist, da weder Einsamkeit noch Würde und Respekt an einen bestimmten zivilen Stand gebunden sind. Frauen ist nicht nur ein einziges Schicksal bestimmt, sie möchten wählen können und wollen nicht von vornherein auf was auch immer verzichten müssen. Wahrscheinlich ist es heute einfacher, mutig zu sein und »ja« oder »nein« zu sagen, da wir viele sind und uns zusammenschließen können. Zweifellos gibt uns das Stärke und Mut.

Letztlich geht es darum eine Landkarte zu entwerfen, auf der wir uns die siegreichen Phasen des Feminismus ansehen können: seinen internationalen Charakter vor dem Ersten Weltkrieg, die Rollen der Frau im Krieg, in der Nachkriegszeit und der Zeit zwischen den Weltkriegen. Die Paarbeziehung im Moment des Auftretens der sogenannten modernen amerikanischen Frau im Kontrast zu den Prototypen der Frau in den verschiedenen totalitären

Staaten Europas. Das Erwachen der Demokratie nach dem Zweiten Weltkrieg (von der wir Spanierinnen und Spanier leider ausgeschlossen blieben), die sechziger Jahre, die achtziger Jahre und die Gegenwart. Stets müssen wir im Auge behalten, daß es nicht immer klare Trennlinien gibt und daß es, da die Realität eine komplexe Angelegenheit ist, Gegenströmungen gibt, bewährte Modelle und Ausnahmen.

Von Virginia Woolf zur rive gauche

Wenn wir über alleinstehende Frauen sprechen, so erzählen wir eine Geschichte, die uns nah ist und in der wir uns unmittelbar wiedererkennen können. Wen sollen wir uns herausgreifen? Aus welchem Umfeld? Ich habe mich für Frauen entschieden, die eine besondere Beziehung zur Einsamkeit hatten, weil sie der Zeit und der Gesellschaft, in der sie gelebt haben oder leben, voraus waren, und die wegen ihres Nonkonformismus in besonderem Maß unter Liebesmangel zu leiden hatten.

Außergewöhnliche Frauen, die sich durch ihr Talent, ihre Stärke oder ihre Persönlichkeit von der großen Masse abhoben, hat es immer gegeben. Die wenigen, denen es vergönnt war, eine gute Bildung zu erhalten, die gefördert wurden oder die mit einer großen Mitgift rechnen konnten, wurden oft bekannt oder berühmt. Frauen etwa, die bestimmten Künstler- und Intellektuellenkreisen wie etwa der Bloomsbury- oder Montparnasse-Gruppe angehörten oder feministischen Kreisen wie den bereits erwähnten Frauen der Pariser *rive gauche*. Diese Zirkel waren Räume der Freiheit und Kreativität; sie gaben einem neuen Lebenskonzept Gestalt, einer kulturellen Renaissance; sie ermöglichten es Frauen, sich mit größerer Autonomie zu bewegen, ohne sie je zu zwingen, die eigene Identität aufzugeben.

Virginia Woolf (1882–1941) war eine der Gründerinnen der Bloomsbury-Gruppe, die sich 1904 in London bildete. Sie verstand sich als dem Bürgertum abtrünnig gewordene Avantgardistin und sah ihren Auftrag in der individuellen intellektuellen Suche und der gegenseitigen Toleranz frei von allen Fesseln (Raymond Williams). Diese Gruppe wurde durch intelligente und redegewandte Frauen ohne akademische Bildung und durch die Stoßkraft des Feminismus nicht nur geprägt, sondern buchstäblich angetrieben. Auf andere Strömungen – etwa den Sozialismus, den Pazifismus und den Antiimperialismus – hatte der Kreis eine reformatorische und modernisierende Wirkung. Wie wichtig Virginia Woolf als Kämpferin und Theoretikerin für den Feminismus war, ist hinreichend bekannt; tatsächlich ist *Ein eigenes Zimmer* ein bedeutender Text in der Emanzipationsgeschichte der Frau. Am andern Pol spielte Vanessa Bell, die weder mit dem organisierten Feminismus noch mit dessen ideologischer Ausrichtung irgend etwas zu tun hatte, die Rolle der neuen Frau; sie führte jedoch ein Leben sexueller und beruflicher Freiheit, das nur schwerlich anders als feministisch bezeichnet werden kann. Letztlich bestand eine enge Beziehung zwischen sexueller Emanzipation und beruflicher Unabhängigkeit, denn wie Virginia Woolf sagte, hing die Zukunft der Literatur in hohem Maße davon ab, inwieweit die Männer dazu gebracht werden konnten, den Frauen Ausdrucksfreiheit zu gewähren.

Es handelte sich also um einen Zirkel, in dem absolute

Freiheit des Denkens und des Ausdrucks herrschte, um eine Gruppe, die nicht nur von Gefühlsbindungen, von Blutsbanden, von Ehebanden und hetero- oder homosexuellen Leidenschaften zusammengehalten wurde, sondern auch von der intelligenten und begeisterten Hingabe an das Leben und die Kunst. Dieses Ambiente lassen zum Beispiel Vanessa Bell und Isadora Duncan in ihren Werken auferstehen. Die Männer in der Gruppe waren der festen Überzeugung, daß Frauen klug und unabhängig sein können; doch sie legten, obwohl sie die traditionellen Vorstellungen von Weiblichkeit nicht akzeptierten, einen ziemlichen Egoismus an den Tag. Aus diesen und anderen Gründen gab es auch in diesem Zirkel Spannungen. Trotz ihrer Leidenschaft, ihrer Liebe und ihrer Freundschaft gelang es Virginia Woolf und Vita Sackville-West niemals, ihre Einsamkeit zu teilen. Virginia nahm sich das Leben, und Vita ergab sich immer stärker der Einsamkeit, der Depression und dem Alkohol.

Auch das Pariser Künstlerviertel Montparnasse gestaltet sich zu einer Freizone. Kaum war der Krieg vorüber, strömten Künstler aus aller Welt nach Paris. In den zwanziger Jahre begann eine kulturelle Blütezeit. Montparnasse verwandelte sich in ein großes künstlerisches Experimentierfeld, das zu einem bedeutenden Wandel in der Kunstgeschichte führen sollte. Die Künstler wurden in dem Maße respektiert, in dem sie auf spannende Weise Reklame für sich machten und der Stadt Prestige einbrachten. Aber vielleicht ist einer der interessantesten Aspekte von Montparnasse der, daß es dort eine Gruppe von unabhängigen und ihren Lebensunterhalt selbst bestreitenden Frauen gab, die sich, befreit von ihrer traditionellen Rolle in Familie und Gesellschaft, in die künstlerische Gemeinschaft integrierten. In einem von Sinnlichkeit geprägten Umfeld bestimmten sie mit einer neuen Unabhängigkeit und Gleichheit über ihr eigenes Leben. Und obwohl die Wirtschaftskrise dem Phänomen Montparnasse ein Ende machte, war doch die Zeit, in der es Bestand hatte, eine Epoche echter Freiheit und fehlender Vorurteile, die den einzelnen die Möglichkeit gab, in den verschiedenen Lebensbereichen sich selbst zu sein. Für Frauen eine fundamentale Erfahrung.

Kiki (Alice Ernestine Prin) war eines der Symbole dieser Zeit. Laut Hemingway herrschte Kiki in der Montparnasse-Ära mit einer Stärke, zu der Königin Viktoria in ihrem ganzen Leben nicht fähig gewesen sei. Sie posierte nicht nur für zahlreiche wichtige Maler und Photographen – sie stand u.a. Modell für *Le violon d'Ingres* von Man Ray –, sondern drehte auch acht Filme, von denen der Experimentalfilm von Léger, *Ballet méchanique,* besondere Erwähnung verdient. Sie sang, malte und schrieb im Alter von achtundzwanzig ihre Memoiren, die international großen Erfolg hatten. Aus einer einfachen Familie aus dem Burgund stammend, begann sie mit vierzehn Jahren in Paris zu arbeiten, mit siebzehn war sie bereits Mitglied einer Gruppe von Künstlern, denen sie stets große Zuneigung entgegenbrachte. Und wie Meret Oppenheim oder Marie Laurencin repräsentierte sie das Bild der künstlerischen und privilegierten modernen Frau.

Zu Anfang des Jahrhunderts entwickelt sich in Paris unter den Frauen der Kreis *rive gauche*. Die als die »Amazonen« bekannten Frauen lebten eine Art Dandytum: Nathalie Clifford Barney, Renée Vivien, Gertrude Stein und ihre kreativen Freundinnen gehörten in ihrer Ästhetik der *art nouveau* oder der Avantgarde an. Diese Frauen, unter ihnen bekennende Lesben, pochten auf ihr Recht, frei zu leben, sie wollten viel erleben und lieben, wie es ihnen gefiel. Da sie gleichzeitig bewundert und verleumdet wurden, war das alles andere als einfach. Um den Schwierigkeiten begegnen zu können, brauchten sie die Freundschaft und Liebe anderer Frauen und bestimmter Männer. Allgemein gesagt, verließen sie ihr Vaterland mit dem Wunsch, in Europa die nötige kulturelle und persönliche Freiheit zu finden, um ihre Kreativität entwickeln zu können. Die meisten von ihnen gehörten der gehobenen Mittelklasse an und hatten dieselbe auf das Studium der Musik, der Malerei und der Literatur gerichtete Erziehung genossen. Ihre Affinität zueinander rührte auch von der bemerkenswerten Ähnlichkeit her, die ihre familiäre Herkunft ihnen gab, von ihren gemeinsamen intellektuellen Zielen, politischen Haltungen und Kindheitserlebnissen.

Viele lehnten sich gegen die heterosexuelle Norm auf und knüpften homosexuelle Beziehungen; einige, wie Gertrude Stein und Alice B. Toklas, waren sehr lange zusammen, während andere, wie Natalie Clifford Barney, ständig ihre Partnerinnen wechselten. Die »Amazone«, wie sie sich gern nannte – dies auch der Titel des Porträts, das die Malerin Romaine Brooks im Jahre 1920 von ihr malte –, machte ihr Lesbentum zur öffentlichen Angelegenheit. Sie war die Tochter eines snobistischen und autoritären Geschäftsmannes, der auf die künstlerische Begabung seiner Frau, einer Malerin, eifersüchtig war. Die Haltung ihres Vaters war für sie Grund, die Ehe, die sie als Institution betrachtete, welche die Ehefrauen auf legale Weise zu Opfern machte, kategorisch abzulehnen. Sie hatte ein beträchtliches Vermögen geerbt, das es ihr gestattete, in Paris zu leben, einer Stadt, die sie für den Versuch, aus ihrem Leben ein Kunstwerk zu machen, geeignet hielt. Natalie Barney eröffnete einen literarischen Salon, der jahrzehntelang von Intellektuellen und Künstlern verschiedener Nationalitäten besucht wurde; hier wollte sie die Künste fördern und ein anderes Bild von den Lesben erschaffen. Ihre Devise lautete: »Verhalte dich anders, ohne etwas zu verbergen, und nimm dir die Freiheit, zu lieben, wen immer du magst.« 1919 legte sie in einem Buch ihre Ästhetik der lesbischen Liebe dar und ließ sich über das Thema aus, was für eine Falle in der Regel die Gesellschaft darstellt, in der eine Frau lebt. Sie hatte viele Liebschaften und pflegte eine unzerbrüchliche Freundschaft mit einer anderen Schriftstellerin, Djuna Barnes. Barnes, Autorin von *Nachtgewächs* und *Ryder*, hatte wie Anaïs Nin und Carson McCullers Liebesaffären mit Frauen und Männern. Sie war unbeugsam und wußte sich ihre Einsamkeit zu bewahren. Sie wurde von bedeutenden Schriftstellern wie T. S. Eliot, James Joyce und Lawrence Durrell gerühmt, der sich zur Aussage verstieg: »Was für ein Glück, in derselben Epoche wie Djuna Barnes zu leben.« Ihre große Liebe war die Bildhauerin Thelma Wood. Die letzten vierzig Jahre ihres Lebens lebte sie allein, finanziell unterstützt von der Mäzenin und Kunstliebhaberin Peggy Guggenheim, ein stilles, der Schriftstellerei gewidmetes Leben.

In Salons und Buchhandlungen traten die Frauen in Kontakt mit anderen Schriftstellern. Trotzdem war die Isolierung, etwa im Falle von Gertrude Stein, geradezu ihre Lebenskonstante, was ganz gewiß an ihrem militanten Auftreten und der wütenden Verteidigung ihrer Unabhängigkeit lag. Stein verbrauchte viel Kraft beim Versuch, anderen zu beweisen, daß sie die Stärkere war, daß sie mehr Talent hatte und Männern intellektuell überlegen war. Sie wetteiferte ständig mit Joyce und seiner Genialität und legte sich schließlich mit Sylvia Beach an, der Besitzerin der Buchhandlung Shakespeare & Co., weil diese *Ulysses* herausgegeben hatte.

Ihre Ablehnung der Ehe veranlaßte Renée Vivian Dinge zu sagen wie: »Glauben Sie etwa, wir Frauen hätten heutzutage nichts anderes zu tun, als wie eine Herde Schafe auf die Ehe zuzulaufen? Ich dachte, sie wären mir ein echter Freund.«

Zum Schluß soll noch Colette erwähnt werden, die große Dame der französischen Literatur, eifrige Besucherin des Salons der »Amazonen«. Nach der Veröffentlichung von *Chéri,* in dem die Protagonistin eine Rolle innehatte, die sie selbst später spielen sollte, wurde sie zum Mitglied der Ehrenlegion ernannt. Sie war von ihrem untreuen Ehemann abhängig und ihm ergeben, bis sie sich schließlich mittels eines ihrer Romane, *Claudine geht,* von ihm trennte: »Er hat immer so gut gewußt, was ich tun sollte, daß ich mir jetzt, da ich ohne ihn lebe, vorkomme wie ein nutzloses mechanisches Spielzeug, zu dem der Schlüssel verlorengegangen ist. Woher soll ich jetzt wissen, was gut und was böse ist?« In *Nuit blanche,* einem ihrer Geliebten Missy gewidmeten Werk, schreibt sie: »Zwei Frauen, die sich umarmen, waren für ihn ein liederliches Paar, er konnte darin nicht das melancholische und ergreifende Bild zweier schwacher Wesen sehen, von denen sich vielleicht das eine in die Arme der anderen geflüchtet hat, um zu schlafen, zu weinen und sich dort vor dem oft gemeinen Mann zu verstecken und um dort vor allem jede Art von Lust zu genießen, das bittere Glück, sich ähnlich, minderwertig, vergessen zu fühlen.« Colette hatte eine komplizierte Beziehung zu ihrer Mutter, und in ihren Werken werden Männer zur Zielscheibe ihrer Kritik, werden von den Protagonistinnen lediglich ertragen. Selbst die Hoffnung, sie könnten ihre Liebe erwidern, stibt.

Dieses Ambiente aus Nordamerikanerinnen, Engländerinnen und Französinnen war außergewöhnlich, denn üblicherweise lebten die Frauen trotz ihrer intellektuellen Schulung in einem erstickenden bürgerlichen Klima. Das war etwa bei Clara Malraux der Fall, die mit Mädchennamen Goldschmidt hieß. Sie stammte aus einer wohlhabenden Familie jüdisch-deutscher Abstammung und führte von Jugend an ein unabhängiges Leben, reiste viel, lernte Sprachen, ließ sich von künstlerischen Darbietungen und dem Gedankengut der Avantgarde faszinieren. Obwohl sie reich und intelligent war, sah sie sich im Kampf gegen das große Hindernis, daß sie eine alleinstehende Frau war, der das intellektuelle Leben, das sie gerne führen würde, verwehrt war. Ihr Bruder riet ihr, sie solle doch heiraten, um diese Hürde aus dem Weg zu räumen, und obwohl sie diese Möglichkeit jahrelang von sich wies, entschloß sie sich am Ende doch, ihre neuen Ideen und ihre intellektuellen und politischen Überzeugungen mit einem Gefährten zu teilen. Sie lernte André Malraux kennen, als dieser neunzehn Jahre alt war. Dieser Mann von frühreifer Intelligenz, unruhigem Geist und bescheidener Herkunft, dieser zielstrebige Autodidakt war überwältigt von der unabhängigen, provokativen und kultivierten Frau, und sie verliebten sich ineinander. Zwanzig Jahre später wurde Malraux zum Helden der Kultur, und Clara kam mit der Niederschrift ihrer Memoiren, die sie nach Kriegsende schrieb, zu Ruhm und Ehren. Als er zum ersten Mal las, was Clara geschrieben hatte, sagte er ihr, es sei besser, seine Frau zu sein als eine Dreiviertelschriftstellerin. Sicher hatte der autobiographische Inhalt des Textes, in dem ihre Beziehung eine zentrale Rolle spielte, ihn zu dieser Reaktion veranlaßt. Als der Krieg zu Ende ging, begann sie, wenn auch für immer von der Figur ihres Ehemannes beherrscht, ein neues Leben. Wieder als alleinstehende Frau auf der Suche nach politischen Utopien.

Alexandra Kollontai (1872–1952), die große russische Politikerin und Revolutionärin, steht für ein anderes Modell der neuen Frau. In *Neue Moral und die Arbeiterklasse* (1920) entwirft sie mit enormer theoretischer Überzeugungskraft den Typus eines neuen Lebensmodells. Ihrer Ansicht nach konnte der Typus der modernen Frau erst mit der Zunahme bezahlter weiblicher Arbeitskräfte in Erscheinung treten. Diese neuen Frauen sind natürlich weder bezaubernde, reine junge Mädchen, deren Liebesgeschichten in einer glücklichen Ehe enden, noch Ehefrauen, die resigniert die Untreue ihrer Gatten hinnehmen, noch verheiratete Frauen, die Ehebruch begehen; sie sind weder alleinstehende Frauen, die ihr ganzes Leben lang ihrer unglücklichen Jugendliebe nachtrauern, noch »Priesterinnen der Liebe«, Opfer ihrer traurigen Lebensumstände oder ihrer »verderbten« Natur. Kollontais Frauen bilden einen fünften Typus, der vorher nicht bekannt war: Frauen, die sich mit eigenen Forderungen dem Leben stellen und ihre Persönlichkeit behaupten; sie wehren sich gegen die Knechtschaft der Frau innerhalb des Staates oder des Kreises der Familie; sie verstehen es, für ihre Rechte zu kämpfen. Die geeignetste Bezeichnung, die wir diesen Frauen geben können, lautet »unverheiratete Frauen«.

Diese neue Frau ist weit davon entfernt, ein Echo ihres Mannes zu sein. Sie besitzt ihre eigene innere Welt, sie engagiert sich für gemeinnützige Interessen und ist innerlich und äußerlich unabhängig. Fünfundzwanzig Jahre früher wäre eine Definition dieser Art als bedeutungsleer empfunden worden. Die Rahmen waren schematisch und einfach: die junge Frau, die Mutter, die Literatin, die Geliebte oder die Dame von Welt, wie Elena Kurakin in *Krieg und Frieden.* Die unverheiratete Frau hatte also weder in der Literatur noch im Leben einen Platz. Sie wurde für eine zufällige Abweichung von der Norm gehalten. Damals war sie jedoch laut Alexandra Kollontai eine reale Tatsache, ein lebendes Modell.

In Spanien wurden die Frauen erst in der Zweiten Republik, d.h. zwischen 1931 und 1936, als Individuen angesehen (Pilar Folguera). Sie eroberten neue Gebiete und neue Berufe, fanden eine neue Beziehung zu ihrem Körper, der von den Korsetten befreit wurde, und trieben Sport. Einige fingen auch an, die Mutterschaft bewußt zu planen, was es ihnen gestattete, ihren gesellschaftlichen und intellektuellen Zielen mit größerer Freiheit nachzugehen.

Die garçonne*: kurzer Rock und kurze Haare*

Ab dem Ersten Weltkrieg wird die Frage der freien Liebe und der neuen Frau überaus aktuell. In England wird die junge, emanzipierte Frau von der bereits erwähnten *flapper* verkörpert, die sich fleißig auf Volksfesten tummelt und mit Vorliebe kurze Röcke trägt, und in Frankreich von der *garçonne,* der Victor Margueritte in seinem Werk *La garçonne* (1921) als Romanarchetypus Unsterblichkeit verlieh. Die Protagonistin dieses Romans, Monique Lebier, trug kurze Haare und kurze Röcke, ging tanzen, trieb Sport und belegte Kurse an der Sorbonne. In diesen wilden

Jahren, in denen sich die nach dem Krieg wiederaufflammende Lebenslust mit der von der russischen Revolution ausgehenden Faszination verbindet, die alle erträumten Emanzipationsbestrebungen umfaßt, setzt sich die Gestalt der *garçonne* durch. Ihr Wunsch, sich wirtschaftliche Unabhängigkeit zu erkämpfen, und ihre sexuelle Freizügigkeit, ihr männliches Auftreten – sie denkt und handelt wie ein Mann –, die virilen Eigenschaften, die sie entfaltet – Talent, Logik –, und das Bewußtsein ihrer nicht zu beschneidenden Individualität – »ich gehöre nur mir selbst« – finden in einem symbolischen Modetrend Ausdruck: dem kurz geschnittenen Haar.

Der Roman fand großes Echo und löste einen Skandal und eine öffentliche und private Debatte aus. Seriöse Journalisten, Politiker und Romanschriftsteller verurteilten vielfach die emanzipierte Frau, die mit einer Frau von schlechtem Lebenswandel gleichsetzt wurde. Die Mehrzahl der Feministinnen war angewidert vom pornographischen Charakter des Romans, und die gespaltene Linke verteidigte die Ausdrucksfreiheit, hielt sich aber in den wesentlichen Punkten völlig bedeckt. Die Kommunisten verwiesen die Emanzipation der Frauen in die postrevolutionäre Zeit und straften diese bürgerlichen »Pseudorachefeldzüge« mit Verachtung. Offenbar wurde das Modell nur von den revolutionären Feministinnen unterstützt, im Namen der Gleichheit der Geschlechter.

In diesem neuen Frauenbild – kurzer Rock und kurze Haare (»Bubikopf«) – wollten viele die Symbole eines neuen Verhaltens sehen. Daß die neue Frau die moderne Frau ist, wurde in den zwanziger Jahren immer wieder betont. So von Nancy Cunard, die reich war und zur Bohème zählte; Coco Chanel, die in der französischen Mode tonangebend war und bereits 1910 die Sportmode für den Alltag eingeführt hatte. Die *new woman* versuchte, sich gegen die Macht der Konventionen ihre Identität und ihre Autonomie zu erkämpfen. Trotzdem blieben hinter dem äußeren Schein die traditionellen Normen weiterhin lebendig.

Nach Ansicht von Whitney Chadwick war das Bild, das der modernen Frau in der Industriegesellschaft des 20. Jahrhunderts eine neue Welt versprach, nur für reiche und privilegierte Frauen eine Realität. Für die Massen der Arbeiterfrauen war es nichts als eine Phantasie, die von ihrer Lebenswirklichkeit weit entfernt war, aber in den Kommunikationsmedien energisch durch Kampagnen verteidigt wurde, um den Konsum anzukurbeln: zusammen mit der letzten Mode wurden Jugend, Schönheit und Freizeit verkauft.

Die Frau fährt Auto, treibt Sport, geht allein oder in Begleitung einer anderen Frau ins Kino oder Theater, raucht und trinkt, trägt das Haar kurz und kurze Röcke, womit sie die neue Einstellung plakatiert, die gegen Traditionen und Vorurteile verstößt und die Revolution des alltäglichen bürgerlichen Lebens konkret werden läßt. Diese kosmopolitische Gestalt wird durch die kommerzielle Werbung noch weiter propagiert: dort werden Prototypen geschaffen, die sich in Vorbilder für die moderne Frau verwandeln: die freie, lässige und arbeitstätige Frau, die dank ihrer hartnäckigen Präsenz in Filmen und Illustrierten immer stärker in den Vordergrund tritt und ungeachtet ihrer elitären Herkunft immer stärker zum Leitbild wird.

Ende der zwanziger Jahre kam es zu einem qualitativen Sprung, der auf einen Wechsel der Strömung zurückzuführen ist. Während die *garçonne* darum kämpfte, so frei zu sein wie die Männer, kommt es zu einer gewissen Passivität, und trotz bedeutender Fortschritte, die im Kampf um die Bürgerrechte sowie im Bereich von Arbeit und Bildung erzielt wurden, trotz der zukünftigen sexuellen Freiheit, von der Margareth Sanger und Henry H. Ellis sprechen, bringt Sigmund Freud das Hirngespinst von der weiblichen Frigidität als sexuelle Pathologie in Umlauf.

Vom Kampf um Rechte zum home sweet home

Vor dem Ersten Weltkrieg brachte der Kampf um das Wahlrecht dem Feminismus, der sich zu einem internationalen Phänomen entwickelt hatte, einen enormen Auftrieb. Als erste europäische Nation führte Finnland, das soeben von Rußland die Unabhängigkeit erkämpft hatte, 1906 das Frauenstimmrecht ein. Später, während des Weltkrieges, verwandelten sich die Frauen des jeweiligen Feindes ebenfalls in Feindinnen, so daß es zu einer Art Nationalfeminismus kam. Dennoch nahmen die Frauen damals an pazifistischen Initiativen teil und spalteten sich in Gruppen für und gegen den Krieg. Zugleich wurde die Weiblichkeit auch als Kontrapunkt zu kriegerischen Werten verherrlicht. Viele Mütter gingen auf die Straße als Trägerinnen von Werten, die denen der Männer moralisch überlegen waren. Die Suffragetten erhoben öffentlich ihre Stimme, um das Frauenwahlrecht zu erlangen.

Nach dem Krieg kam der Rückschlag schnell und brutal. Im Namen des nationalen Wiederaufbaus und der Verteidigung der Rasse wurden die Frauen gedrängt, in ihr Heim und in ihre angestammten Berufe zurückzukehren – auch von seiten vieler Männer, die ihnen zuvor eine Zukunft der Emanzipation versprochen hatten. Sie wollten ihre Frauen genauso vorfinden, wie sie sie verlassen hatten, wollten sie auf den rechten Weg zurückführen, nämlich dahin, wo sie vor dem Kriege gewesen waren. Obwohl einige Gesetze zum Schutz der Mutterschaft und der Familie verabschiedet wurden, übergingen sämtliche für den sozialen Schutz zuständigen Politiker die spezifischen Interessen der Arbeiterfrauen. Mutterschaft wurde wieder als eine Pflicht angesehen.

Die Entmobilisierung der Frauen fällt zusammen mit der heftigen Kritik an der emanzipierten Frau und am Feminismus. Immerhin sind bestimmte wichtige Breschen geschlagen worden und haben sich unbestreitbare Umwälzungen ereignet. Die Produktionsstrategien der Großindustrie sorgten für eine Erweiterung im Bereich der Frauenarbeit, auch wenn den Frauen nur die mechanischen Tätigkeiten überlassen wurden, zu denen es keine Fachausbildung brauchte, was eine neue Arbeitsteilung der Geschlechter mit sich brachte. Auch die Entwicklung des tertiären Sektors eröffnete den Frauen viele Arbeitsmöglichkeiten, und sie bekamen zum ersten Mal Zutritt zu bestimmten freien Berufen. Mit dem Siegeszug der Schreibmaschinen und der Stenographie begannen Frauen die Kontore und Büros zu erobern. Auch darf nicht vergessen werden, daß nun Frauen aus »gutem Haus« vermehrt Zugang zu den Universitäten erlangten.

Was den Kampf um die Rechte der Frauen anbelangt, war das Ergebnis von Land zu Land verschieden. Zumindest wird eine Bewegungs- und Handlungsfreiheit erreicht, wie sie vorher nur in der Einsamkeit und in der Ausübung besonderer Aufgaben möglich war. Einige Frauen fangen an, eine andere Beziehung zu ihrem Körper und zu sich selbst zu entwickeln; sie ziehen sich anders an, entwickeln andere Gewohnheiten, treiben Sport und verbringen ihre Freizeit damit, alleine auszugehen oder ihre Sexualität zu erkunden. Sie leben voll und ganz in der Gegenwart und erfahren aus erster Hand, wie zerbrechlich das Glück sein kann. Es wird allerdings auch deutlich, daß der Krieg das Geschlechterverhältnis zementiert hat. Die Männer sind dazu vorherbestimmt, sich zu schlagen und Eroberungen zu machen, die Frauen, sich fortzupflanzen und für andere zu sorgen. Diese gegenseitige Ergänzung wird als unumgänglich dargestellt, falls in einer chaotischen Welt Friede und Glück herrschen sollten. Einmal abgesehen vom Kommunismus der zwanziger Jahre, setzt auch die Arbeiterkultur auf Frau und Heim, Mann und qualifizierte Arbeit. Das eine und das andere Geschlecht haben unterschiedliche Kriegserfahrungen gemacht, haben das Elend, die Anstrengung und die Unabhängigkeit jeweils anders erlebt. Mitten in der Katastrophe haben die Frauen die Gesellschaft bestimmt und die Wirtschaft am Laufen gehalten, indem sie fast alles selbst in die Hand genommen und eine klare Vorstellung von ihren Fähigkeiten gewonnen haben. Einen Augenblick lang fühlten sie sich freier. Daher bedeutet die Rückkehr ins Haus ein Sich-Fügen. Mit dem Sieg der demokratischen Kräfte über den Totalitarismus werden jedoch auch die Rechte des Individuums erweitert, Frauen, die im Krieg ihren Blutzoll bezahlt hatten, sehen sich in gewisser Weise belohnt.

Die Stimmung, die sich allenthalben nach der Demobilisierung breitmacht, bremst den Emanzipationsdiskurs und tendiert erneut dazu, unabhängigen Frauen Schuldgefühle zu bereiten und das Ideal der Frau und Mutter erneut hochzuhalten. In den faschistischen Regimen paßt sich eine geburtspolitische Ideologie den wirtschaftlichen Realitäten an.

Nazideutschland stellt die Frauen in den Dienst der ethnischen Gemeinschaft des deutschen Volkes, sei es als Mutter, Aktivistin oder Arbeiterin. Das Frauenbild wurde im wesentlichen seiner Romantik beraubt und die Frau auf ihre Funktion als Ehefrau reduziert: Kinder bekommen und sie großziehen, bis die Partei sich ihrer annimmt. Damals wurde zu eugenischen Zwecken eine Brautschule für die zukünftigen Gattinnen der SS-Leute eröffnet. Ehen wurden im Namen des Staates geschlossen. Jede Frau hatte ihr Ehezeugnis, in dem auf Leidenschaften oder individuelle Wünsche selbstverständlich keine Rücksicht genommen wurde. Viele sahen anfangs die Schrecken nicht voraus, zu denen der Nationalsozialismus führen würde, der nach und nach ein wachsendes Klima der Gewalt, der Unterdrückung und des Todes schuf, was in Filmen wie *Cabaret, Schindlers Liste, Die Verdammten* oder *Der große Diktator* meisterhaft geschildert wird.

In dieser Hinsicht verdient der Fall von Leni Riefenstahl (* 1902 in Berlin) unsere Aufmerksamkeit. In der Naziära war sie die Vorzeigedame des deutschen Kinos. Ihr großer Film *Olympia* ist ein Paradebeispiel für ein Dokumentarkino, das zu Anfang jedes ideologische, historische oder politische Hindernis überwindet, um sich zu einem echten kinematographischen und künstlerischen Monument zu erheben. Angesichts der Anschuldigungen, die gegen sie erhoben wurden, verneinte sie stets ihre Verflechtung mit der Nationalsozialistischen Partei, aber es ist sicher, daß dieser Film voll und ganz von Hitlers Regierung produziert wurde. *Olympia* wurde 1938 als Teil der Feiern aufgeführt, die zu Hitlers 49. Geburtstag stattfanden. Er wurde mit dem Goldenen Löwen von Venedig ausgezeichnet und als einer der zehn besten Filme aller Zeiten gewürdigt.

Trotz Fällen wie diesem war aus Sicht des Nazismus die Befreiung der Frau eine Degeneration, die auf jüdischen Einfluß zurückzuführen war. Der Ort für die Frau ist das Heim, das als das gesamte Vaterland, das heißt als ganz Deutschland, verstanden wird. Während die »reinen« Frauen zur Erneuerung der Rasse beitragen, werden die »un-reinen« auf schreckliche Weise und in großer Zahl geopfert und sterben in den Gaskammern.

Auch während der spanischen Franco-Ära hatte sich die Ehefrau und Mutter dem Mann unterzuordnen und gehorsam, aufopferungswillig und feminin zu sein; mit anderen Worten: sanft, zart, rücksichtsvoll und zurückhaltend.

Das sowjetische Modell wiederum begründete eine aus Zwillingsgeschlechtern bestehende Menschengemeinschaft. Die Frauen sollten jedoch die ersten Opfer der neuen Familiengesetzgebung werden, die den Status der Frauen bald veränderte. Tatsächlich konnte die Ehe in der Zeit der Sowjets durch Scheidung beendet werden, und Abtreibung war erlaubt, doch in der stalinistischen Epoche wurden beide Möglichkeiten eingeschränkt und die Ehe wieder auf eine rein utilitaristische, kollektivistische und eugenische Basis gestellt.

In den Vereinigten Staaten gelang es den Massenmedien, im Verbund mit der Werbung bestimmte Modelle weiblicher Selbstverwirklichung durchzusetzen. Die während der Großen Depression geäußerten Appelle der Konservativen, daß die Frauen an den heimischen Herd zurückkehren bzw. die verheirateten Frauen ihren Beruf aufgeben sollten, zeigen, wie dünn die Aura der Freiheit und wie fragil die Rolle gewesen war, die der modernen Frau zugeschrieben wurde.

In den angelsächsischen und nordischen Ländern, in denen das Modell der emanzipierten Frau schon eine gewisse Tradition hatte, bekamen die Frauen den Status eigenständiger Staatsbürgerinnen zuerkannt. Die religiösen Traditionen standen dem Erreichen dieses Zieles nicht entgegen. Die protestantische Ethik, die stark dazu tendiert, die Rechte des Individuums zu verteidigen, hat sich der feministischen Welle sehr gut angepaßt, die anfing, sich zu einer Massenbewegung zu entwickeln. Die Frauen in den südlichen Ländern Europas hingegen fuhren mit dem lateinischen Modell und dessen Spielarten fort und blieben weiterhin einem Ehemann untergeordnet, dem sie zu gehorchen hatten.

Vielleicht ist das Kino diejenige Kunstform, in der sich die verschiedenen wechselvollen Entwicklungen, die das Ansehen der Frau in diesem Jahrhundert durchlaufen hat, am besten beobachten lassen. Die Werbeabteilung von Metro-Goldwyn-Mayer legte Greta Garbo für die Promotion des Stummfilms *The Flesh and the Devil* (1926, deutsch: *Das Fleisch und der Teufel* und *Es war* – nach dem Roman von Hermann Sudermann, auf dem das Drehbuch basierte) einen berühmten Satz in den schönen Mund: »Ich möchte allein sein.« Dieser Satz wurde danach Garbos »Markenzeichen«, und MGM nagelte sie damit kunstgerecht auf die Rolle der *femme fatale* fest. So verkörperte die Diva bereits 1926 in der Gestalt der Felicitas von Rhaden die Frau, welche die Werte der ehelichen Treue, der Familienehre, der Ergebenheit gegenüber dem auserwählten Mann und die religiösen Gebote mit Füßen tritt, um ihrer verheerenden und perversen Leidenschaft zu folgen. Felicitas ist grenzenlos und verschlingend, sie ist der Archetypus der kastrierenden Frau, der hinter einer Maske der Unschuld verborgenen Perversität; ein Bild, dem Gretas blendende körperliche Schönheit noch mehr Macht verlieh. Der Film, ein »Fetisch« des Surrealismus, galt als der Gipfel des Kinos der Leidenschaften. Felicitas ist ein Beispiel mehr dafür, daß es im Kino praktisch keine unabhängigen Frauen zu sehen gibt, die alleinstehend und gütig sind. Im Gegenteil, sie gehören – von *Der blaue Engel* bis hin zu *Basic Instinct* – in die Kategorie der Bösen. Felicitas, alias Greta Garbo, wird für Ihre »Schuld« bestraft und ertrinkt, als sie in letzter Minute das Duell der beiden um sie kämpfenden Männer verhindern will …

Fast jeder Hollywoodfilm zeigt, auf welche Weise die Frauen durch die herrschende Macht des männlichen Blicks zum Schweigen oder zum Verschwinden gebracht bzw. marginalisiert wurden (E. A. Kaplan). Im Film aus dem Jahre 1936 von George Cukor, der auf dem Melodram *Die Kameliendame* von Alexandre Dumas basiert (1846), ruht der männliche Blick auf *Camille*. Wieder verkörpert Greta Garbo eine gefallene Frau, eine *femme fatale*. Trotz ihrer bäuerlichen Herkunft steht sie den *demi mondaines,* der Halbwelt, näher als den arbeitenden Frauen und wird zu einer Bedrohung für das System, als sie einen jungen Mann begehrt, der gerade dabei ist, die Leiter der bürgerlichen Karriere in Windeseile hinaufzuklettern. Die Erfüllung ihres Wunsches würde für Armand Duval den Ruin bedeuten, denn aufgrund ihrer Herkunft und ihres promiskuitiven Lebenswandels kommt sie für einen solchen Mann als Ehefrau nicht in Frage. Daher muß sie auf die Erfüllung dieses Wunsches verzichten, damit das patriarchalische bürgerliche System intakt bleibt. Sie ist eine Geächtete, da sie es wagt, gegen die für die Frauen festgeschriebenen Regeln zu verstoßen, nämlich entweder Jungfrau oder Ehefrau zu sein. Wir finden in diesem Film Normen für die Beziehung zwischen Mann und Frau sowie Anschauungen zu Familie, Klassenkonflikten und bürgerlicher Ideologie, die zwar in eine ferne Phase der Romantik zurückreichen, das Melodram aber noch lange Zeit beherrscht haben.

Als Werk der dreißiger Jahre erfüllt der Film den Wunsch der Menschen, Geschichten zu erleben, die mit der deprimierenden politischen und sozialen Wirklichkeit der Epoche nichts zu tun haben. Die Garbo ist hier »die ewige Frau, bereit, für den Mann, der ihr Zuneigung entgegengebracht hat, zu leiden und zu sterben«, wie auf den Werbeplakaten zu lesen stand. Im wesentlichen, aufgrund der Sensibilität des Regisseurs und angesichts der Tragödie von Marguerite, die sterben muß, zeigt der Film am Ende Verständnis für die weibliche Seite und die Menschen verlassen den Kinosaal mit dem Gefühl, eine wundervolle Erfahrung gemacht zu haben. Wahrscheinlich erfüllten einige Filme in jenen Jahren dieselbe Funktion wie heute die Fernsehserien oder *Soap Operas,* in denen den Frauen eine Botschaft vermittelt wird, die sie dazu bringt, sich mit den Opfern zu identifizieren. Denken wir nur an *Jezabel* (1938) oder *Vom Winde verweht* (1938), in denen zwei Frauen, die zur Gesellschaft, in der sie leben, eine denkbar problematische Beziehung haben und sich angesichts der vollkommenen Damen, die das Geheimnis der Weiblichkeit zu besitzen scheinen, weigern, die Rolle anzunehmen, die diese Gesellschaft ihnen zuweist.

Eine Kontrolle der als bedrohlich empfundenen weiblichen Sexualität hat es schon immer gegeben. Subjekt und

Herrin ihrer Lust zu sein ist für die Frau nicht möglich, und auch der Widerspruch zwischen Sexualität und Mutterschaft ist nicht aufgelöst: Die Mutter darf mit Sexualität nichts zu tun haben. Ebenfalls inkompatibel sind Sexualität und Mutterschaft in Josef von Sternbergs Film *Blonde Venus* (1934), in dem der Fetischismus als Strategie zum Abbau der männlichen Angst vor der weiblichen Sexualität vorgestellt wird. Kurz vor Schluß befreit Helen sich von den beiden Männern, die sie zu besitzen und zu unterwerfen suchen; sie ist frei, aber sie bezahlt die Freiheit damit, daß sie die Liebe und Vertrautheit verliert; und da ihr kalt ist und sie sich allein fühlt, kehrt sie zurück, um sich mit der Familie auszusöhnen. Denn es darf ihr nicht gelingen, völlig außerhalb der Familie und fern von den Männern zu stehen.

Frauen, die es während des Zweiten Weltkriegs geschafft hatten, das Land am Funktionieren zu halten, indem sie sich in emanzipierte Frauen verwandelten, mußten in ihre traditionelle Rolle zurückkehren. Nach dem Gemetzel des Krieges ist die Zahl an unverheirateten Frauen gestiegen. Es wird für sie zur lebenswichtigen Aufgabe, eine Beschäftigung zu finden, es sei denn, sie lebten von einer Rente. Daher rührt, vor allem im Bürgertum, die Begeisterung für die vornehmeren Arbeiten des tertiären Sektors. Am öffentlichen Leben nehmen die Frauen immer noch sehr wenig teil. Das Recht auf Arbeit ist ein ständig wiederkehrendes Thema, ebenso wie das Recht, über den eigenen Körper und den eigenen Besitz frei zu verfügen. Einige Ehemänner sehen sich immer noch als Herren; einige Frauen geben sich immer noch als unterwürfige und devote Ehefrauen. Aber im allgemeinen ist die Realität neutraler: hier herrscht weder das klassische Stereotyp noch die »skandalöse« Neuerung. Weder Ophelia noch *garçonne*, weder reine Hausfrau noch Blaustrumpf. Die Frau bekommt im Namen der Modernität Rechte in ihrer Partnerschaft, auch wenn sie sich für die Mutterschaft entscheidet.

Obwohl im Westen nach 1945 eine dauerhafte Phase der Demokratie und des Wirtschaftswachstums ihren Anfang nimmt, obwohl sich das Frauenwahlrecht, das die Frauen in den Rang echter Staatsbürgerinnen erhebt, allgemein durchsetzt und trotz der Rolle, die Frauen in Kriegszeiten übernommen hatten, wird die Frau wieder in die Privatsphäre zurückgedrängt. In deren Zentrum stehen der Nachwuchs und die Sorge um den Ehemann. Dies war ein Schlüsselmoment des nationalen Wiederaufbaus. Die Erlangung des Wahlrechtes hat nicht die von den Frauen erhofften Folgen.

Die fünfziger Jahre sind die Glanzjahre der Hausfrau, deren von verschiedenen Seiten erfolgte ideologische Konditionierung glänzend von Betty Friedan in ihrem Buch *Der Weiblichkeitswahn* aufgezeigt wird. Darin wird das Unbehagen und die Frustration der amerikanischen Frauen deutlich, die sich ausschließlich ihrem Heim und ihren Kindern widmeten und dieses Schicksal bewußt auf sich genommen haben. Diese Aufopferung füllt das Leben einer Frau nicht aus, denn sie ist ein freier Mensch und braucht Autonomie, um ihre Persönlichkeit entwickeln zu können – und zwar ohne von der Autorität des Vaters zu der des Ehemannes überzuwechseln –, um sich zu verwirklichen. Das Problem jener Frauen, die unter radikaler Unzufriedenheit, tiefer Depression und Frustrationen leiden, hat keinen Namen. Die femininsten Frauen, diejenigen, die sich den Mythos der Weiblichkeit zu eigen gemacht haben, sind auch diejenigen, die über die geringste Selbstachtung verfügen, deren Persönlichkeit am schwächsten und abhängigsten ist.

1946 wird *Die Lady von Shanghai* von Orson Welles uraufgeführt, ein Film, der eine Heldin zeigt, die völlig am Rande der Kernfamilie lebt, und der die Frau als Rätsel und Mysterium vorführt. Der Preis, den sie für ihre Unabhängigkeit zahlen muß, ist ihr moralischer Verfall: Sie muß für ihren Widerstand gegen die althergebrachten Verhaltensregeln bestraft werden, während die Männer gleichzeitig davor gewarnt werden, wie gefährlich die schöne und sexuell aktive Frau für sie sein kann, sobald sie ihren Wünschen nachgeben. Dieser Film hat zweifelsohne subversive Aspekte, insofern als er das süßliche, sentimentale und falsche Frauenideal zerstört. Die weibliche Sexualität wird offen gezeigt, und Elsa – Rita Hayworth – widersetzt sich den Bemühungen der Männer, sie zu beherrschen. Schade, daß niemand ihre Unabhängigkeit bewundern kann, da sie auf Manipulation, Habgier und Mord beruht.

Wie im gesamten *Ciné Noir* ist die Heldin eine *femme fatale*, die ihre ganze Verführungskraft einsetzt. Der Mann begehrt sie – während er zugleich die Macht fürchtet, die sie über ihn ausübt –, und schließlich nimmt die Sexualität der Frau zerstörerische Formen an und bringt den Mann von seinen Zielen ab. In dieser Hinsicht ist die These von Sylvia Harvey interessant, die besagt, daß das seltsame und reizvolle Fehlen normaler Familienbeziehungen im Ciné Noir die Veränderungen zum Ausdruck bringt, welche die nordamerikanischen Frauen im Hinblick auf ihre soziale Stellung durchgemacht haben.

Der Bruch mit den Stereotypen

Erst Mitte der sechziger Jahre, das heißt ein halbes Jahrhundert nach den Zeiten der Belle Époque, begann sich in den meisten westlichen Ländern eine neue Aufteilung der Geschlechterrollen abzuzeichnen. Dieser Prozeß, zu dem zweifellos der herrschende Reichtum, technologische Neuerungen (etwa elektrische Haushaltgeräte), die Erfindung der Antibabypille, die Ereignisse von 68 und ganz grundlegend auch die Frauenbewegungen beigetragen haben, verlief sehr langsam. Die verschiedenen Bewegungen der sechziger Jahre schufen den Nährboden für radikale kulturelle Veränderungen, die zu einer Lockerung der strengsten und puritanischsten Gesetze führten. Die Liebe trat in einen bislang unbekannten Kreislauf der Politisierung ein (Treue und Ausschließlichkeit wurden als bürgerliche Werte in Frage gestellt), und die kulturelle Revolution sowie die Frauenbewegung brachten die Frauen dazu, sich selbst um ihre sexuellen Belange zu kümmern.

So bekamen die Frauen schließlich ein Recht auf persönliche und wirtschaftliche Unabhängigkeit zugesprochen, und es wurde ihnen ermöglicht, außerhalb der Ehe ein Sexualleben zu haben, mit Männern zu schlafen, ohne schwanger zu werden, und sogar andere Frauen zu lieben. Es tauchen Single-Frauen und Single-Männer auf, deren Leben nicht mehr auf das Ziel der Ehe ausgerichtet ist, sondern vielmehr darauf, ein eigenes Leben zu führen. Auch die Sexualwissenschaft trug dazu bei, daß auf dem Gebiet der Sexualität Veränderungen stattfanden.

Die reale Unzufriedenheit der Mittelklassefrauen, die sich rein theoretisch in einer idyllischen Lage befanden, und die neuen Arbeitsmöglichkeiten veränderten in den sechziger Jahren allmählich die Sitten. Die Frauen machten sich das Motto zu eigen: »Das Persönliche ist politisch« und versuchten, die Machtstrukturen zu definieren, die ihr Leben bestimmten und es in eine Sackgasse münden ließen. Diese ausgrenzende Macht nannten sie »patriarchalische Macht«. Im Schutze der 68er-Bewegung fand unter anderem der Gedanke Verbreitung: »Mein Körper gehört mir, und ich mache mit ihm, was ich will.« Der freiwilligen Mutterschaft folgte die Befreiung der Frau. Frauen begannen »die Pille« einzunehmen, um unerwünschte Schwangerschaften zu verhindern. Sexualität und Fortpflanzung wurden fortan getrennt. Die Ehe war nicht mehr eine Institution und entwickelte sich in vielen Fällen zur reinen Formalität, während zugleich die von Frauen eingereichten Scheidungsanträge anstiegen.

Eine neue Kultur begann sich durchzusetzen, die sich an den Jugendlichen und den jungen Frauen und Männern orientierte, und daneben – vor allem in den Städten, in denen es besonders viele Singles gab – eine bestimmte Subkultur: Menschen, die ihr Leben nicht auf die Ehe ausrichteten, sondern auf die Gestaltung des eigenen Lebens (Raquel Osborne). Mitte der sechziger Jahre begannen wir, von sexueller Revolution zu reden. Es muß daran erinnert werden, daß im vorangegangenen Jahrzehnt von jungen Frauen erwartet wurde, daß sie als Jungfrauen in die Ehe gingen. Als Ehefrauen hatten sie dafür zu sorgen, daß der Sexualtrieb der Männer unter ihrer Kontrolle blieb, indem sie ihnen begrenzte und kontrollierte sexuelle Gefälligkeiten erwiesen.

Frauen forderten eine freiere Sexualität und waren nicht mehr der Ansicht, daß sie unbedingt verheiratet sein müßten, um Spaß am Sex zu haben. 1962 erschien Helen Gurley Browns Buch *Sex and the single girl,* das die neuen sexuellen Möglichkeiten der unverheirateten Frauen in den großen Städten behandelte und die Eröffnung von Bars forderte, in denen sich Single-Frauen und Single-Männer kennenlernen können. Kurze Zeit darauf entstand die Zeitschrift *Cosmopolitan,* die ein neues Frauenbild vorstellte. Diese Phänomene, obwohl begrenzt auf die privilegierten Gesellschaftsschichten, waren in ihrer Gesamtheit ein Beweis für die bestehende Nachfrage nach dieser Art von Angebot und für eine neue Öffnung (Raquel Osborne).

Wenn auch der Feminismus nicht gerade ein Werk der 68er ist, so gaben ihm die damaligen Ereignisse doch unleugbar einen Impuls, der ihn jahrelang am Leben halten sollte. Seither wird versucht, keine geschlechtsbedingten Rollenzuschreibungen zu verwenden, da sie die Menschen daran hindern, sich zu entfalten und auszudrücken.

In den sechziger Jahren wurden neue, freiere und egalitärere Formen der Liebesbeziehung gelebt, und es wurde für die Autonomie der jeweiligen Partner gekämpft; ein erster Versuch, die geltenden Werte zu unterlaufen, der allmählich immer stärker Gestalt annehmen sollte. Denn wie Kate Millett 1969 in ihrem Buch *Sexus und Herrschaft. Die Tyrannei des Mannes in unserer Gesellschaft* schreibt, besitzt das Geschlecht eine politische Dimension. In dieser Phase wurde uns bewußt, daß wahre Autonomie nicht individuell erreicht werden kann. Dies führte zu Änderungen im Verhalten von Frau und Mann.

Die Bewegung zur sexuellen Befreiung, die in jenem Jahr ihren Gipfel erreichte, stellte eine breite Palette von Verhaltensmustern vor. Filme wie *Auf der Suche nach Mr. Goodbar* (1977) beschäftigen sich mit der Unabhängigkeit der Frau und den daraus resultierenden Problemen. Der utopische Idealismus und die freie Liebe der jungen Leute aus der Flower-Power-Bewegung und der Hippies, die mit Drogen die bürgerlichen Grenzen zu sprengen versuchten, führten am Ende dazu, daß die Mittelklasse den Paartausch praktizierte und Marihuana rauchte, womit sie lediglich ihrem brachliegenden Sexualleben und ihrem langweiligen Berufsleben wieder neue Kraft einhauchen wollte. Mit Drogen und einer bestimmten Dosis an Sex sollte auch über die Einsamkeit eines entfremdeten Lebens hinweggetäuscht werden, das auf eine größere Mobilität, die neuen Industriemodelle der Informatik-Ära und die in den großen städtischen Zentren vorherrschende fehlende Integration in die Gemeinde zurückzuführen war.

Sie sind die Epigonen, die Schüler der *Beat Generation,* die Nachfolger der Burroughs-, Kerouac- und Ginsberg-Generation, die mit einem Leben auf dem Highway, mit Sex und Drogen ihre Ängste beruhigten.

Teresa, die Protagonistin aus *Auf der Suche nach Mr. Goodbar*, ist eine nach neuen Erfahrungen dürstende Frau, die sich weigert, sich von den Grenzen, die ihr Vater ihr setzt, einengen zu lassen. Sie verläßt ihr Elternhaus, besorgt sich eine Arbeit, um sich ihren Lebensunterhalt zu verdienen, und lebt allein in einer Wohnung, ohne von irgendeinem Mann abhängig zu sein. Sie repräsentiert die befreite Frau, die darum kämpft, »ich selbst und nur ich selbst zu sein«. Auffällig ist, daß die Männer in diesem Film, trotz ihrer Promiskuität in vielerlei Hinsicht weiterhin am Gegensatzpaar Jungfrau - Hure festhalten, wobei sie nur die Jungfrau achten. So nehmen sie zum Beispiel daran Anstoß, daß die Protagonistin, die in Bars geht und viele Männergeschichten hat, kleine Kinder unterrichtet, obwohl sie sehr liebevoll mit ihnen umgeht und sie beschützt. Mit ihrer sexuellen Aggressivität verstößt Teresa gegen ihre Rolle, sie ist nicht bereit, einen seriösen Mann zu heiraten, wie ihr Vater es sich wünscht, und das hat fatale Folgen: Sie wird ermordet. Als sie gerade drauf und dran ist, ein neues Leben zu beginnen, wird sie zum Opfer sexueller Rache. Damit wird sie dafür bestraft, daß sie ihren Platz in der Gesellschaft nicht akzeptiert; das Patriarchat, die Gesellschaft, straft sie dafür, daß sie es gewagt hat, Grenzen zu überschreiten, das heißt, daß sie es sich herausgenommen hat, über ihre Sexualität und ihr Leben selbst zu bestimmen. Für alleinstehende und sexuell aktive Frauen gibt es in diesem System ganz einfach keinen Platz. Die patriarchale Kultur fürchtet sich vor einer Frau, die keine Fesseln kennt, und die ödipalen Prozesse sorgen weiterhin dafür, daß die Männer von einer Frau erwarten, daß sie sich dem Gesetz des Vaters unterwirft.

Clockwork Orange oder *Klute* sind weitere Beispiele für Filme der siebziger Jahre, deren Hauptthema die Gewalt gegen Frauen ist. In anderen Filmen wie etwa *Der letzte Tango in Paris* oder *Wer Gewalt sät* ... werden Frauen überwältigt oder getötet, weil sie sich sexuell erregen lassen.

Der nächste Schritt, in den achtziger Jahren, ist das Bild der Rächerin, das beim männlichen Publikum großen Erfolg hatte. Dieses Frauenbild läßt sich nicht mit Ausdrücken wie »Rachemaschine« oder »Widersacherin« erfassen, auch nicht mit dem der Karrierefrau, die, angepaßt an das berufliche Konkurrenzmilieu des wilden Post-Yuppie-Kapitalismus, die alte *femme fatale* ablöst, indem sie das Intrigengeflecht der neuen Thriller – meist Erotik-Thriller, wie *Basic Instinct* mit Sharon Stone – mit Geschlechtlichkeit tränkt. Sie ist der Triumph und die Niederlage; sie ist der Sex, der lüsterne Blick, »die perfekte Sex-Bestie der neunziger Jahre« (Jordi Costa).

Das Ganze führt zu einer Veränderung der Familienstruktur, und es kommt zu außerehelichen Beziehungen und Paarbildungen. Heute gibt es immer mehr Einelternfamilien. Statt mit der verführten und sitzengelassenen Frau, welche die Frucht ihrer sündigen Liebe im Leib trägt, haben wir es heute mehr mit alleinstehenden Frauen zu tun, die sich aus freien Stücken entschließen, Mutter zu werden. Auch die Sexualität in der Mutterschaft wird akzeptiert, etwa in dem Film *An unmarrried Women* (dt. unter dem seltsamen Titel *Eine entheiratete Frau)* von Paul Mazursky (1977). Die widersprüchlichen Forderungen an die Frauen, die anfangen innerhalb einer Gesellschaft, die auf so etwas nicht vorbereitet ist, neue Funktionen zu übernehmen, sind vielleicht das Interessanteste an diesem Film.

Das 20. Jahrhundert, das Jahrhundert der Psychologie und des Bildes, zeigt vor allem, daß die westliche Kultur wenig geneigt ist, die Frau positiv darzustellen. Die Aufwertung der Sexualität und die Anerkennung der weiblichen Lust gingen mit einem starken Druck zugunsten der Ehe und mit neuen Schönheitsidealen einher. Gleichzeitig setzte sich bei den Vorbildern für die moderne Frau das Bild von der professionellen Hausfrau durch, die über ihr Heim wie eine Königin herrscht, eine erfahrene und unersättliche Konsumentin, der die Werbung auch Vorbilder für sie selbst verkauft, die bestimmten veralteten Modellen sehr nahe kommen.

In den sechziger Jahren war die *Pop-art*, die ihre Impulse von Fernsehen und Werbung erhielt und selbst eine Reaktion auf die Konsumgesellschaft darstellte, brandaktuell. Die Masse an konsumierbaren Büchern, Zeitschriften, Filmen, Plakaten, Fernsehprogrammen und Schallplatten sorgte für eine noch größere Symbolbildung. Gelegentlich nehmen Weiblichkeit und Männlichkeit, wie etwa in den mit Zitaten aus der Werbung gespickten Bildern des britischen Malers Richard Hamilton, die fetischistische Form der Beziehung zwischen Konsumgütern an.

Für den Schriftsteller Manuel Rivas markiert die *Frau im Bad* (1963) von Roy Lichtenstein (im Besitz des Thyssen-Museums) einen Scheideweg, weil hier sichtbar werde, wie die Frau allmählich aufhöre, eine »Produzentin gesellschaftlicher Harmonie« zu sein, wie sie unruhig werde und anfange, eine Haltung einzunehmen, welche die Gesellschaft nicht hinnehmen kann.

Das Kino, das eine unglaubliche Popularität genoß, spielte bei der von der Massenkultur geprägten Definition der Geschlechter eine wichtige Rolle. Stars wie Marilyn Monroe, Jane Mansfield, Sofia Loren oder Brigitte Bardot stellten das »Sexualobjekt« dar, das der Mann besitzen möchte, das »Lustobjekt« für den männlichen Blick, auf den die Drehbücher und Geschichten zugeschnitten werden, um den Männern bei der Suche nach ihrer Identität und ihrem Glück zu helfen.

Aber das 20. Jahrhundert ist zugleich auch das Jahrhundert, in dem immer mehr Frauen das Wort ergriffen und selbst über ihre Identität bestimmten; sie wiesen auf die politischen Folgen der Ungleichheit hin, versuchten, mit den Stereotypen zu brechen, und schlugen zahlreiche Wege der persönlichen Selbstverwirklichung ein. Die sogenannte *superwoman* ist geboren, die »dritte Frau«. Die Tatsache, daß das Frauenbild heute komplexer geworden ist und sich schneller ändert als je zuvor, ist ein erstes Zeichen dafür, daß hier ein qualitativer Sprung stattgefunden hat.

Es muß noch betont werden, was für eine bedeutende Rolle bestimmte Frauen aus der Welt der Kunst und des Films gespielt haben. Während es in der ersten Hälfte des Jahrhunderts herausragende Frauengestalten gegeben hat, die mit der surrealistischen Bewegung in Verbindung standen – wie etwa Remedio Varo, Leonora Carrington oder Frida Kahlo – oder mit der russischen Avantgarde – wie etwa Sonia Delaunay, Natalia Goncharova oder Varvara Stepanova –, so zeichnet sich die jüngste künstlerische Produktion durch breitgefächerte und mächtige Strömungen aus, in denen die Erinnerung und der Umgang mit dem eigenen Körper eine besondere Bedeutung haben.

Single-Frauen und Single-Männer
Eine neue soziale Kategorie

Ein kultureller Wandel

Eines der bemerkenswerten Phänomene der letzten Jahre, das sich in den achtziger Jahren konkretisiert hat und im wesentlichen in den großen Städten festzustellen ist, ist die wachsende Zahl von Menschen, die allein leben und die eine neue gesellschaftliche Kategorie bilden: die Singles, die Alleinstehenden, die Unverheirateten, die städtischen Einzelgänger. Im Gegensatz zu den Ledigen und Junggesellen von früher haben sich die Singles in der Regel selbst für diese Lebensweise entschieden. Sie leben allein, weil sie es so wollen oder weil sie unfähig sind, mit anderen Menschen zusammenzuleben. Die wachsende Bedeutung dieser Lebensform beweist nicht so sehr, daß die Paarbeziehung in der Krise steckt, als vielmehr, daß Individuen beiderlei Geschlechts nach anderen Beziehungsformen suchen. Es ist, als habe das Alleinleben seine tragische Dimension verloren. Doch zugleich kann diese Tatsache als Spiegel gewisser in den zeitgenössischen Gesellschaften herrschender Werte gesehen werden.

Heiraten ist nicht mehr ein Ziel an sich. Frauen wie Männer können auf gesellschaftlicher und wirtschaftlicher Ebene auch ohne Trauschein zusammenleben. Diese neue

Lebensform ist sowohl Ursache als auch Folge des ideologischen Wandels in Sachen Familie. In den modernen Gesellschaften ist eine große persönliche Mobilität üblich und gleichzeitig eine starke Stabilität der familiären Beziehungen; einerseits ist die Zahl der Eheschließungen und Kinder deutlich gesunken, während es zugleich auch sehr enge Familienbande gibt und die Familie weiterhin eine hohe Wertschätzung erfährt.

Das gesellschaftliche Phänomen der Single-Haushalte hat auch wirtschaftliche Auswirkungen gezeitigt: kleine Autos, Suppentüten mit nur einer Portion, Single-Wohnungen, organisierte Reisen für Singles ... 1985 wurde in Paris der erste Single-Salon eröffnet, in dem auf Singles zugeschnittene Produkte oder Dienstleistungen angeboten wurden.

Die urbanen Singles haben mit Einsiedlern, jenen Menschen, die sich in der Welt fehl am Platz fühlten und die Gesellschaft, in der sie lebten, vorübergehend oder für immer verließen, nichts gemein. Ich muß aber meine Schwäche für Simeon Stylites gestehen, der zwischen den Jahren 390 und 459 in Syrien lebte, auf einer Säule stand und von Menschen aufgesucht wurde, damit er für sie betete. Meine Schwäche rührt zweifellos von Buñuels exzellenter Verfilmung *Simon in der Wüste (Simón del desierto,* 1966) her.

Auch die literarischen Singles haben mit den modernen wenig gemein. Die Protagonisten aus *Der Steppenwolf* von Hermann Hesse, aus *Ekel* von Sartre oder *Der Namenlose* von Samuel Beckett, um einige männliche Beispiele zu nennen, die von Angst, Verzweiflung, Menschenhaß oder Wahnsinn getrieben werden, fliehen aus einer Welt, die ihren Sinn für sie verloren hat. Die modernen Singles hingegen sind Teil der Gesellschaft, fügen sich in sie ein und entwickeln mitunter eine stürmische Aktivität mit übervollen Terminkalendern. Viele Menschen, die sich dafür entscheiden, allein zu leben, möchten ihre Individualität schützen, indem sie sich ein Refugium schaffen, das sie vom aggressiven und lauten städtischen Leben isoliert. Sie stehen damit nicht allein; wir alle brauchen in bestimmten Augenblicken Stille und Ruhe. Wenn wir alleine leben, ist diese Ruhe einfacher zu bekommen, auch wenn die andere Seite der Medaille heißt, daß keine Schulter da ist, an der es sich ausweinen läßt, und kein Mensch, der unserer Anekdote belustigt zuhört.

Die Singles – wird gesagt – kreieren einen neuen zivilrechtlichen Stand. Single zu sein ist eine Wahl, keine Katastrophe. Die Gründe für das Single-Dasein sind sehr vielfältig. Ein Mensch, dem die Einsamkeit aufgezwungen wurde, weil er verlassen wurde oder nicht in der Lage war, eine Beziehung zu führen, wird nicht dasselbe Leben führen wie jemand, dessen Entscheidung von beruflichen Gründen motiviert war oder von einer persönlichen Schicksalswende, die nichts mit Scheitern und auch nichts mit Verlassenheit und Zurückweisung zu tun hat. Wenn wir von einem neuen zivilen Stand reden, bedeutet das nicht, daß wir vergessen hätten, daß der Ledigenstand schon immer ein Zivilstand gewesen ist; wir behaupten aber, daß es neue Merkmale gibt, die einzelne Mitglieder dieser Gruppe auf eine neue Weise definieren. Wir haben auch nicht vergessen, daß unter diese Gruppe nicht nur die Alleinstehenden fallen, sondern auch alle, die geschieden sind, getrennt leben oder verwitwet sind.

Unsere Welt hat sich in eine segmentierte Gesellschaft verwandelt in dem Sinne, daß wir es gewohnt sind, aus vielen Quellen zu trinken, um unsere emotionalen, sozialen und wirtschaftlichen Bedürfnisse zu befriedigen. Wir wollen geliebt werden, aber zugleich auch unseren eigenen Raum haben.

Diese neuen Einstellungen und Befindlichkeiten hängen offensichtlich eng mit den gesellschaftlichen, demographischen und wirtschaftlichen Veränderungen zusammen, die uns für das unabhängige Leben und Handeln eine größere individuelle Freiheit verschafft haben. Der Preis für diese Freiheit kann darin bestehen, daß wir uns alleine fühlen oder alleine sind, eine Leere, die wir oftmals zu füllen suchen, ohne die Gründe für dieses Gefühl zu erforschen. Begriffe wie Autonomie, Unabhängigkeit, Identität, Individualität oder Emanzipation sind eng, wenn auch nicht ausschließlich, mit alleinstehenden Frauen verbunden. Tatsächlich liegt einigen Frauen viel an ihrer Privatsphäre und Unabhängigkeit, sie brauchen sie, um sich wohl zu fühlen. Sie erreichen und kultivieren sie, indem sie in ihrem Umfeld die Verhaltensweisen begünstigen, die diesen Anliegen förderlich sind. Und da sie anderseits nicht zu heiraten brauchen, um zufriedenstellende intime Beziehungen zu pflegen, noch all das, was ein traditioneller Ehemann ihnen zu bieten hätte (Status, Geld oder soziale Identität), für sie einen stärkeren Anreiz darstellt, mißtrauen sie der Ehe – auch aufgrund der Kompromisse, des Verzichtes und der Verluste, die diese bedeuten könnte. So entdecken sie allmählich andere Freuden wie etwa das Vergnügen, alleine aufzustehen und nicht an der Seite eines Menschen aufzuwachen, den sie nicht lieben, der sie ständig enttäuscht, mit dem sie sich frustriert oder eingeschränkt fühlen und der ihnen andauernd, bewußt oder unbewußt, im unmittelbaren oder übertragenen Sinne, einen Tritt vors Schienbein versetzt. Nicht daß sie Beziehungen zu Männern in Bausch und Bogen ablehnen würden, es ist eher so, wie Simone de Beauvoir sagt: »Wir ziehen es vor, ihnen einen Platz in unserem Leben und in unserem Bett zu reservieren.«

Auch dürfen wir unsere Ängste nicht vergessen, darunter vor allem die Angst vor emotionaler Nähe. Manche Frauen haben Angst davor, daß sie durch eine Beziehung zu stark kontrolliert würden und ihr eigenes Ich am Ende ausgelöscht wäre, sie haben Angst, zu leiden oder verlassen zu werden. Andere hingegen sind allein, weil sie sich auf ihren Partner nicht einstellen konnten oder es ihnen nicht gelungen ist, mit ihm zu kommunizieren.

Das Wort »Einsamkeit« trägt viele Bedeutungen in sich; es reicht von der institutionalisierten Einsamkeit, die mit dem Personenstand zusammenhängt, bis hin zur ganz persönlichen Einsamkeit. Wir wollen einmal die Einsamkeit als tiefe Empfindung, die nicht zu vermeiden ist und immer wieder als Erfahrung oder subjektives Erleben in Erscheinung tritt, beiseite lassen und uns den alleinstehenden Frauen zuwenden, die – ob nun vorübergehend oder endgültig – ohne Partner leben: die Geschiedenen, sich in Trennung befindenden, die Ledigen und in gewissem Sinne auch die Witwen, obwohl der Weg dieser Frauen in die Einsamkeit in der Regel nicht dieselben Charakteristika aufweist, da der Bruch von außen kommt und nicht von ihrem Willen abhängt.

Wenn eine Frau keinen Partner hat, fühlt sie sich ab einem bestimmten Moment unglücklich oder unzufrieden; gewöhnlich führt sie dies darauf zurück, daß sie nicht verheiratet ist, und bedenkt dabei nicht, daß dieses Gefühl der Traurigkeit hin und wieder alle Menschen befällt, die sich ihres Lebens bewußt sind, ganz unabhängig von ihrem

Zivilstand. Die Einsamkeit kommt aus einem selbst heraus wie eine Art spirituelle Leere, die wir füllen müssen. Aber ich bestehe darauf, daß es kein Gefühl ist, das nur partnerlose Frauen kennen. Bekanntlich gibt es die typische Hausfrauendepression, die aus dem Mangel an Achtung und Liebe herrührt, und die Einsamkeit der Ordensfrauen. In diesem Zusammenhang ist die Beziehung zwischen Einsamkeit und Mystik interessant. In früheren Zeiten war das Kloster ein Ort, an dem sich Frauen freier fühlen durften, ohne allzu großen sozialen Druck. Dort hatten sie die Möglichkeit zu studieren, sich zu bilden und schöpferisch tätig zu sein. Ich brauche bloß an Teresa von Ávila oder Schwester Juana Inés de la Cruz zu erinnern, die beispielhaft für eine Einsamkeit stehen, die der Essenz des Andersseins nahekommt.

Im allgemeinen haben wir die heterosexuellen Frauen im Blick, da wir glauben, daß die Erfahrungen von Lesben qualitativ anders sind, insofern, als sie den Mann aus ihrer erotischen und affektiven Welt meist völlig verbannt haben. Dies soll aber nicht heißen, daß sich hier nicht auch einige für heterosexuelle Paare typische Verhaltensweisen wiederholten. Letztendlich geht es auch hier um Liebe, und wenn die Leidenschaft zupackt, gibt dies den Liebenden eine Kraft, die vielleicht so mächtig ist wie der Schmerz der Urwunde. Der Schmerz kann durch das begehrte Objekt Erleichterung finden. Die Liebenden sind gefangen, als habe ein süßes Gift, das ihnen ein Entkommen aus der Verstrickung verwehrt, seine verheerende Wirkung getan. In Fällen wie diesen kann nur Weisheit und Wissen Abhilfe schaffen.

Es ist wahrlich nicht einfach, das rechte Wort zu finden, das alle diese Lebenslagen umfaßt. Die Angelsachsen sprechen von den *singles,* und dieser Ausdruck hat sich auch im Deutschen eingebürgert.

Ganz gleich, ob es nun einen Lebensstil repräsentiert oder nicht, das Single-Dasein wird im allgemeinen nicht als Ziel oder Lebenszweck angestrebt. Zwar kann es ledige Frauen – wie Tante Tula aus dem gleichnamigen Roman von Miguel de Unamuno – geben, die sich aus den unterschiedlichsten Gründen für diese Lebensform entschieden haben, die keinen Mann an ihrer Seite ertragen und stolz darauf sind, ledig zu sein, aber die meisten Frauen sind das nicht. Auch suchen diese Frauen nicht ständig nach der Freiheit in dem Sinne, daß sie jeglichen Kompromiß ausschließen oder zurückweisen würden. Es gibt allerdings Frauen, die mitten im kulturellen Aufbruch und Teil eines innovativen gesellschaftlichen Phänomens sind. Es sind dies Frauen, die – ohne damit ihre Lage »glorifizieren« zu wollen – zeigen, daß ein Leben ohne Partner eine legitime und positive Alternative ist, und zugleich oft beweisen, daß dies kein lebenslanger Zustand sein muß.

Weibliche lone rangers

Bei meinem ersten Japanbesuch vor einigen Jahren erzählte mir eine Journalistin, daß sich dort viele junge, berufstätige Frauen entscheiden würden, nicht zu heiraten. Auf dieses Phänomen stoßen wir nicht nur bei japanischen Frauen. Seit einiger Zeit ist es auch in den Vereinigten Staaten, in Frankreich und Deutschland zu beobachten – 1989 gab es laut *Nouvel Observateur* in Frankreich zehn Millionen alleinstehende, junge, qualifizierte Frauen, die, ledig aus eigener Wahl, keine Kompromisse eingehen möchten und die Ehe aufschieben, um sich den Weg nicht von Anfang an zu verbauen. Dem konservativen Bild der kompetenten Frau, die den beruflichen Erfolg mit einem leeren Bett bezahlt, steht das Bild der Frau gegenüber, die halb entblößt quer übers Bett ausgestreckt schläft, der dreißigjährigen coolen Stadtbewohnerin, die ein autonomes Leben führt und ein gewisses kulturelles und finanzielles Niveau besitzt. Und wir sehen auch reife Frauen, die keinen Partner haben, eine Situation, die, wie wir sehen werden, viele unterschiedliche Schattierungen aufweisen kann.

Die Bezeichnung weibliche *lone rangers,* im September 1997 von der Zeitschrift *Harpers&Queens* geprägt, spielt auf ein Phänomen an, das in der angelsächsischen Welt besser bekannt ist, das jedoch auch in anderen Ländern vorkommt, darunter auch in Spanien, wo der Anteil der Frauen, die nicht geheiratet und ihr fünfundzwanzigstes Lebensjahr bereits erreicht haben, bei 15 Prozent liegt. Nach den Statistiken des Sozialministeriums werden zwei Drittel von ihnen auch in Zukunft nicht heiraten, so daß sie zu den anderen älteren Single-Frauen gezählt werden könnten, die eine beachtliche Karriere und ein gehobenes kulturelles Umfeld vorweisen. Es handelt sich um junge, kompetente und wettbewerbsfähige Geschäftsfrauen, die wohl selbstsicherer, aber nicht unbedingt – wie so gerne behauptet wird – aggressiver sind, die weder einen Märchenprinzen noch einen Ehemann suchen, der für wirtschaftliche Stabilität, sozialen Aufstieg und soziales Ansehen sorgt.

Diese jungen Frauen haben ihr Elternhaus verlassen, um allein zu leben, sie lieben ihre Unabhängigkeit und möchten aus unterschiedlichen Gründen, unter anderem aufgrund der Schwierigkeit, den richtigen Mann zu finden, weder einen Kompromiß eingehen noch ihre Beziehung zur festen Einrichtung machen oder auf die Annehmlichkeiten, die das Single-Dasein mit sich bringt, verzichten. Sie schätzen ihre Tätigkeit, stecken viel Energie und Arbeit in ihre Sicherheit oder ihren beruflichen Aufstieg, halten sich für kritisch und anspruchsvoll und möchten keine schmerzhaften oder enttäuschenden Erfahrungen machen. Sie sind nicht auf der Suche nach einer Abhängigkeitsbeziehung und halten sich für eine feste Paarbeziehung kaum geeignet. Folglich fühlen sie sich mit ihrem mehr oder weniger freiwillig gewählten Ledigendasein wohl.

Nehmen wir als Beispiel die folgende Anzeige, die von Susan Hesse, achtunddreißig, *Creative director* eines Werbeunternehmens, anläßlich ihres Umzugs in ein neues Haus an zweihundert Freunde und Kollegen verschickt wurde:

Carl Hesse und Ehefrau Alice
aus Washington D.C.
freuen sich, Ihnen mitteilen zu können,
daß ihre Tochter
Susan A. Hesse aus Piedmont, Kalifornien,
Samstagnacht, den 23. Juni 1984, in den Stand der glücklichen Single eintreten wird,
sie wird aufhören, den Märchenprinzen zu suchen und dafür rauschende Feste und Bankette zu veranstalten.
Falls Sie sich an der Feier dieses herrlichen Ereignisses beteiligen wollen, liegt bei Macy's eine Geschenkliste für Sie aus.

Vielen Dank im voraus für Ihre Anteilnahme,

herzlich grüßen
Carl und Alice.
Die Daten der Festessen werden bekanntgegeben, sobald Susan einen Eßtisch gekauft hat ...

Helen Fielding machte sich zur Fürsprecherin von Frauen um die Dreißig. Sie leben alleine und erreichen einen beachtlichen Grad an Autonomie. Helen läßt Bridget Jones, eine von ihr erfundene Figur, die *singletons,* die überzeugten Singles, folgendermaßen definieren: »Es gibt nicht nur eine einzige Lebensform: Jeder vierte Haushalt besteht aus einem Single, die meisten Mitglieder des Königshauses sind Singles, Erhebungen haben ergeben, daß die jungen Männer unseres Landes (England) absolut eheunfähig sind, und infolgedessen gibt es eine ganze Generation weiblicher Singles wie mich, die ihr eigenes Einkommen und ihre eigene Wohnung haben, sich herrlich amüsieren und keine Socken zu waschen brauchen, ausgenommen ihre eigenen. Wir wären quietschvergnügt, wenn sich Leute wie ihr nicht dazu verschworen hätten, uns als blöd hinzustellen, nur weil ihr vor Neid schier platzt.«

Das Phänomen, von dem wir sprechen, ist möglicherweise eine Folge der Komplexität unserer heutigen Gesellschaft, in der Frauen verschiedener Generationen eine große Verschiedenheit an Verhaltensformen aufweisen, unterschiedliche Lebensperspektiven und deutlich andere Einstellungen haben, die schließlich zu einem kulturellen Wandel führen. Dieser Wandel kann schneller oder langsamer vonstatten gehen, das hängt vom jeweiligen Land ab. Wie wir wissen, ist die Situation der skandinavischen oder angelsächsischen Frauen nicht dieselbe wie die der Frauen in Südeuropa. Die Skandinavierinnen haben lange vor den

Frauen aus den Mittelmeerländern viele Fortschritte im Kampf um die Gleichberechtigung errungen.

Darüber hinaus gibt es sozusagen Übergangsgenerationen, und obgleich wir angesichts der vielen Facetten die Grenzen nicht so genau ziehen können, haben Frauen über vierzig nicht dieselbe Sicht der Dinge wie Frauen unter vierzig. Alles hängt von den persönlichen Möglichkeiten ab, von der Epoche, in der sie gelebt, und selbstverständlich von der Erziehung, die sie genossen haben, vom kulturellen Umfeld, das uns dazu bringt, bestimmte Mythen und Gebote auf eine klare oder unterschwellige Art zu verinnerlichen.

Zum Glück scheinen die Zeiten, in denen alleinstehende Frauen nicht respektiert wurden, hinter uns zu liegen. Im Kampf um Gleichheit hat sich ein noch vor wenigen Jahren unvorstellbarer Bewußtseinswandel vollzogen, wenn auch noch nicht überall auf der Welt.

Gewählte, freiwillige Einsamkeit oder schicksalhafte, aufgezwungene Einsamkeit? Im Prinzip ist keine Frau dazu gemacht, allein zu leben; diese Einsamkeit ist vielmehr das Resultat eines komplexen Zusammenspiels struktureller, kultureller und biographischer Aspekte und keine endgültige Wahl. Aber es taucht immer die Frage auf: Bis zu welchem Grad sind wir frei, unsere Wahl zu treffen? Es scheint angemessen, rationale Entscheidungen zu treffen (oder dies zumindest zu versuchen), die Angst und Unsicherheit, die wir empfinden, mit einschließen.

Wenn wir den Versuch wagen, Frauen aus dem Blickwinkel der Freiwilligkeit oder der Dauer des Alleinseins heraus zu klassifizieren, so sind die *freiwillig vorübergehenden Singles* diejenigen, die nicht geheiratet haben oder geschieden sind bzw. getrennt leben, das heißt Frauen, die durchaus Interesse an der Ehe haben, aber nicht aktiv etwas dafür tun. Dann gibt es noch die *unfreiwillig vorübergehenden Singles*, die aktiv nach einem Partner suchen. Neben den *ständigen freiwilligen Singles*, ledigen oder geschiedenen, mit ihrer Situation zufriedenen Frauen, die nicht wieder heiraten wollen, stoßen wir noch auf die *unfreiwilligen ständigen Singles*, das heißt die ledigen, geschiedenen oder verwitweten Frauen, die gerne heiraten würden, sich aber nicht viele Chancen ausrechnen. Oder anders gesagt, jene Frauen, die mit der Ehe ihre Erfahrungen gemacht haben, teilen sich auf in solche, die wieder heiraten, solche, denen es gefallen würde oder die nichts dagegen hätten, die Erfahrung unter bestimmten Umständen zu wiederholen, und solche, die eine solche Vorstellung entschieden verwerfen.

Die nordamerikanische Therapeutin Betty Carter schildert uns die Erfahrungen einer Gruppe von Frauen zwischen fünfunddreißig und fünfundfünfzig Jahren. Es war ihre Überzeugung, sie könnten ohne Mann kein glückliches und erfülltes Leben führen, indem sie von dem Glauben ausgingen, wenn sie nur tun würden, was sie tun müßten, und ihre persönlichen Probleme lösen würden, wäre die Schwierigkeit, einen Mann zu finden und zu halten, gemeistert. Aufgrund der Angst, die sie ohne einen Mann an ihrer Seite verspürten, schienen sie bereit, in der Beziehung alles zu erdulden, bloß um keine Gefahr zu laufen, den Partner zu verlieren. Im Verlauf der Therapie kam es zu vielen empathischen und verständnisinnigen Szenen, und obwohl jede Frau ihre eigene Situation als belastend empfand, konnten alle die Situation der anderen mit größerer Objektivität betrachten und sich gegenseitig in ihrem Gefühl der Hilflosigkeit in Frage stellen.

Sara, eine sechzigjährige Psychologin mit drei Kindern, war vor zwanzig Jahren von ihrem alkoholkranken Mann verlassen worden, der später seine Sekretärin heiratete. Sie war stolz darauf, daß sie ihren Doktor in Psychologie gemacht und ihre Kinder auf die Universität geschickt hatte. Sie hatte Freunde, machte Reisen, ging in Konzerte ... Sie strahlte Kompetenz, Wärme, Sicherheit, Intelligenz und Humor aus, gab aber zu, daß sie weder mit einem Mann noch ohne leben könne. Seit fünf Jahren hatte sie eine feste Beziehung mit einem fünfundsechzigjährigen Anwalt, die sie als frustrierend und deprimierend empfand. Sie hatte nie über die Möglichkeit nachgedacht, wieder zu heiraten; sie mochte Männer, hatte Spaß am Sex und hatte nie lange Zeit ohne einen festen Partner verbracht. Trotzdem hatte sie jetzt Angst, Robert könnte aufgrund ihres Alters ihre einzige Alternative sein. Sie brauchte Hilfe, um ihn verlassen zu können. Sara spielte eine wichtige Rolle in der Gruppe, denn da sie sich weigerte, die Unfähigkeit der anderen anzuerkennen, schloß sie sich auch nicht den üblichen Schmähreden gegen die Männer an und entlarvte treffsicher den Widerspruch in den Mythen und Erwartungen der beteiligten Frauen.

Im Laufe der Monate wandelten sich die Sorgen der Frauen allmählich, um sich schließlich auf das Thema zu konzentrieren, wie sie ihr eigenes Leben in die Hand nehmen und mehr an das denken konnten, was sie selbst wollten und wozu sie imstande waren, statt an das, was die anderen ihnen »erlaubten« oder von ihnen erwarteten. In einer der Sitzungen sagte Sara: »Ich würde gerne einen anderen Mann kennenlernen, aber für ihn auf keine meiner Aktivitäten verzichten wollen. Er müßte bereit sein, sich an mein Leben ebenso anzupassen wie ich mich an seines. Und wenn ich keinen Partner finden sollte, kommt mir das nicht mehr so wichtig vor. Ich stehe ja nicht alleine im Leben da, ich lebe nur alleine. Der wesentliche Unterschied ist, daß ich das Gefühl des Scheiterns nicht mehr empfinden würde, sollte ich ohne Robert oder einen anderen Partner leben müssen.« Gemäß der Therapeutin ging das Experiment gut aus, unter anderem weil die jüngeren Frauen den älteren dabei halfen, sich zu informieren, und weil das Wissen der reiferen Frauen ebenfalls bereitwillig aufgenommen wurde.

Dieses Beispiel erscheint mir mustergültig für die Angelegenheit, mit der wir uns beschäftigen, eine der tiefsten und dauerhaftesten im Leben der Frauen: das Gefühl, ohne einen Mann an ihrer Seite minderwertig zu sein, was sie der Möglichkeit beraubt, ein erfülltes und zufriedenstellendes Leben zu führen.

Anders ist der Fall bei jenen Frauen gelagert, die zwischendurch immer wieder allein gelebt haben. Wir alle können uns weiterentwickeln und uns ein Leben als einzelne oder als Paar einrichten, unsere Emotionen und Gefühle nacheinander mit verschiedenen Männern teilen, dabei mehr oder weniger stark Kompromisse eingehen, die Beziehung mehr oder weniger stark formalisieren. Keinen Partner zu haben bedeutet eine Etappe dieses Entwicklungszyklus. Wir müssen sie nutzen, da sie eine neue Erfahrung darstellt. Die Einsamkeit ist in dem Moment notwendig, in dem wir uns eine reiche und intensive innere Welt schaffen und aus dem eigenen Gleichgewicht heraus zwischenmenschliche Beziehungen aufrechterhalten wollen.

Wir wollen von Frauen sprechen, die das reife Alter ohne Partner und mit einer gewissen Erfüllung erleben;

von den Geschiedenen, die eine Scheidung nicht für ein Scheitern halten, sondern für das Ende eines Projekts, das sie nicht weiter verfolgen konnten. Diese Frauen fallen nicht in die stereotype Kategorie der verbitterten Frau, die Männer verabscheut oder Angst vor ihnen hat, die sich nicht stark genug fühlt, sie zu ertragen oder das Leben mit ihnen zu teilen. Im Gegenteil, diesen Frauen gefallen Männer, und es würde ihnen auch gefallen »verliebt zu sein«, einen Partner zu haben, aber sie stellen gewisse Ansprüche an die Qualität einer Beziehung. Sie wissen, was sie wollen, und sind nicht bereit, sich »unter ihrem Preis zu verkaufen«.

Viele geben zu, daß ein größeres Maß persönlicher Vertrautheit mit einem Partner ihr Leben bereichern würde. Trotzdem sind sie mit ihrer Autonomie zufrieden und fühlen sich wohl in ihrer Einsamkeit. Sie sind auf der Suche nach einem Gleichgewicht und sind erst dann bereit, sich ernsthaft auf eine Beziehung einzulassen, wenn sie dem richtigen Partner begegnen. Sie haben erfahren, wie machtvoll die Liebe sein kann, wie schön, aber auch wie fordernd. Sie wissen, daß Liebe bedeutet, Zuneigung zu geben und zu nehmen. Sie wissen, daß Liebe nur dauert, wenn beide Seiten sich bemühen, aber sie sind nicht bereit, jeden Preis dafür zu zahlen. Diesen Frauen sind die Hindernisse nicht fremd, die auftauchen können, wenn es ihnen gelingt, die Verliebtheit – diese wundervolle Phase, in der nicht ewig verweilt werden kann – in eine dauerhaftere Bindung zu verwandeln. Sie sind sich bewußt, daß sie Raum brauchen, Freiheit, Luft zum Atmen, Autonomie.

Aus unterschiedlichen Gründen sind viele Frauen vom traditionellen Beziehungsmodell nicht länger überzeugt. Sie möchten sich ihre Unabhängigkeit bewahren. Aber bekanntlich pflegen Frauen, die einen hohen Grad an Autonomie erreicht haben, viele Männer einzuschüchtern.

Daher gibt es nicht allzu viele Möglichkeiten, den Richtigen oder die Richtige kennenzulernen. Tatsächlich ist oft vom »mangelnden Angebot auf dem Markt« die Rede – eine drastische Formulierung, die sich darauf bezieht, daß es nur wenige »freie« Männer gibt. Die Frauen sind gegenwärtig in der ungünstigeren Lage, denn während Männer jeden Alters sich Frauen jeden Alters suchen können, ist das umgekehrt nicht der Fall. Viele Männer erwarten aufgrund ihrer Erziehung auch weiterhin, der Mittelpunkt im Leben der Frau zu sein. Sie gehen von der Annahme aus, daß die Frau sich ihren Bedürfnissen und Forderungen anpassen wird. Vielleicht eignet sich diese Art von Beziehung für eine junge Frau, deren Persönlichkeit noch wenig ausgeprägt ist und die wenig Erfahrung hat, doch gibt es immer mehr entschlossene junge Frauen, die genau wissen, was sie wollen.

Heutzutage führen Frauen meist ein ausgefülltes Leben. Sie sind weder auf die materiellen Vorteile angewiesen, die ein Mann ihnen bieten kann, noch streben sie danach. Und sie suchen auch nicht nach einer Ausflucht, um ihr Leben zu füllen. Sie brauchen zum Überleben keinen Mann an ihrer Seite, und auch nicht, um sich wohl zu fühlen. Sie kommen ohne Mann aus, der ihr Leben definiert und ihrer Existenz einen Sinn gibt, da sie diesen zu einem guten Teil bereits gefunden haben. Folglich sehen sie die Ehe nicht als etwas an, das notwendigerweise zum Erwachsenenleben dazugehört. So gibt es eine große Anzahl von Frauen, die wählen können, ob sie heiraten wollen oder nicht. Sie müssen nicht verheiratet sein, um zufrieden zu sein. Verheiratet sein ist für sie nicht der Weisheit letzter Schluß.

Sie sind sich selbst genug und fühlen sich wohl in ihrer Haut.

Was suchen diese Frauen also? Eine gute Freundin erzählte mir, sie suche einen Mann, der wie sie eine gute und anregende Gesellschaft schätze und der dieselbe Werteskala und ein ähnliches ästhetisches Empfinden besitze. Es ist wichtig, mit dem Partner lachen, spielen, Geheimnisse teilen, ihm vertrauen, mit ihm streiten und schweigen zu können. Gewiß ist auch die gegenseitige sexuelle Anziehung wichtig ... Damit eine Beziehung funktioniert, ist es zwingend erforderlich, daß wir uns akzeptiert und respektiert fühlen, daß wir Freiheit und Intimität miteinander in Einklang bringen, ohne daß der Partner sich in unseren Lebensstil einmischt oder gar unser Leben dominiert.

Derzeit kommt es innerhalb ein und derselben Generation in der Entwicklung von Männern und Frauen zu Phasenverschiebungen, weil wir Frauen uns stärker und schneller entwickelt und in eine bessere Stellung gebracht haben. Das ist ein kultureller Wandel. Aber wie viele Männer können den Grad an Unabhängigkeit tolerieren, den wir brauchen, ohne zu versuchen, auf uns Druck auszuüben? Auch stellen wir immer größere Anforderungen an die Männer. Wie die nordamerikanische Schriftstellerin Patti Putnicki in ihrem unterhaltsamen Buch *Celibacy is better than really bad sex* sagt: »Wir hängen die Meßlatte gerade zu der Zeit höher, in der wir anfangen, einen Hängebusen zu kriegen.«

Wir wissen nicht, was in Zukunft mit der neuen Generation geschehen wird, einer Generation von jungen Frauen, die in eine freiere, permissivere Gesellschaft hineingeboren wurden, in der sich vor allem, wenn auch langsam, die tatsächliche Gleichheit der legalen Gleichheit annähert.

Es sind neue Zeiten angebrochen. Selbst die Disney-Studios haben neue Heldinnen hervorgebracht, darunter Fa Mulan, eine Legendenfigur aus der Zeit der türkisch-mongolischen Wei-Dynastie, die zwischen 386 und 557 in Nordchina regierte. Mulan verkleidete sich als Krieger, um ihren Vater auf dem Schlachtfeld abzulösen. Auch Esmeralda, Arielle, die Meerjungfrau, und Pocahontas stellen ungebundene, patente und attraktive Frauen dar, aber mit Ausnahme Mulans sind sie auf der Suche nach der großen Liebe und vereinen sich am Ende mit ihren Helden, die im allgemeinen weniger klug und intelligent sind als sie.

Und im Cyberspace ist Lara Croft die erste Heldin der digitalen Ära; in der Tageszeitung *Libération* wurde sie als »perfekte Ikone des 20. Jahrhunderts« bezeichnet. Eine Video-Figur, die mehr ist als nur eine Frau, sie ist ein gesellschaftliches Symbol und ein Sexsymbol. Die Männer beten sie an, weil sie für das Sexmodell der aufsehenerregenden und unabhängigen modernen Frau steht, und den Frauen gefällt ihr mutiges Auftreten und ihr frecher Feminismus.

Dornröschen und der Prinz

Wir alleinstehenden Frauen durchleben zweifellos schwierigere Zeiten als andere Frauen, Momente, in denen die alten Bilder wieder auftauchen und in denen wir uns zurücksehnen nach dem, was einmal war oder was hätte sein können. Das ist normal. Die Überbewertung des Familienlebens führt zur Abwertung anderer Lebensformen. Die Familie hat das Monopol auf Schutz, Sicherheit, Vertrauen und Intimität, und so hat sich auch die Vorstellung breitgemacht hat, die Intimität der Liebe sei in einer monogamen Beziehung, in Ehe oder Familie, leichter zu erreichen – vielleicht stimmt das zum Teil auch, aber es muß nicht immer so sein.

Die Intimität, das Privatleben, ist immer schon die Domäne der Frauen gewesen. In den Abhandlungen über dieses Thema sind die Wünsche der Frauen allerdings nicht wirklich verstanden worden. Seltsamerweise haben wir Frauen uns vor allem für das Privatleben, die Intimität, interessiert, doch das will nicht heißen, daß wir in dieser Angelegenheit über große Kenntnisse verfügten. Es bedeutet bestenfalls, daß wir uns in den traditionellen Rollen sicherer bewegen, auch wenn sie nicht zu unseren Gunsten ausgelegt sind. Zum Beispiel beherrschen wir unsere emotionalen und affektiven Mittel nicht bis zur Perfektion; Beweis dafür ist, daß wir in diesem Bereich weiterhin mehr leiden als die Männer. Auch unsere beruflichen Erfolge tragen nicht so sehr zur Steigerung unserer Selbstachtung bei wie bei den Männern.

Es wird behauptet, daß Erfolg und Anerkennung nicht den geringsten Einfluß auf das Gefühl des Unwohlseins, der Einsamkeit oder Wehrlosigkeit besitzen, selbst wenn wir wichtigen Aktivitäten nachgehen. Arbeit trägt dazu bei, die wirtschaftlichen Probleme zu lösen und Fähigkeiten wie Verantwortungsgefühl, Ernsthaftigkeit, Freigebigkeit oder Empathie im Umgang mit anderen zu entwickeln, aber sie steigert nicht unser Vertrauen in uns selbst, solange wir der tiefen Überzeugung sind, daß wir für die anderen leben.

In der Bibel heißt es: »Und dein Verlangen soll nach deinem Manne sein, er aber soll dein Herr sein.« – Dem Manne zu folgen, darin liegt die Opferrolle der Frauen

(Celia Amorós). Die Macht ist nicht weiblich. Wenn Frauen in Machtpositionen gelangen, fällt es ihnen nicht leicht, sich in ihrer Identität bestätigt zu sehen, und daher sehen sie ihre Selbstachtung nicht notwendigerweise gesteigert.

Es wird gesagt, daß das Wohlbefinden der Frauen vor allem in der Erfahrung der Zugehörigkeit gründet, also darin, einen aktiven Part in einer Liebesbeziehung zu spielen und diesen zu pflegen. Außerdem ist das Thema mit einer Reihe von Ängsten verknüpft, etwa mit der Angst, von Männern zurückgewiesen zu werden, der Angst vor Konkurrenz und den ganz realen Konflikten, die aus den zeitlichen und kräftemäßigen Anforderungen von Familie und Arbeit entstehen.

Aber auch wenn dies im großen und ganzen zutrifft, d.h. das Verhältnis von externer Bestätigung und innerfamiliärer Zufriedenheit bei Männern und Frauen ganz anders gelagert ist, mag ich nicht so recht glauben, daß eine angemessene Eingliederung in die Arbeitswelt und ins öffentliche Leben uns nicht einen Vorteil für unsere individuelle als auch kollektive Selbstachtung eintrüge. Ganz sicher stimmt, daß wir unseren Erfolg nicht nach außen tragen, daß wir nicht dazu neigen, über unsere Erfolge zu sprechen. Wie eine Freundin von mir einmal sagte: Wir sprechen zwar immer über unsere Gefühlsprobleme, aber die Anstrengungen, die Energie und die Intelligenz, die wir in den beruflichen oder öffentlichen Bereich gesteckt haben, halten wir geheim. Ich glaube, sie hat recht.

Und ich frage mich: Haben wir es aufgegeben, eine fast perfekte, befriedigende, bereichernde, freizügige und nicht konservative Beziehung aufzubauen, da dies unserem Verständnis nach aufgrund der Beschränktheit der meisten Männer nicht möglich ist? Oder gelingt es uns nicht, weil wir uns am Ende außerstande sehen, die Gefühlswelt in den Griff zu bekommen? Eine Welt also, die für unseren Bereich gehalten wird, weil die Mythen tiefe Wurzeln haben und weil wir tatsächlich mit dem Herzen und nicht mit unserer Intelligenz an die Sache herangehen? Haben wir wirklich das Märchen hinter uns gelassen, in denen ein Prinz – ein idealisierter Mann – daherkommt, um das Leben von Schneewittchen oder Dornröschen zu retten? Oder steckt in uns immer noch etwas von Aschenbrödel, das angeblich weibliche Eigenschaften wie Fügsamkeit, Fleiß, Selbstaufgabe oder Verschwiegenheit aufweist? Bei allen finden wir keinerlei Anzeichen von Rebellion, nicht einmal für die Verteidigung der eigenen legitimen Rechte, und daher vermitteln sie lediglich ein Unterwerfungsverhalten. Und erst die Ritterromane und Märchen, in denen der König dem Mann die Hand seiner Tochter verspricht, der sich durch seine Intelligenz oder seinen Mut hervortut, als handle es sich um eine Trophäe, ein begehrtes Objekt? In keinem der beiden Modelle wird die Frau als ein kompletter, vollständiger, an und für sich wertvoller Mensch angesehen, noch zeugt der Heiratsantrag von einer reifen gegenseitigen Abhängigkeit. Ich habe mich immer gefragt, warum die Helden nicht, statt sich ein Duell zu liefern, einfach die Dame um ihre Meinung gebeten haben.

Heutzutage glauben viele Frauen, sie hätten diese Modelle hinter sich gelassen, aber es ist gar nicht so einfach, sich von ihnen zu lösen. Sie können jederzeit wieder auftauchen, unter den unterschiedlichsten Verkleidungen hervorkriechen. Etwa wenn eine Frau, die mit ihrer Arbeit zufrieden ist, dort auch Anerkennung und Sicherheit findet, sich wieder zurückzieht, sobald sie mit einem Mann zusammen ist. Nur deshalb hängen so viele Frauen an diesen Modellen, weil zu der starken atavistischen Bürde, die sie tragen, noch eine Gesellschaft hinzukommt, die narzißtische Pathologien fördert (Graciela Moreschi). Wenn sie sich verliebt, sieht sich die wahre Frau bekanntlich – der Metapher folgend – gezwungen, ihren Spiegel zu zerschlagen, ihre Identität aufzugeben und sich geistig vom Mann absorbieren zu lassen. Und da die moderne Welt zahlreiche Unsicherheiten kreiert, angefangen bei der Angst, nicht akzeptiert zu werden, nimmt die narzißtische Beziehung ihren Anfang. Und so gelingt es vielen Frauen, trotz der bedeutenden Fortschritte der letzten Jahrzehnte, nicht, die Märchen ein für allemal zu vergessen und sich von den Fesseln der Abhängigkeit zu befreien.

Wir müssen uns auch vor Augen halten, daß die Frauen, von denen wir sprechen, infolge der Indoktrinierung, der sie ausgesetzt gewesen sind, eine Reihe von Mythen verinnerlicht haben. Es ist schwer, den »Feind« zu bekämpfen, wenn er sich in unserem Hirn eingenistet hat; daher die mehr oder minder häufigen Zweifel an der Gültigkeit unserer Erfahrung und die Skepsis, ob wir den Versuchungen widerstehen können. Wir möchten Dinge mit unserem Partner teilen, Augenblicke der Spannung und des Schmerzes, gemeinsam Spaß haben, uns gegenseitig helfen und Anregungen geben, aber wir begegnen etlichen Hindernissen, so daß es oft nicht oder nicht auf Dauer dazu kommt.

Kurz gesagt: Uns wurde gelehrt, daß die Ehe der Traum jeder Frau sein müsse; die traditionelle Familie ihr idealer und erfüllender Zustand und Kinder zu bekommen nicht nur eine von unserer Biologie vorgegebene Bestimmung, sondern eine Pflicht, deren Erfüllung angemessen belohnt werde. Eine Frau kann sich also nicht selbst verwirklichen, solange sie nicht Mutter ist. Eine Mutter ohne Partner ist notwendigerweise unglücklich und erfüllt ihre gesellschaftliche Aufgabe nicht.

Daher – so lautet die Botschaft weiter – liegt Frauen der Verzicht, die Aufopferung und die Selbstverleugnung im Blut, denn sie kümmern sich um die Ihren, geben ihnen Liebe und sind für das gute Funktionieren der Familie verantwortlich. Zweifellos gibt es Frauen und hat es Frauen gegeben, die in dieser Bestimmung ihre Erfüllung finden, aber Glück kann niemals erzwungen werden. Es gibt nicht nur einen einzigen Weg, der uns dorthin führt.

Zum Glück werden Selbstmitleid, die passive Haltung dem eigenen Leben gegenüber, der Verlust des Identitätsgefühls, die Neigung, auf eigene Vorstellungen zu verzichten oder sie aus Rücksicht auf die anderen nicht zu zeigen, seltener. Doch es kommt häufig zu kleinen Racheakten, und diese sind am Ende Teil unseres Alltags.

Vielen Frauen ist klargeworden, daß beide Geschlechter ohne ständige und überlegte Bemühungen um eine Veränderung der traditionellen Strukturen leicht in ihre traditionellen Rollen zurückfallen. Die Frauen sind, wie wir bereits gesagt haben, immer noch für die Gefühlswelt zuständig, sie halten den Haushalt in Ordnung, streben danach, mit den Männern eine ehrliche Kommunikation aufzubauen, die nicht auf Dominanz beruht, weder was den Kampf der Geschlechter noch was die persönlichen Forderungen anbelangt. Und jene, die zum Schluß gekommen sind, daß es besser für sie ist, allein zu bleiben, als sich auf zerstörerische oder wenig befriedigende Liebesbeziehungen einzulassen, nutzen ihre Zeit für ihre eigene Entwicklung, verbringen ihre Freizeit mit Freunden oder Kollegen, die ihnen Stabilität geben – wobei sexuelle Beziehungen oder Liebesbeziehungen im Spiel sein können oder auch nicht –, und das alles gestattet ihnen, selbst stärker zu werden, sich selbst zu finanzieren, was wiederum zu einer Vergrößerung der Chancen führt, andere, zufriedenstellende Beziehungen aufzubauen.

Wir müssen die Freiheit suchen, uns von der Abhängigkeit befreien, um in der Lage zu sein, die Grenzen abzustecken, wenn schon nicht in der Liebe, so doch zumindest in der Beziehung. Das Schlimme ist, daß viele Männer weder darauf vorbereitet noch bereit sind, uns zur Seite zu stehen, sie anerkennen nicht, welcher Mühe es bedarf, dauerhaft eine ehrliche und zufriedenstellende Beziehung zu pflegen. Eine Beziehung so zu pflegen, daß sie dauerhaft wird, ist leichter, wenn wir selbst die Kontrolle über unseren Lebensunterhalt in der Hand haben und nicht auf Rettung durch eine romantische Liebe hoffen. An dieser Aufgabe müssen beide Geschlechter arbeiten. Beide müssen lernen, wie sie mit ihren eigenen Gefühlen in Kontakt bleiben, und auch entdecken, welche Anforderungen die Verführung stellt.

Daher müßte bei Frauen die Unabhängigkeit gefördert werden und bei Männern die Fähigkeit, eine reife und ausgewogene Gegenseitigkeit anzuerkennen, und zwar ohne den trügerischen Wunsch, ständig mit dem anderen zu verschmelzen, sondern auf der Basis einer beiderseitigen Entschlossenheit, größtmögliche Erfüllung zu erreichen.

In der offiziellen Kultur ist der Mann stets als eine Belohnung für die Frau angesehen worden, als ihre beste Überlebenschance. Daher mußten wir Frauen uns anpassen und lernen, weniger anspruchsvoll zu sein. Das Problem liegt zum einen darin, daß wir Frauen uns tatsächlich in der Lage fühlen, mit anderen zu teilen, und zum anderen, daß wir uns eben doch an ein paar Momente der Erfüllung in unseren Beziehungen erinnern können, obwohl wir kaum etwas anderes im Sinn hatten als das Bangen um ihr Fortdauern.

Tatsächlich übt die Verliebtheit, diese Art Traumzustand, eine fast unwiderstehliche Anziehungskraft auf uns aus; die Auserwählte und auf Dauer in Liebe verbunden zu sein ist eine sehr beglückende Situation. Frauen und Männer, denen es gelungen ist, eine glückliche Ehe oder eine erfüllende feste Beziehung zu führen, sind im allgemeinen glücklich; sie leben auf eine angenehme Weise zusammen und sind entschlossen, die Probleme zu meistern, indem sie versuchen, die Illusion und den gegenseitigen Anziehungsgrad der Anfangszeit aufrechtzuerhalten. Laut Françoise Giroud ist ein glückliches Paar »ein gemeinsamer Wille, das Glück zu erreichen«. Die glückliche Beziehung ist ein Produkt einer besonderen Aufmerksamkeit beider Partner; ein nie vollendetes Werk. Aber wenn es nicht möglich ist, diese ideale Situation zu schaffen, wenn diese Träume sich nicht verwirklichen lassen oder aufgrund irgendeines Umstandes nicht erfüllt werden, müssen wir uns überlegen, wie wir uns selbst um ein erfülltes Leben bemühen können.

Aber es ist auch gewiß, daß viele Frauen sich dafür entschieden haben, ihre eigenen Entscheidungen zu treffen, indem sie Verantwortung für ihr Leben übernehmen, ihre Autonomie positiv bewerten, einen tiefgehenden Einstellungswandel mitmachen, sich um das kümmern, was sie sich wirklich wünschen, und sich der vorhandenen Einschränkungen, der Hindernisse, die der Annäherung an unser Glück im Wege stehen, bewußt sind. Wir leben heute in einer komplexen Übergangszeit. Wenn wir in der Lage sind, die Alltagsprobleme zu meistern, die Herausforderungen anzunehmen und uns zu verbünden, dann werden sich die Beziehungen der zukünftigen Generationen gewandelt und verbessert haben; dann werden die Menschen freier, gleicher und vielfältiger sein.

Die alleinstehende Frau von heute

In unserer Zeit bildet sich das Stereotyp der städtischen Single-Frau heraus, das vielgestalter und positiver ist als das der alten Jungfer von früher. So sagte etwa die Protagonistin aus García Lorcas Stück *Doña Rosita bleibt ledig oder Die Sprache der Blumen (1935):*

»Ich habe mich daran gewöhnt, viele Jahre außerhalb von mir zu leben, indem ich an Dinge dachte, die sehr fern waren. Und jetzt, wo diese Dinge nicht mehr da sind, kreise ich immer noch, immer noch um einen kalten Ort und suche einen Ausgang, den ich niemals finden darf. Ich habe alles gewußt. Ich habe gewußt, daß er sich verheiratet hatte; denn es hatte sich schon eine mitleidige Seele gefunden, um es mir zu sagen, und ich habe seine Briefe immer mit einer von Schluchzen erfüllten Illusion empfangen, die selbst mich erstaunt hat. Wenn die Leute nicht geredet hätten, wenn ihr nichts gewußt hättet, wenn niemand anders es gewußt hätte als ich – dann würden seine Briefe und seine Lüge meine Illusion genährt haben wie im ersten Jahr seiner Abwesenheit. Aber alle haben es gewußt, und ich sah einen Finger auf mich gerichtet, der meine Zurückhaltung als Verlobte lächerlich machte und meinem Fächer einer Unverheirateten ein groteskes Aussehen gab. Jedes

Jahr, das verging, war wie ein intimes Kleidungsstück, das mir jemand vom Leibe riß. Heute verheiratet sich eine Freundin und noch eine und noch eine; morgen hat sie einen Sohn, der groß wird und mich besuchen kommt, um mir seine Prüfungsnoten zu zeigen; es werden neue Häuser gebaut und neue Lieder gemacht, aber ich bleibe immer dieselbe, mit demselben Zittern, immer gleich; ich, dieselbe wie früher, schneide dieselben Nelken, sehe dieselben Wolken; und eines Tages gehe ich spazieren und muß feststellen, daß ich keinen kenne; Burschen und Mädchen lassen mich hinter sich, denn ich ermüde, und einer sagt; ›Da geht die alte Jungfer‹, und ein andrer, ein schöner Mensch mit Lockenkopf, setzt hinzu: ›Die findet auch keinen mehr, der sie küßt.‹«

Der Begriff »Ledige« weckt die Assoziation von nicht eingehaltenem Versprechen, Unterdrückung, Sublimierung und Selbsttäuschung. Frustrierte Frauen oder solche, die das Mitleid anderer wecken oder die der väterlichen Autorität unterworfen sind, wie etwa die Heldinnen aus den Filmen *Washington Square, Hauptstraße* oder wie Blanche Dubois aus *Endstation Sehnsucht*.

Tuula Gordon meint, daß im Gegensatz zur früheren alten Jungfer, die keinen Mann bekommen konnte, die ledige Frau sich heute dafür entscheidet, keinen *haben* zu wollen. Während erstere als sonderbar galt, gilt letztere heute als ziemlich egoistisch und hedonistisch. Sie ist ein beneidenswertes Beispiel für eine autonome Frau mit beruflicher Karriere, die nicht von einem Mann kontrolliert wird. In jedem Fall machen diese Stereotypen die Versuche deutlich, die unverheiratete Frau in bestimmte Kategorien zu pressen.

Bis zu welchem Punkt gelten Menschen, die alleine leben, auch heute noch als verdächtig? Wie steht es mit ihrer gesellschaftlichen Anerkennung? Handelt es sich um eine egoistische Person? Sicher gibt es keine hieb- und stichfesten Antworten auf diese Fragen, da sie immer von der persönlichen, wirtschaftlichen und sozialen Situation und natürlich vom Geschlecht abhängen. Das doppelte Gebot ist weiterhin gültig, auch wenn der Diskurs seine Schärfe verloren hat, und Frauenfeindlichkeit gibt es immer noch, wenn auch in neuer Verpackung. Die neuen alleinstehenden Frauen werden in der Mehrheit auch weiterhin bemitleidet oder dafür beschuldigt, daß sie die ihnen von der Gesellschaft zugewiesene Funktion nicht erfüllen. Es gibt deutliche Fortschritte, aber auch Rückschritte. Das hängt nicht in erster Linie vom Willen der Frauen ab, sondern eher vom Mißtrauen und den Reaktionen, die in Krisenzeiten zutage treten, bei zunehmender Arbeitslosigkeit, abnehmender Geburten- und Eheschließungsrate und extremem Neokonservatismus.

Beim Mann hingegen wird Ehelosigkeit nicht als etwas Negatives betrachtet. Seine Sache ist es, Verantwortung zu übernehmen und sich im öffentlichen Raum zu bewegen; daher kann er sich aus freien Stücken für das Alleinleben entscheiden, das als ein ehrenhaftes Opfer verstanden wird, welches der Mann darbringt, um seiner schöpferischen Berufung zu folgen. Seltsamerweise ist bei den Männern die Rate der erstmaligen und wiederholten Eheschließungen höher als bei den Frauen. Das ist ein Widerspruch zur Tatsache, daß die Ehe immer als das letzte Ziel der *Frauen* angesehen wurde.

Auch wird emanzipierten Frauen nachgesagt, sie seien an der neuen Egozentrik schuld, am weiblichen Donjuanismus, an der Krise der Paarbeziehungen, an der Angst und Hilflosigkeit der Männer, am traumatisierten Mann und am Krieg der Geschlechter.

Dennoch stellen die neuen alleinstehenden Frauen inzwischen ein positives Modell dar, haben sie sich doch berufliche Verantwortung und männliche Privilegien erobert. Sie heiraten später oder gar nicht und haben berufliche Autonomie erlangt. Nachdem sie sich ihre Bürgerinnenrechte erkämpft haben, ist es jetzt an der Zeit, daß sie als Bürgerinnen auch wahrgenommen werden.

Der Begriff »alte Jungfer« wird heute kaum mehr benutzt. Ledig zu sein wird heute nicht mehr als Anomalie angesehen, und doch ist der gesellschaftliche Blick auf die alleinstehenden Frauen nicht immer positiv und beispielhaft. Noch immer denken viele Menschen über eine alleinstehende Frau, daß kein Mann es bei ihr aushält.

Und wie steht es mit unseren eigenen Gefühlen und Wünschen? Bemitleiden wir uns auch selbst und verkaufen uns unter Wert? Tatsächlich haben der Wandel der Sexualpraktiken, eine größere Flexibilität in den persönlichen Beziehungen und natürlich die wirtschaftliche Unabhängigkeit neue Optionen hervorgebracht, die nicht mehr auf dauerhaften und ausschließlich heterosexuellen Beziehungen basieren müssen.

Warum wird um Frauen, die offensichtlich nicht bereit sind, zu heiraten oder wieder zu heiraten, solch ein Aufheben gemacht? Weil diese Entscheidung als Bedrohung empfunden wird: Wenn sie sich dafür entscheiden, nicht zu heiraten, heißt das, daß sie ihr ganzes Leben lang in wirtschaftlicher, sexueller und gesellschaftlicher Hinsicht unabhängig sein werden. Das beunruhigt sowohl die Eltern, die denken, daß kein Mensch sich um sie kümmern wird, als auch das männliche Establishment, denn eine Umwälzung dieser Art zeitigt gewaltige Folgen: gleiches Gehalt, Konkurrenz durch Frauen und berufliche Erfolge von Frauen können die Stabilität der Ehe bedrohen.

Jede Epoche hat ihr eigenes Modell der alleinstehenden Frau, im Negativen wie auch im Positiven, aber es ist schwierig, sie auf die eine oder andere vorgezeichnete Gestalt reduzieren zu wollen, da sie sich nicht in die traditionellen Klassifikationen fügt. Die Forderung nach persönlicher Identität verträgt sich nicht mit einer eng begrenzten Sichtweise und wehrt sich gegen jede Art von einengender Haltung, welche die Frau als ein unvollständiges Wesen darstellt.

Der Rückschlag

Im 20. Jahrhundert wurden die Menschenrechte und die darin eingeschlossenen Rechte der Frau in dem Maße anerkannt, als die Entdiskriminierung aufgrund des Geschlechts eingefordert wurde. Das Gleichheitsprinzip hat höchsten Gesetzesrang erhalten und brachte die verschiedenen politischen Kämpfe um Gleichheit in Gang; auch im Familienrecht und insbesondere bei der rechtlichen Stellung der Frau ist es zu bedeutenden Änderungen gekommen. Die Frauen haben verstärkten Zugang zu Bildungseinrichtungen erhalten, und in der Folge steht ihnen zumindest in der Theorie die Möglichkeit offen, jedweder Arbeit nachzugehen und jedweden Beruf zu ergreifen. In einigen Ländern führte dies sogar zu einer Bevorzugung der Frauen. Sie hatten sich das Wahlrecht erstritten und folglich auch die Legitimation zur Teilnahme an der politischen Macht, wodurch die paritätische Demokratie vorangetrieben wurde. Es ist das Zeitalter des Feminismus, der sexuellen Befreiung oder sexuellen Revolution, des Rechts auf Lust und Freude am eigenen Körper, der Empfängnisverhütung, der bewußten Entscheidung für oder gegen die Mutterschaft – und folglich auch der Trennung von Sexualität und Mutterschaft, das heißt der Möglichkeit, der traditionellen Rolle zu entfliehen –, der bedeutenden Änderungen in den Sitten und Einstellungen, der Krise der traditionellen Familie, die von weniger hierarchischen und repressiven Formen des Zusammenlebens abgelöst wird, der technologischen Revolution und der Gentechnik.

Dennoch dürfen wir nicht vergessen, daß der sogenannte Triumph der Frau das Bewußtsein der Ungleichheit betäuben kann, denn neben der rechtlichen Gleichstellung besteht nach wie vor eine tatsächliche Ungleichheit. Wir Frauen haben kaum Zugang zum inneren Kreis der Macht, sei es nun in wirtschaftlicher oder in politischer Hinsicht, und der Zugang zu den obersten Rängen verantwortungsvoller Posten ist für Frauen immer noch mit Hindernissen gepflastert oder ihnen sogar gänzlich verwehrt, so daß das Prinzip, nach dem gleiche Arbeit mit gleichem Lohn vergolten wird, noch längst nicht überall verwirklicht ist.

Anderseits verdeutlicht die sexuelle Gewalt gegen Frauen auf tragische Weise die Tatsache, daß die Frau auch heute noch als Besitztum des Mannes angesehen wird. Sie beschränkt sich bekanntlich weder auf ferne Länder noch auf exotische Praktiken, sondern gehört in der westlichen Welt mittlerweile zum Alltag: Mißhandlungen, Morde, Vergewaltigungen, sexuelle Nötigung, gemeiner Sexismus, Prostitution und der tägliche häusliche Terror.

Aus all diesen Gründen scheint es klar, daß der Feminismus und seine Zielsetzungen nicht nur Frauen etwas angeht, sondern daß er ein unentbehrliches Requisit für den Aufbau einer umfassenderen und echteren Demokratie ist. Er ist eine Aufgabe von allgemeinem Interesse (Victoria Camps). Trotz alledem – und ich bin mir bewußt, daß Mann Macht nicht widerstandslos abgibt oder teilt und daß die, die sie in Händen halten, neue Listen oder Strategien zu ihrem Erhalt erfinden können – würde es uns Frauen gefallen, mit einer echten Chance auf Erfolg und Glaubhaftigkeit von einem neuen gesellschaftlichen Kontrakt zwischen Männern und Frauen sprechen zu können. Dieser müßte dazu führen, das die Rechte und Verantwortlichkeiten in den öffentlichen und privaten Bereichen geteilt würden; durchaus im Wissen um die Schwierigkeiten, die ein solcher Pakt haben kann, wenn einer der beiden Partner immer noch eine Position der Unterwerfung einnimmt, was den andern dann dazu verleitet, ständig eifrig alles zurückzuweisen, was der Gleichheit im Wege stehen könnte. Selbstverständlich darf die politische Aktion, die notwendigerweise eine aktive Politik der Frauenförderung vorantreiben muß, sich keinesfalls aus dem Ganzen heraushalten. Denn in diesem Bereich ist nichts neutral und geschieht nichts automatisch, nicht einmal im Herzen des sogenannten Wohlfahrtsstaates.

Wir stehen, wie gesagt, unzweifelhaft an der Grenzlinie zu einem kulturellen Wandel. Aufgrund der Vielfalt der Lebenslagen und der – mitunter widersprüchlichen – Botschaften wird die Lage komplex und verwirrend. Der Feminismus betont beharrlich, wie fähig Frauen sind, verherrlicht ihre Kreativität und versteht ihre Autonomie als Stimulans und Entwicklungsmedium, das verborgene Kräfte zum Vorschein bringt. Im selben Maß wird der

Feminismus aber beschuldigt, die Frauen zur Einsamkeit zu verdammen.

In der Tat wird die Einsamkeit zur Strafe der befreiten Frauen, bezahlen einige Frauen den Triumph in der Arbeit mit Untreue des Partners, Mangel an Zuneigung, Ehelosigkeit und der vielfach zwangsläufig damit einhergehenden Verbitterung. Diese emanzipierten, in der eigenen Wohnung lebenden Frauen bezahlen ihre Freiheit mit einem leeren Bett und einem unfruchtbaren Leib. Die Karriere beraubt sie ihrer Menschlichkeit, sie leben ohne Liebe und unsicher über ihr eigenes Geschlecht.

Insbesondere in den audiovisuellen Medien werden alleinstehende Frauen gerne verurteilt, es werden ihnen Schuldgefühle eingeredet: kinderlose Frauen seien deprimiert und desorientiert, alleinstehende Frauen seien Hysterikerinnen, die unter einer tiefen Vertrauenskrise leiden. Selbst in psychologischen Lehrbüchern ist von der Einsamkeit der unabhängigen Frauen als einem großen Problem ihrer psychischen Gesundheit die Rede: diese Frauen seien unglücklich, gerade weil sie frei sind. Das ist ungeheuerlich, ungerecht und falsch. Uns wird die Schuld gegeben, ohne das Problem zu relativieren, ohne auf die Widerstände zu sprechen zu kommen, die Männer dem Wandel entgegensetzen, auf ihre Weigerung, der Macht zu entsagen oder sie zu teilen, und oft wird vergessen, daß wir immer noch in einer Gesellschaft leben, in der die große Mehrheit der Frauen eine subalterne Position einnimmt, in der die Diskriminierung der Normalfall ist.

Es ist sogar behauptet worden, die Befreiung der Frau habe uns das genommen, worauf das Glück der meisten von uns beruhe: die Männer; daß wir an Terrain verloren statt gewonnen hätten und in einer ausweglosen Sackgasse gelandet seien. Der Feminismus – so heißt es – sei schuld an der Identitätskrise der Frauen, wobei unter anderem verdrängt wird, daß Krisen gelegentlich auch notwendig sein können. Aber schließlich pochen wir ja gar nicht auf einen besonderen Rang. Wir wollen einfach nur als *Menschen* behandelt werden. Wir sehen uns nicht als Gipfel der Schöpfung, wie in den vielen Botschaften derer behauptet wird, die die feministische Bewegung in Schablonen pressen und ihr schaden wollen. Vielmehr wollen wir nichts weiter, als nur als ein würdiger Teil der Schöpfung anerkannt zu werden, und versuchen die unwürdigste, älteste und ungerechteste Diskriminierung zu überwinden, jene, die auf nichts anderem als der Geschlechtszugehörigkeit beruht und ein Grundprinzip der Moderne übergeht: die Gleichberechtigung.

Die Männer schlagen zurück. Die Botschaften und Mechanismen hat Susan Faludi in ihrem Buch *Der heimliche Krieg gegen die amerikanische Frau,* für das ihr der Pulitzer-Preis verliehen wurde, ausführlich und in aller Gründlichkeit offengelegt und widerlegt. Sie analysiert die Printmedien, die Nachrichtensendungen, Fernsehserien und Filme, die bestimmte »Frauenmodelle« reproduzieren, lancieren und festigen. Das perfide Verfahren geht mit einer antifeministischen Reaktion einher, die mit dem Neokonservatismus in den Vereinigten Staaten zusammenhängt. Diese Reaktion wurde nicht etwa deshalb ausgelöst, weil sich Frauen in allen Bereichen dieselben Rechte erkämpft hätten wie Männer. Nein, der Präventivschlag wurde ausgelöst, um die Frauen zu bremsen und die Erreichung des Ziels – die Gleichheit von Frau und Mann – zu verunmöglichen. Dieses Ziel aber liegt noch in weiter Ferne. Nach wie vor grassiert Armut im wesentlichen unter Frauen, sind die Löhne der Frauen niedriger, sind wir Opfer des Mißbrauchs und der sexuellen Gewalt; noch immer verbleiben die wirklichen Machtinstanzen in den Händen der Männer, und wir teilen auch weiterhin die öffentliche und private Verantwortung nicht mit ihnen.

Den Feminismus zum Feind der Frau zu erklären heißt, die Absichten des Neokonservatismus zu unterstützen, dessen Ziel darin besteht, dafür zu sorgen, daß eine bestimmte Anzahl von Frauen sich gegen die eigene Sache wendet. Wie Rebecca West 1913 verbittert schrieb: »Ich habe nicht herausfinden können, was der Feminismus eigentlich genau sein soll – ich weiß nur, daß die Leute mich immer dann Feministin nennen, wenn ich Gefühle zeige, die mich von einem Plüschtier unterscheiden.« Der Feminismus hat ein sehr einfaches Anliegen: Frauen dürfen nicht gezwungen werden, zwischen privatem Glück und öffentlicher Gerechtigkeit wählen zu müssen. Sie müssen die Freiheit haben, selbst über ihre Identität zu entscheiden. Sie wollen nicht über die Männer, mit denen sie zusammenleben, definiert werden und auch nicht über die Kultur, deren Teil sie sind.

Auch ist es ein Widerspruch, vom Jahr 2000 als dem Beginn eines vorwiegend weiblichen Milleniums zu sprechen und zur selben Zeit zur Beibehaltung der traditionellen Rollen aufzurufen. Das ist ebenso sinnvoll wie die Behauptung einiger Männer, Frauen seien die besseren Menschen, während sie immer noch wie minderwertige Wesen behandelt werden.

Ich bin nicht dafür, von einem Krieg der Geschlechter zu sprechen. Wir kämpfen lediglich für eine Gesellschaft, in der Menschen gerechter behandelt, freier und glücklicher sind; letzten Endes für eine bessere Gesellschaft. Wenn wir davon ausgehen, daß das Glück der Aufopferung oder Selbstverleugnung vorzuziehen ist, sollten wir uns dafür nicht schuldig fühlen. Wir dürfen nicht resignieren, sondern müssen den Rückschritt aufhalten; müssen Lebens- und Beziehungsformen suchen, in denen Unabhängigkeit und die Übernahme von Verantwortung nicht zu einer kaputten Gefühlsbeziehung führen; wir müssen die Klischees über alleinstehende Frauen entmystifizieren und nicht die Schuld verinnerlichen oder alle Schuld von uns weisen.

Um das zu erreichen, müssen wir schließlich die Botschaften erkennen, die uns verunsichern sollen. Dominique Fischer versammelt in ihrem spannenden Buch *La revanche des misogynes* über die neue Frauenfeindlichkeit in Frauenzeitschriften veröffentlichte Berichte von Frauen zwischen zwanzig und vierzig Jahren. In ihnen wird von der Verunsicherung berichtet, welche die negativen Stereotypen, die mit dem Bild der alleinstehenden Frau verknüpft sind, bei ihnen hervorgerufen haben, als sie nach einer Trennung psychisch besonders labil gewesen waren. Viele Frauen erklären, daß sie nicht wissen, wie sie ihren Wunsch nach Autonomie, ihre beruflichen Interessen, ihre Erwartungen an die Beziehung zum Partner und ihre Sehnsucht nach einem idealisierten Familienleben unter einen Hut bringen sollen.

Die Befriedigung unserer gefühlsbetonten Bedürfnisse und der Preis, den wir dafür zahlen müssen, bringt uns Frauen in ein schreckliches Dilemma. Es ist einfach nicht gerecht, daß die Hälfte der Menschheit dazu verdammt ist, unter völliger oder teilweiser affektiver Vereinsamung zu leiden, weil sie Aktivitäten entwickelt oder Ziele angestrebt hat, die über die Grenzen der traditionellen Rollen hinausgehen. Die emanzipierten Frauen, das heißt die

Frauen, die ohne den offiziellen Schutz und ohne die wirtschaftliche Unterstützung eines Mannes leben, die sich für einen anderen Lebensstil als den traditionellen entschieden haben, zählen nicht auf klare gesellschaftliche Unterstützung. Doch am Ende werden alle verstehen müssen, daß wir für uns gekämpft haben und nicht gegen die Männer, die sich gerne als Opfer jener Frauen erklären, die ihren eigenen Beruf schätzen und beherrschen.

Wer oder was ist daran schuld, daß es so viele alleinstehende Frauen gibt? Die demographische Entwicklung, der Frauenüberschuß? Die von der sexuellen Revolution und dem Feminismus gestellten Forderungen? Die allzu traditionellen Männer? Die Suche der Frauen nach wertvolleren Gefühlen, nach mehr Autonomie? Wesentlich ist, daß Frauen ihr eigenes Leben führen, nicht das der anderen. Und wer allein lebt, lernt das natürlich.

Ich bin der Ansicht (mit Lourdes Ortiz), daß ein selbstbestimmtes Leben, Unabhängigkeit und soziale Gleichheit von Männern und Frauen nicht notwendigerweise mit unmäßigen Belastungen, Unglück und heilloser Einsamkeit in Verbindung gebracht werden müssen.

Bei der Analyse der Ehelosigkeit, also des Alleinseins, sind wir einfach vom Personenstand (der ledigen Frau) zu einem Gefühl übergegangen (der Einsamkeit), ohne zu bedenken, daß allein zu leben weder bedeutet, isoliert zu leben, noch, eine Einzelgängerin oder Menschenfeindin zu werden. Oft bedeutet es sogar das Gegenteil, denn eine größere Freiheit erweitert unsere Chancen, anderen zu begegnen und mit ihnen eine Beziehung anzuknüpfen. Dazu kommt die verbreitete Vorstellung, eine Scheidung bedeute Einsamkeit, während es sich in Realität um einen juristischen Akt der Trennung und eine Änderung des Personenstandes und der Lebensform handelt, der nicht automatisch in die Einsamkeit führen muß, zumal dieses diffuse Gefühl schwierig zu bewerten und einzuschätzen ist. Die meisten Scheidungsanträge werden von Frauen gestellt; und das wird schon seinen Grund haben. Ich glaube nicht, daß maßloser Ehrgeiz der entscheidende Grund ist, zumal die Beteiligten und die Statistiken andere Gründe anführen, die mehr mit untragbaren oder entschieden unbefriedigenden Situationen zu tun haben. Trotzdem, prozentual gesehen ist die Zahl der Männer, die sich wegen einer neuen Liebe scheiden lassen, höher als die Zahl der Frauen, die aus diesem Motiv heraus handeln. Daß die Mehrzahl der Frauen, die sich trennen, dies nicht aus Egoismus tun, ist insofern klar, als der Haushaltsvorstand der Mehrzahl der Einelternhaushalte eine Frau ist.

Trotz der negativen Botschaften und anderer Arten von Hindernissen, trotz der Widerstände des Neokonservatismus werden sich die Frauen ihrer Situation zusehends bewußter. Unter diesen Botschaften ist besonders eine hervorzuheben, die in den Vereinigten Staaten besondere Verbreitung findet, jene, daß das Übel der modernen alleinstehenden Frau über dreißig, vor allem wenn sie beruflich erfolgreich ist, der Männerhaß sei, der in einer tief verwurzelten Angst vor Männern bestehe und auf den schlechten Einfluß des Feminismus zurückzuführen sei. Ich denke hier etwa an das Buch *No more lonely nights* von Susan und Stephen Price, in dem Tips zur Bewältigung des »namenlosen Problems« versammelt sind. Im Zusammenhang mit der Frage nach den geheimen Ängsten, die Frauen die Türen zur Ehe verschließen oder es ihnen unmöglich machen, mit einem Mann eine intime Beziehung einzugehen, wird hier betont, daß Frauen vor allem deshalb scheitern, weil sie darauf bestehen, von ihrem Partner mit Respekt und von gleich zu gleich behandelt zu werden: »Der Wunsch, eine Unterwerfungssituation in der Beziehung zu Männern zu vermeiden, kann für dich zu einem Leben ohne Liebe führen [...] Wir helfen den alleinstehenden Frauen zu verstehen, daß das, was sie für ein Problem des Mannes halten, in Wahrheit eines ist, das in ihnen selbst besteht.« Die Autoren unterlassen jeglichen Hinweis auf das Patriarchat und dessen Fallstricke oder auf die Erziehung und die Einstellungen der Männer, und sie nehmen keine Notiz von der »inneren Kolonisierung«, an der bedeutend hartnäckiger festgehalten wird als an jeder anderen Form der Aussonderung.

Und vom Männerhaß kommt Mann dann zu *»Wenn Frauen zuviel lieben«*, Titel eines Elaborats von Robin Norwood, der hartnäckig darauf besteht, daß es in der Regel Frauen sind, die dieses Problem hätten, sofern sie »den Männern verfallen« sind. Er schlägt die geistige Unterwerfung vor, da nur die Verbindung mit einer höheren Macht es Frauen, die den Männern verfallen sind, gestatte, dieses emotionale Leid zu vermeiden, indem sie eine Form der Passivität gegen eine andere eintauschen.

Trotz alledem ergaben Meinungsumfragen, die von 1985 bis 1986 in den Vereinigten Staaten durchgeführt wurden, daß die Ehe nicht mehr Hauptziel der Frauen ist. 60 Prozent der ledigen Frauen waren der Meinung, sie seien glücklicher als ihre verheirateten Freundinnen, und die Frauen zwischen zwanzig und dreißig zeigten eine wachsende Vorliebe für den Ledigenstand; viele zogen es vor, mit dem Mann, den sie liebten, zu leben, ohne ihn zu heiraten. Außerdem konnte ein Zusammenhang zwischen der Höhe des Einkommens und der Ablehnung der Ehe festgestellt werden, anders als bei den Männern, deren Heiratswunsch stärker war. Was uns nicht überraschen sollte, ist die Tatsache, daß in der aktuellen patriarchalischen Gesellschaft die Ehe im Hinblick auf die psychische Gesundheit und Langlebigkeit dem Mann mehr Nutzen bringt als der Frau.

Der Mann sieht seine Autonomie – die im übrigen auch nie in Frage gestellt wurde – im allgemeinen nicht gefährdet, und seine affektiven Bedürfnisse werden befriedigt. Der Fall der Frau liegt indes anders, denn sie wurde von Kind auf vor allem dazu erzogen, anderen zu gefallen, und ist nie dazu aufgefordert worden, »jemand zu sein«; daher fühlen wir uns nicht in demselben Maße frustriert wie die Männer, und außerdem nehmen wir auch das, was wir erreicht haben, trotz der vermeintlich großen Anstrengung anders wahr.

Es wurde behauptet, daß wir Frauen die Verliererinnen seien, weil wir uns heute weitaus mehr anstrengen müssen als früher. Dennoch meine ich, daß wir von unserem Anspruch auf Freiheit der Wahl und Chancengleichheit bei der Übernahme von Verantwortung keinen Deut abrücken dürfen und auch nicht von der Forderung, nicht mehr aufgrund unseres Geschlechts diskriminiert zu werden. Auf einem ganz anderen Blatt steht natürlich, daß wir oft auch ganz andere Sorgen haben wie z. B. den Mangel an Vertrauen, den Druck, unsere Fähigkeiten immer unter Beweis zu stellen oder Fehler wegen ihrer unabsehbaren Folgen unter allen Umständen zu vermeiden.

Die Unsicherheit, die getrennt lebende Frauen empfinden, liegt zum Großteil an den wenigen Orientierungsmodellen für ein Leben ohne Ehemann. Denn wie ich bereits gesagt habe, allein zu leben heißt nicht, einsam zu sein.

Unsere wunden Punkte

Nichts liegt mir ferner, als die Verantwortung jener Frauen herunterzuspielen, denen die Opferrolle schlechterdings nicht zugebilligt werden kann. Das heißt, wir müssen unsere eigenen Schwächen, Fehler und Mängel kennen und die Fallen, die wir uns selbst stellen. Viele Frauen machen sich zu Recht Sorgen über jene wunden Punkte, an denen sie schwach werden. In Anbetracht unserer Erziehung wundert es nicht, daß wir in der Leidenschaft des Augenblicks all das vergessen, was wir in bezug auf uns selbst und unsere Beziehungen zu Männern gelernt haben, daß wir unsere eigene Erfahrung vergessen oder sie nur teilweise annehmen und daß unser Freiheitswille allmählich schwächer wird. Selbst Frauen mit einer gescheiterten Ehe laufen, wenn sie die Trennung erst einmal verwunden haben, Gefahr, ihre Unabhängigkeit erneut zu verlieren.

Eine Freundin erzählte mir, sei sie, als sie sich wieder verliebte, in eine andere Wirklichkeit versetzt gewesen und habe auf kaum wahrnehmbare Weise angefangen, sich der Rolle, die der Partner vorgab, unterzuordnen. Das heißt, sie habe begonnen, in ein traditionelles Verhalten abzugleiten, bei dem das starke Bedürfnis im Vordergrund steht, dem anderen zu gefallen (was ja nichts Verwerfliches ist, wäre es nur auch auf männlicher Seite etwas stärker vorhanden). Was sie an Emanzipation erreicht hatte, wurde plötzlich abgewertet, und sie fühlte sich, je mehr ihre Persönlichkeit in den Hintergrund rückte, desto mehr in der Falle sitzen.

Meine Freundin sagte mir: »Wenn du nicht aufpaßt, stehst du hochbeglückt in der Küche, ohne daß du darum gebeten wurdest, bis du dich eines Tages fragst: Was tue ich hier eigentlich? Und dann klingelt die Alarmglocke, weil dein Wunsch, zu gefallen, dabei ist, sich in eine Verpflichtung zu verwandeln.« Das fällt in der Regel mit einer Phase der Normalisierung zusammen, das heißt, nach einer gewissen Zeit hast du dich so an die Situation gewöhnt, daß du anfängst, dich nicht wiederzuerkennen; und dein Partner hat nicht einmal gemerkt, was für Anstrengungen du unternommen hast! Nach der Anfangsfaszination merkst du, daß zwischen dem, was du gibst, und dem, was du bekommst, keine große Ausgewogenheit herrscht; du hast dich zu sehr kompromittiert, und das Schlimme daran ist, daß es eine einseitige Angelegenheit gewesen ist, die es, wie du jetzt entdeckst, gar nicht so sehr wert gewesen ist, vor allem nicht, wenn du schon drauf und dran bist, deine Selbstachtung zu verlieren.

In extremen Fällen kann auch das Identitätsgefühl verlorengehen. Eine Frau gestand, daß sie sich in einer ihrer Beziehungen so gut fühlte, daß sie ihre eigenen Prinzipien nicht mehr im Auge behielt und bestimmte ihr wichtige Eigenschaften und Aktivitäten vernachlässigt und zum Wohl der Beziehung aufgegeben habe. Die Gefahr besteht also darin, daß wir, wenn wir uns verlieben, jene unterschwelligen Tendenzen zunehmend herauskehren; wir sollten ihnen also mit Vorsicht begegnen, auch wenn wir das Gefühl haben, daß es *diesmal* anders ist.

Einige Frauen haben Angst davor, nach Jahren des Zusammenlebens zu heiraten, weil sie denken, daß tief verwurzelte kulturelle Werte zum Vorschein kommen könnten, die ihre Beziehung verändern würden. Oft ertappen wir uns dabei, wie wir repressiven Gefühlen und Besitzerinstinkten freien Lauf lassen. Einige dieser festen Beziehungen verschlechtern sich nach der Heirat, als würden sie durch die Heiratszeremonie eine Veränderung durchmachen.

Eine Freundin erzählte mir: »Ich würde nur heiraten, wenn es dem anderen viel bedeuten würde.« Wenn du es also tust, dann rechne es dir selbst hoch an, damit sich die Situation nicht gegen dich wendet; und wenn du es brauchst, um dich sicherer zu fühlen, dann überdenke es zweimal, denn ein größeres Versprechen nach außen bedeutet nicht unbedingt auch größeres Vertrauen und größeres Glück.

Es gibt auch positivere Verlockungen, wie etwa die, eine konfliktfreie Liebe zu führen und zu zeigen, daß das möglich ist. Warum – so denken wir – sollte es denn so schwierig sein, sich zu verstehen, Botschaften auszusenden, die beim anderen nicht als Vorwürfe oder Forderungen ankommen?

Trennung
und was danach kommt

Wenden wir uns nun den Paarbeziehungen zu, in denen die Begegnung mißlingt, in denen Frau und Mann nicht zusammenpassen. Dies führt, wenn es zum Verlassen und Verlassenwerden kommt, fast immer zu einem komplizierten und schmerzvollen Bruch. Die Trennungsgründe sind entscheidend für unseren seelischen Zustand und unsere weiteren Lebenspläne.

Die Gründe

In ihrer *Rede vom Glück* schrieb Madame de Châtelet, eine der klügsten Frauen ihrer Zeit, daß wir die Liebe fallenlassen müssen, wenn sie beginnt, uns fallenzulassen. Tugendhaftigkeit und guter Wille reichen als Glücksgarantie nicht aus. Sie selbst distanzierte sich von Voltaire, als die Leidenschaft abzukühlen begann. Wir können jahrelang ein zufriedenes Paar bilden, uns überhaupt und auch im Bett gut verstehen, auf wichtigen Gebieten gleiche Interessen und nette Freundinnen und Freunde haben. Und plötzlich wird alles anders, obwohl sich nichts geändert hat. Die Lieblosigkeit nimmt zu, die Leidenschaft erlischt, und je mehr Zeit verstreicht, desto mehr erlischt auch das Begehren. Das Leben läßt ein neues Begehren entstehen, das auf ein anderes Liebesobjekt gerichtet ist. Oder aber der Mensch an unserer Seite verändert sich und erscheint uns fremd, er hat nur wenig mit jenem Menschen zu tun, den wir geliebt hatten; was uns vorher bezaubert hat, bringt uns jetzt auf die Palme. An diesem Punkt entschließen sich viele Paare zur Trennung, wobei es in der Regel Frauen sind, die als erste ausbrechen. Wenn die beiden gerne zusammenlebten, ein starkes Band geknüpft hatten, wird der andere nicht einfach ersetzt, sondern das Paar tröstet sich mit flüchtigen Liebschaften und heißen und kurzlebigen Affären. Und dann sind da noch die Beziehungen, in denen eine neue Flamme den Platz des zuvor geliebten Menschen einnimmt. So kommt es zu Ressentiments, zu geheimen Rachegelüsten, zu Eifersucht auf die Macht oder das Geld, zu Enttäuschung, Verbitterung und tausend Obsessionen, die es unmöglich machen, dem Körper des anderen das alte Begehren entgegenzubringen.

Klar scheint die Tatsache, daß es nur selten eine Liebe gibt, die das ganze Leben währt. In Europa werden heute zwischen 30 und 50 Prozent aller Ehen geschieden.

Einsamkeit kommt hoch, wenn du dir der Distanz zu der Person neben dir im Lehnsessel bewußt wirst. Das Gefühl der Leere wird unerträglich, und das Unbehagen, das durch die Kommunikationslosigkeit entsteht, kann der Grund für die Trennung sein. Doch um diese Entscheidung zu treffen, müssen wir erst einmal die Angst vor der Einsamkeit verlieren und die Verantwortung für die Organisation des eigenen Lebens übernehmen. Oft gibt es einen zündenden Auslöser, der uns aus der alltäglichen Apathie herausreißt und uns zum Nachdenken zwingt. Enttäuschung, die Suche nach dem Besseren oder mangelnder

Veränderungswille des andern können zur Trennung führen. Oft lassen wir uns aber auch von der Gewohnheit verleiten, eine scheinbar normale, wenn auch unbefriedigende Situation einfach hinzunehmen.

Besondere Erwähnung verdient die Trennung aufgrund schlechter Behandlung oder seelischer Erpressung durch den Ehemann. In diesen Fällen können Angst und Scham die mißhandelten Frauen lähmen. Wir werden noch darauf zurückkommen.

Ein weiterer Trennungsgrund für Frauen ist die Untreue des Ehemannes; in vielen Fällen entscheidet sich die betroffene Frau aber dafür, sie zu ertragen oder zu vertuschen und diesem Drang der Männer, »ihren Samen andernorts loszuwerden«, nachsichtig gegenüberzustehen. Die Mehrzahl der untreuen Männer behaupten, ihre Frauen zu lieben, und sie wollen sie um keinen Preis leiden sehen, aber sie scheinen dem Vergnügen, der Verführung, der Entdekkung eines neuen Körpers und der Selbsterfahrung nicht widerstehen zu können. Die Trennung hängt dann oft von der Entscheidung der Frau ab. Viele sind der Ansicht, Liebe und Selbstachtung würden hier die Grenze setzen.

Eine andere Konfliktursache kann die eigene Ehe sein, sofern sie sich in ein Hindernis für die Verwirklichung beruflicher oder künstlerischer Ziele verwandelt. Das Problem hat aber nicht so sehr mit dem Wunsch oder den Forderungen der Frau zu tun als vielmehr damit, daß ihr Partner eine gleichberechtigte Beziehung nicht erträgt oder keine Person an seiner Seite duldet, die eine gesellschaftlich bedeutendere Position innehat. Während sich das Problem der Unvereinbarkeit von Beruf und Privatleben bei den arbeitenden Männern in der Regel gar nicht stellt, müssen viele Frauen eine Wahl treffen und verzichten. Auf den

Gedanken, die »Kriegerin« zu unterstützen, kommen die Männer gar nicht. Auf diese Weise führt ihr Erfolg zu Distanzierung, Vorwurf, Unverständnis, Mißtrauen und Wortlosigkeit bis hin zu absoluter Indifferenz. Und von hier bis zum Zusammenbruch der Ehe ist es nur ein kleiner Schritt.

Auch wenn Ehepartner, vor allem junge, sich in verschiedene Richtungen entwickeln, kann es zum Bruch kommen. Eine fortschreitende und tiefgreifende Distanzierung führt dazu, daß wir den anderen nicht wiedererkennen. Er verwandelt sich in einen ungeliebten Fremden oder einfach in einen Kumpel, mit dem wir zusammenleben, bis ein Dritter oder eine Dritte auftaucht und Ausschließlichkeit von uns fordert. In den sechziger Jahren war die offene Paarbeziehung in Mode, das heißt die Möglichkeit, mehrere Beziehungen zu führen, ohne den affektiven Kern des Zusammenlebens zu zerstören. Die Freiheit des anderen zu beschneiden galt als reaktionär, und die Ehe wurde als bürgerliche Institution angesehen. Treue war, zumindest theoretisch, außer Mode gekommen.

Adelaïda García Morales schildert, wie Estrella, eine fünfundvierzigjährige Mathematiklehrerin, sich nach ihrer Trennung befreit fühlte. Mit ihrer Liebe war es allmählich bergab gegangen, und bevor sie ihren Entschluß traf, betrachtete sie mit Beklemmung und Verzweiflung, wie sich einige Gefühle, die zu Anfang mit großer Intensität aufgeflammt waren, allmählich immer mehr aufgelöst und am Ende in eine kaum noch wahrnehmbare Zuneigung verwandelt hatten. Das Zusammenleben war nichts weiter als eine im Alltag verwurzelte Gewohnheit, in der Überdruß, Apathie und der resignierte Verzicht auf Leidenschaft überwogen, die sich Tag für Tag mehr aus ihrem Leben verabschiedete, bis sie eines Tages ganz erloschen war. Bei der Trennung befreite sich Estrella von der Beklemmung und Verbitterung, die sie beim täglichen Niedergang ihrer so verschlissenen und angegrauten Beziehung beobachtete. Seit sie allein lebte, wünschte sie sich, daß jede Minute neu und außergewöhnlich sei, spürte sie das Bedürfnis und den Drang, glücklich zu sein, hatte sie die Hoffnung bzw. mehr oder minder die Gewißheit, sie könne es ohne jede Hilfe, ohne die Einmischung einer anderen Person schaffen. Sie ahnte, daß ihre innere Welt komplex und reich war, voller Überraschungen, die der Entdeckung harrten.

Es gibt Frauen, die Situationen fortschreitenden Verfalls nicht ertragen, und wenn sie sehen, daß die Leidenschaft oder das Interesse dahinschwindet, dann verlassen sie ihren Partner, sosehr es sie auch schmerzen mag. Oft tun sie das aus Angst, verlassen zu werden, aus purer Selbstliebe, weil sie immer das Gefühl haben wollen, vom anderen erwählt zu sein. Eine Freundin von mir ist eine echte Spezialistin auf diesem Gebiet. Bis vor kurzem hielt sie sich für unfähig, ihre Liebesbeziehungen, die immer sehr leidenschaftlich, sehr idyllisch waren, in etwas verbindlichere Beziehungen zu verwandeln. Sobald diese anfingen, sich zu verändern, machte sie sich ohne weitere Erklärungen aus dem Staub. Sie hatte die Rolle der Geliebten schon immer jener der Ehefrau vorgezogen. Dabei wurde sie sehr von ihrer ersten Erfahrung beeinflußt, ihrer ersten Liebe zu einem verheirateten Mann, einer leidenschaftlichen Beziehung, an der sie bis zu ihrer Ehe festgehalten hatte. Die Ehe selbst dann war von kurzer Dauer, und sie hat nie wieder mit einem Mann zusammengelebt.

Trotzdem kommt es nicht häufig vor, daß Frauen sich trennen oder den anderen verlassen, vielleicht mit Ausnahme jener Frauen, die mißhandelt werden. Bis vor kurzer Zeit wurde die Frau vom Gesetz als integraler Bestandteil des Ehemannes angesehen, womit einige in der Gesellschaft unterschwellig vorhandene Werte gefestigt wurden. Da sie keine Autonomie, keinen Beruf und keine wirtschaftliche Unabhängigkeit besaß – weil der Ehemann der Verwalter ihrer Güter war und weil die Gesellschaft sie glauben machte, die Autonomie sei für sie kein erstrebenswertes Ziel –, wie konnte sie da eine eigene Meinung, Talent oder Unternehmungsgeist besitzen?

Es gibt auch andere Trennungsgründe, wie etwa den von Marianne, einer wundervollen Frau, die mir ihre Geschichte schilderte:

»Stell dir vor, ein Mann verliebt sich in dich, nehmen wir einmal an, weil du eine bestimmte Art hast, die er als anziehend empfindet, und später versucht er, dich zu ändern, dir einen Teil deiner Eigenarten abzugewöhnen, vor allem jene, die mit Autonomie oder Freiheit zu tun haben. Wenn du dich nicht wehrst, kommt es am Ende so weit, daß du das Interesse an ihm verlierst. Dann – das ist das Schlimmste von allem – erkennst du dich selbst nicht wieder und weißt nicht, wie du da wieder herauskommen sollst. In Wahrheit hast du dich gar nicht verändert, du hast nur versucht, dich anzupassen, damit du nicht am Ende schuld trägst. Aber vielleicht ist das nur der unerschütterliche Glaube an die Willensfreiheit, und der neue Partner macht dich unsicher und weckt Widersprüche in dir; dann kommen die ersten Frustrationen und Vorwürfe, und zum Schluß geht ihr auseinander.«

Offensichtlich handelt es sich nicht immer um eine Frage des Überlebens, sondern der Würde und des Respekts. Das Gefühl der Würde und die Selbstachtung hängen von einem selbst ab. Es lassen sich keine Verallgemeinerungen treffen, auch wenn viele Frauen Entschuldigungen zur Aufrechterhaltung ihrer Beziehung finden, die für andere, von außen betrachtet, unhaltbar sind. Was wir als Grenzsituation empfinden, hängt von unserem Bewußtsein und unseren Lebensumständen ab. Oft erscheint es notwendig, bis zum Äußersten zu gehen. In dem Buch *Elenas Traum* erzählt Marcela Serrano die Geschichte einer Frau, für die es die schrecklichste aller Vorstellungen war, ohne ihren Mann zurückzubleiben; jede Erniedrigung war ihr lieber als das Verlassenwerden, denn sie glaubte, ohne ihn nicht leben zu können. Eines Tages, als sie allein war, begann sie, ihrem sinnlosen Leben eine Wende zu geben. Sie hatte die Leere bis ins Mark zu spüren bekommen. Sie ging ihren Mann in seinem Büro besuchen; und obwohl es offensichtlich war, daß er bei einer anderen Frau gewesen war, bestand sie darauf, bei ihm zu bleiben, und bat ihn, mit ihr zu schlafen.

Andere Frauen, die ihr Leben mit einem Mann teilen wollten, ohne ihre Autonomie und ihre Individualität aufzugeben, haben ihre Beziehungen beendet. Sie fühlten sich unzufrieden, geringgeschätzt oder eingeschränkt. Sie haben es vorgezogen, den entscheidenden Schritt zu wagen, um andere Erfahrungen machen zu können. Trennungen dieser Art fallen leichter, wenn keine kleinen Kinder da und die Betroffenen wirtschaftlich unabhängig sind. Tatsächlich kann eine schwierige wirtschaftliche Situation dazu führen, eine erwünschte Trennung zu verhindern. Ich glaube, daß es immer darauf ankommt, die Orientierung zu behalten und zu wissen, daß wir uns unsere Beschränkungen oft selbst auferlegen. Daher müssen wir herausfinden, was wir uns wirklich wünschen, und lernen, zwischen dem Nebensächlichen und dem Wesentlichen zu unterscheiden.

Die Verlassenen

»Mein Mann ging sich bei *Bloomingdale's* ein Hemd kaufen und verliebte sich in die Verkäuferin.« So drückt sich die Protagonistin des Films *An unmarried Woman* aus. Wenn uns so etwas widerfährt, sind wir völlig vor den Kopf geschlagen, fühlen uns verletzt, betrogen und erkennen uns selbst nicht wieder. Obwohl wir wissen, daß wir nicht denken sollten, der Partner sei ein schlechter Mensch, weil er sich in eine andere Frau verliebt hat, verachten wir ihn. Die Wut kocht in uns hoch, und zwar zu Recht, denn wir sind um unsere Liebe betrogen worden. Viele Männer zögern den Moment der Entscheidung hinaus, bis sie in flagranti ertappt werden oder bis die Frau, in die sie sich verliebt haben, Kinder haben will. In diesen Fällen kommen zum Schmerz noch alte Schreckgespenster hinzu – die andere ist jung, schön, begehrenswert ... Dies verleitet uns fälschlicherweise dazu, uns wertlos zu fühlen. Wir wissen, daß viele Männer hin und wieder die Versuchung verspüren, ihren »Marktwert« zu testen, und das tun sie dann auch; aber vom Seitensprung bis zum Entschluß, die Frau zu ersetzen, ist es ein weiter Weg.

Wenn er mit einem entschiedenen Tonfall sagt: »Wir müssen miteinander reden«, ist mit dem Schlimmsten zu rechnen. Denn dieser Satz, der plötzlich in unser Alltagsleben einbricht, ist die Ankündigung einer radikalen Änderung. Du weißt, daß die Dinge schon seit langer Zeit nicht mehr so recht laufen: Es gibt keine intimen Stunden mehr.

Wenn der Partner seine Abwesenheit ankündigt, klingt es nach Entschuldigung. Was dich früher entzückt hat, geht dir jetzt auf die Nerven. Wenn du ihn anschaust, wunderst du dich, als würdest du ihn nicht wiedererkennen oder als sei er für dich nicht mehr der Mann, in den du verliebt warst und den du geheiratet hast ... Und wenn er dir dann sagt, daß es da eine andere gibt und daß er noch dazu mit ihr zusammenleben will, dann wirst du wütend. Zuerst bist du am Boden zerstört, unfähig, zu reagieren. Dann bekommst du Lust, ihm eine runterzuhauen und ihm Sachen an den Kopf zu schmeißen, zu schreien und zu sagen, er habe dich getäuscht.

Meist ist das Ganze mit einem tiefen Schmerz verbunden, der auch nicht wieder vergeht, denn der Partner ist immer noch »dein Geliebter«, es gibt viele Dinge, die du mit ihm teilst, und du kannst dir die Trennung einfach nicht vorstellen. Wenn du den Eindruck hattest, er sei etwas seltsam, hast du dir gesagt, das muß an der Arbeit hängen oder mit dem Alter und der Zeit zu tun haben, die vergangen ist. Nun öffnet sich eine tiefe Wunde, du weißt nicht, wie du die Beklemmung wieder loswerden sollst. Deine Gefühle werden durcheinandergewirbelt, du bist völlig von der Rolle. Du haßt ihn, und gleichzeitig begehrst du ihn. Der Schmerz ist stärker als die Enttäuschung. Deine Selbstachtung hält dich davon ab, darüber nachzudenken, wie du ihn auf deine Seite bringen und zurückerobern könntest. Und es tauchen Fragen auf. Was haben wir falsch gemacht, was ist geschehen? Ist es meine oder seine Schuld? Mehr oder weniger dramatisch, mehr oder weniger kinoreif, mit mehr oder weniger Tränen und Versöhnungen ...

Einige Männer gehen auch weg, ohne eine andere Frau zu lieben. Sie wollen ihr Leben ändern, weil sich das, was sie mit ihrer Frau verbunden hatte, verflüchtigt hat, weil sie sich frei fühlen möchten, andere Erfahrungen zu machen – aber das ist selten.

Wie dem auch sei, plötzlich bist du allein, und dein Gefühlsleben wird zum Wechselbad. Verwirrung, Unsicherheit, Schmerz. Zunächst einmal bedeutet es, daß du nach dem ersten Schlag, der dich lähmt und völlig aus der Fassung bringt, dein Leben neu überdenken mußt. In einer turbulenten Phase wie dieser, in der du dich deiner Verzweiflung hingeben und dich selbst bemitleiden mußt, denkst du, daß du nie wieder mit einem Mann zusammensein wirst. Dann machst du eine Art Trauerphase durch. Du bist völlig besessen und kannst über nichts anderes mehr reden, obwohl du es haßt; du möchtest keinen Menschen sehen, aber allein zu sein, erträgst du auch nicht; du verhältst dich zwanghaft; du weinst.

Dann mußt du dein Leben wieder in den Griff bekommen. Bisher hast du dafür weder Zeit noch Kraft gehabt, weil deine ganzen Energien in die Aufgabe geflossen sind, die Krise zu meistern, oder weil du nicht begreifen konntest, was da eigentlich genau über dich hereingebrochen ist. Jetzt mußt du dich wieder fassen, deine Individualität zurückerobern, neue Verantwortung übernehmen ... und die Einsamkeit und das Leben als Single machen dir eine Heidenangst. Falls du Kinder hast, bist du nicht ganz so allein, aber zugleich spürst du, wie auch sie darunter leiden, und es wächst deine Sorge, wie sie mit dieser neuen Situation zurechtkommen werden. Falls du Arbeit und einen Beruf hast, der dich interessiert, wird es weniger hart sein, gar nicht so sehr aus emotionaler Sicht als vielmehr, weil es sich um einen Teil von dir handelt, der zwar erst an zweiter Stelle steht, dem du aber einen beträchtlichen Teil deiner Zeit widmest und der es dir gestatten wird, dich von deinem Schmerz abzulenken und deinen Kummer ein wenig zu vergessen.

Ich glaube, daß sich nur wenige Frauen sofort auf die Suche nach einem neuen Mann machen, um ihre Trennung zu überwinden. Auch wenn es uns trösten kann, so sind wir meist doch noch nicht dafür bereit, weil das Gefühl des Scheiterns zu stark ist. Es ist letztlich ein gewagtes Unterfangen, und wir möchten erst einmal nicht mehr leiden. Wir bekommen es mit der Angst zu tun, es könnte uns wieder Schmerz zugefügt werden. Ich hatte eine Freundin, die nach einer Trennung, unter der sie sehr gelitten hatte, an die Wand ihres Schlafzimmers folgenden Satz schreiben wollte: »Ich darf in meiner Wachsamkeit nie nachlassen«, um die Fallen, Fehler und Schwächen zu bannen, die ihr in Zukunft begegnen könnten.

Doch kann nach dem Schmerz, der Leere und der Verwirrung als Folge des Perspektivenwechsels eine neue, persönlich bereichernde Zeit anbrechen. Es öffnet sich ein Weg, der die Wahl erleichtert; du fängst an, dich gut zu fühlen, und deine Selbstachtung steigt, weil du in der Lage gewesen bist, eine schwierige und schmerzhafte Situation in den Griff zu bekommen.

Natürlich dauert die Erholungsphase bei einigen Frauen länger als bei anderen. Aber wenn sie vorbei ist, beginnst du deine Freiheit zu genießen, und dann kannst du dich entscheiden, ob du die faszinierende Aufgabe der Neugestaltung deines Lebens auf dich nehmen willst. Du hast die Möglichkeit, eigenständig zu handeln, von deiner Freiheit und Verantwortung Gebrauch zu machen, auch wenn du nicht diejenige bist, die ursprünglich die Initiative ergriffen hat. Du kannst dich aber auch an die Vergangenheit klammern und erbittert an dem festhalten, was hätte sein können. Das ist die typisch negative Haltung, bei der du vor allem *Opfer* sein wirst. Auch wenn eine Trennung immer ein schwieriger Prozeß ist, wird sich die Art, wie du dein Leben bis zu diesem Augenblick gestaltet hast – dein Umfeld, deine sozioökonomische Situation, dein über die Paarbeziehung hinausgehendes affektives Umfeld –, auf ihren Ablauf auswirken und auf die Entscheidungen, die du fällst.

Wenn also die Entscheidung von dir ausgeht, wenn du diejenige bist, die den anderen verläßt, dann wird der Schmerz, falls er überhaupt vorhanden ist – ich glaube, daß bei einer Trennung beide leiden –, durch die Freiheit gemildert, die du schaffst, indem du eine Situation beendest, in der du nicht (mehr) glücklich gewesen bist. Du hast dich mehr oder minder ernsthaft befragt und bist zu einer Entscheidung gekommen, die, wie wir gesehen haben, verschiedene Gründe haben kann.

Es gibt Frauen, die sich in ihrer Ehe große Freiräume bewahrt oder geschaffen haben; Frauen, die ihrer Ehe oder ihrer Beziehung in gewissem Maße den Anstrich eines Provisoriums geben, indem sie das »bis daß der Tod euch scheidet« nicht allzu eng sehen. Daher ist es nicht ihr Hauptziel, das Band der Ehe um jeden Preis aufrechtzuerhalten. In der Regel handelt es sich dabei um Frauen, die keine Kinder haben, um jene fortschrittlichen Paare, die jene Zeiten durchlebt haben, in denen, was das Zusammenleben anbelangt, eine andere Moral herrschte als heute. Die Ehe hatte für einige Frauen sogar etwas Befreiendes, da sie die orthodoxeste und unproblematischste Möglichkeit war, der väterlichen Autorität und dem familiären Druck zu entgehen und sich ein freieres Leben mit einem »Lebensgefährten« aufzubauen, der einen respektierte. In dem Umfeld, in dem ich groß geworden bin, gibt es allerdings nur wenige solcher Paare, deren Ehe überlebt hat.

Die Fähigkeit, in einer unglücklichen Beziehung auszuharren, hängt auch von unseren Werten, unseren Ängsten, unseren Bedürfnissen, unserem Informationsstand, unseren Wahlmöglichkeiten und natürlich von unserer wirtschaftlichen Situation ab. Aber sie hängt auch von dem ab, was wir uns erträumt haben. Mit der Trennung verlassen wir nicht nur einen Mann, der nicht zu uns gepaßt hat, wir lassen auch eine vertraute Welt hinter uns, die uns eine gewisse Sicherheit vor dem Unbekannten versprach. Dennoch werden sich die Frauen, die ihre Ehe aus freien Stücken beendet haben, leichter an das neue Leben gewöhnen als jene, die aufgrund einer Entscheidung ihres Mannes zum Alleinleben gezwungen wurden. Im allgemeinen vollziehen sich solche Trennungen nicht auf einen Schlag, sondern es handelt sich um einen Prozeß, in dem Enttäuschung und Unzufriedenheit bei beiden Partnern zunehmen, bis ein Zustand emotionaler Leere erreicht ist.

Eine unhaltbare Ehe kann auch deshalb ertragen werden, weil wir der Vorstellung anhängen, daß es im Leben nichts anderes gibt. Die Ehe als einzig denkbares Schicksal gestattet es unselbständigen Frauen nicht, sich etwas anderes vorzustellen. Daher gibt es für sie keine Alternativen, sie sind nicht vorbereitet, neue Verantwortung zu übernehmen, und fühlen sich dazu auch gar nicht in der Lage.

Es ist eine schwierige und mühsame Aufgabe, dahin zu gelangen, daß wir uns im Alleinsein wohl fühlen. Dazu bedarf es einer Anstrengung, die auch für das Zusammenleben notwendig ist und die andere Arten von Belohnung nach sich zieht. So tritt die Einsamkeit auf andere Art, mit einem anderen Profil in unser Leben, und wir können die Vorteile des Alleinlebens erkennen. Die Angst vor der Einsamkeit ist schlimmer als die Einsamkeit selbst, vor allem, wenn sie uns dazu zwingt, Beziehungen auszuhalten, die uns die Luft zum Atmen rauben.

Trennung in beiderseitigem Einverständnis

Logischerweise gibt es auch eine Scheidung ohne Opfer und Täter. Oft kommt es zu Trennungen im freundschaftlichen Einvernehmen, wenn die persönliche Entwicklung dazu führt, daß wir uns auseinandergelebt haben, wenn es zu Unstimmigkeiten kommt oder sich unterschiedliche Lebensperspektiven entwickeln, ebenso bei einer Unvereinbarkeit der Charaktere oder wenn einfach die Liebe abhanden kommt. Proust sagt in *Die Welt der Guermantes*, der Verlust der Liebe sei etwas Unvermeidbares und Grundloses, denn die Liebe und ihr Dahinwelken würden zwei polare Gegensätze darstellen, wie Leben und Tod in der Natur. Es gibt sie einfach. Aber es gibt auch Faktoren, die zum Verlust der Liebe beitragen, wie etwa die vermeintliche Gewißheit, den geliebten Menschen zu besitzen, die Gewöhnung an seine Gegenwart und gemeinsame Gewohnheiten; allesamt schreckliche Feinde der Liebe. Die Gewohnheit ist im Leben eines Menschen von allen Pflänzchen dasjenige, das zum Überleben am wenigsten Nährboden braucht und das als erstes auf einem kargen Felsen sprießt. Für die Liebe als Leidenschaft, die mit der Sinnlichkeit und dem Begehren verknüpft ist, existiert das Begehren natürlich nur, solange ein Partner nicht vom anderen Besitz ergriffen hat; es schwindet, sobald das Interesse schwindet, den Raum zwischen beiden zu erforschen.

Während die Paare bei der Heirat vor allem an die Liebe denken, tauchen im Moment der Scheidung, abgesehen von der Kommunikationslosigkeit zwischen ihnen, andere Gründe auf: Probleme von persönlicher Nähe und Abstand, Gewalt des Ehepartners, Untreue, Spielsucht, Alkoholismus oder Drogenabhängigkeit. Dagegen wird nur selten als Scheidungsgrund angegeben, daß die Liebe sich zur Freundschaft gewandelt hat, die sexuelle Beziehung unbefriedigend ist oder der eine Partner zu sehr von seiner Arbeit in Anspruch genommen wird. Auch wenn bei Frauen das Unglück und die Suche nach einem besseren Leben mittlerweile stärker sind als die Angst, ohne Partner zu bleiben, und bei den Männern die Angst überwiegt, ihre Kinder zu verlieren.

Nach Ansicht von José Juan Toharia »wagt es die überwiegende Mehrzahl der Männer nur dann, die Ehe aufzulösen, wenn sie Ersatz gefunden haben. Wenn sie daran denken, ihre Frau zu verlassen, dann nur, weil sie eine andere haben. Das ist ganz sicher.«

Die schwierige Übergangsphase

Es gibt keine Scheidungsriten, dafür aber Prozesse, die vermeiden helfen, daß sich die Einsamkeit zur Verzweiflung oder Depression auswächst. Die Gewöhnung an ein neues Leben bringt Schwierigkeiten mit sich, und natürlich müssen wir anfangen, bestimmte Vorstellungen von uns zu weisen, wie etwa die, ohne den Partner mache das Leben keinen Sinn. Die nordamerikanischen Frauen, die sich so sehr mit Techniken zur Entwicklung des Selbstwertgefühls beschäftigen, raten uns, eine Liste jener Dinge aufzustellen, die wir gerne tun würden und die wir vorher aus Rücksicht auf unseren Partner oder aufgrund der Einschränkungen in unserer Beziehung nicht tun konnten.

Es gibt verschiedene Arten, eine Trennung zu verarbeiten und zu erleben, vom Haß auf das Alleinsein bis hin zum Wunsch, unser eigenes Leben wieder unter Kontrolle zu bringen. Was können wir tun, wenn uns der ganze Körper schmerzt, wenn wir vor lauter Heulen ein verschwollenes Gesicht haben, wenn wir keine Ruhe mehr finden und uns jede Minute wie eine Ewigkeit vorkommt? Was können wir tun, um so zu tun, als habe das Geschehene keine Bedeutung? Was können wir unserem Herzen erzählen, damit es nicht noch mehr schmerzt? Es gibt nichts, was deine Aufmerksamkeit gefangennimmt, du bewegst dich wie unter Zwang, trinkst, ißt, bist wie gelähmt, suchst nach Entschuldigungen, um nicht um Hilfe bitten zu müssen ... Dein Stolz und der Horror davor, andere zu belästigen, halten dich davon ab, und du bist es leid, dich selbst zu bemitleiden. Ältere Frauen leiden unter einer Art Rollenverlust, der häufig zu Depressionen führt. Um diesen psychischen Zustand zu überwinden, sind Freundinnen ungeheuer wichtig, und oft ist es nötig, irgendeine Art professioneller Hilfe in Anspruch zu nehmen, was in Ländern wie den Vereinigten Staaten völlig normal ist.

Natürlich ist eine Trennung im Lebensplan fast nie vorgesehen. Viele Frauen machten sich Illusionen über das Leben, das sie einmal führen würden, wenn sie verheiratet wären und Kinder hätten: Liebe, Leidenschaft, Zärtlichkeit, Verschworenheit, Verständnis ... Wie im Film ist alles wunderbar, vorbildlich, selbst die Probleme, die nur als etwas angesehen werden, das die Beziehung stärkt. Aber da sie das Drehbuch nicht alleine verfassen, kann es zu unvorhergesehenen Zwischenfällen kommen: Sie bleiben allein, werden einfach ersetzt, sind nicht glücklich, müssen sich ihren Lebensraum neu gestalten, die Arbeit, die wirtschaftlichen Verhältnisse, die Beziehungen, die Freizeit, den Sex.

Selbst für Frauen, die, wenn auch nicht die Liebe, so doch die Ehe von Anfang an eher mit Skepsis gesehen haben, ist die Scheidung immer noch ein »Schandmal« oder ein Risiko, falls sie selbst die Entscheidung treffen. Wir fühlen uns mitunter schuldig und egoistisch, vor allem, wenn wir unseren Partner wegen eines anderen Mannes verlassen haben. Vor einiger Zeit las ich, daß eine Frau ständig von ihrer Steinigung träumte, weil sie ihren Mann verlassen hatte, nachdem sie sich in einen anderen verliebt hatte. Bis sie schließlich zur festen Überzeugung gelangte, daß die Liebe zu den wenigen Dingen gehört, über die nicht verhandelt werden kann und die sich nicht unterdrücken lassen.

Ich will nicht der Schwarzweißmalerei verfallen und werde die Frauen weder zu Opfern machen noch sie verherrlichen. Wir dürfen weder denken, alles Übel komme von den »anderen«, noch dürfen wir unsere Verantwortung abgeben. Weder sind alle Frauen wunderbar, noch sind sie durchwegs großartig. Der Mythos von der verruchten Frau, der Vampirin, der Männerfresserin, der Frau des Tangos, ist immer präsent gewesen. Wir sind oft verachtet worden, indem uns Kleinlichkeit, Eigennutz, Eitelkeit und Oberflächlichkeit vorgeworfen wurde. Der perfekten Frau hingegen – oder besser gesagt der perfekten Ehefrau, was auf dasselbe herauskommt – wurde eine enorme Dosis Güte und Aufrichtigkeit zugesprochen, Eigenschaften, die im allgemeinen mit Unterwerfung, Selbstverleugnung und Aufopferung in Verbindung gebracht werden.

Wie Elizabeth von Arnim in ihrem herrlichen Buch *Elizabeth und ihr Garten* ihre Figur »der Grimmige« sagen läßt, sind wir Frauen für die Lügen der Männer verantwortlich:

»Frauen sind für solche Lügen selbst verantwortlich, da sie ihnen Glauben schenken. Ihre erstaunliche Eitelkeit bringt sie dazu, Schmeicheleien plumpester Machart zu schlucken, die eigentlich Beleidigungen sind; und Männer werden immer bereit sein, genau so viele Lügen zu erzählen, wie eine Frau hinzunehmen bereit ist. [...]

Die Eitelkeit der Frau ist so grenzenlos, daß sie, nachdem sie neunundneunzig Mal Anschauungsunterricht über den Unterschied zwischen Versprechen und Einhalten und über schönes, aber hohles Gerede erhalten hat, beim hundertsten Mal genauso bereitwillig und verzückt den beredten Schmeicheleien Gehör schenkt wie schon bei der allerersten Geschichte. [...] Sinnlos, ihr zu sagen, daß sie die Leidtragende des Mannes und sein Spielzeug ist, daß sie betrogen, unterdrückt, reglementiert, verspottet und in jeder Hinsicht schäbig behandelt wird – denn das ist nicht der ganze Sachverhalt. Sie ist ganz einfach das Opfer ihrer eigenen Eitelkeit, und gegen den Glauben an ihre eigenen Reize, gegen das Ureigenste, das ihrem Leben erst Farbe verleiht, wer soll von einer Frau erwarten, daß sie dagegen zu den Waffen greift? [...]

Geschöpfe, die ständig *›ja‹* zu allem sagen, was ein Mann vorschlägt, wenn niemand sie dazu zwingen kann und wenn es so oft verhängnisvoll ist, sind ganz offensichtlich nicht zurechnungsfähig.« [Ü.: Adelheid Dormagen]

Auch wenn ich das reizende Büchlein liebe, brauche ich wohl kaum zu betonen, daß ich mit den Aussagen des »Grimmigen« ganz und gar nicht einverstanden bin. Bestimmt gibt es viele kalte und berechnende, intrigante, niederträchtige, dumme oder unehrliche Frauen, aber sie sind *nicht* in der Überzahl. Wir werden nicht vergessen, daß es sie gibt, aber wir werden uns hier nicht allzu sehr mit ihnen beschäftigen. Es ist auf diesen und anderen negativen Aspekten schon viel zu sehr herumgeritten worden. Dagegen müssen wir Frauen gemeinsam vorgehen.

Der Weg, den wir allein beschreiten, ist voller Hindernisse, aber er bietet auch eine Reihe von Vorteilen, vor allem, wenn wir die richtige Haltung annehmen. Es gibt keinen Zaubertrank, der uns weiterhilft, und es steht mir auch nicht zu, Ratschläge zu erteilen. Trotzdem glaube ich, daß es darauf ankommt, mutig zu sein – was nicht bedeutet, daß wir keine Angst haben –, ehrlich zu sein und uns nicht selbst zu betrügen; zu wissen, was wir wollen, und herauszufinden, ob es machbar ist und in welchem Maße wir es beeinflussen können. Wir müssen Reife erlangen und dürfen nicht ewig in der Jugend steckenbleiben, dürfen uns aber auch nicht in besserwisserische und langweilige Alte verwandeln; wir müssen uns dessen bewußt sein, daß das Vergehen der Zeit auch seine positiven Aspekte hat und daß es uns vor allem gestattet, klüger und ein bißchen glücklicher zu sein. Darum geht es.

Daß wir Zufriedenheit anstreben, heißt nicht, daß wir nicht freigebig sein können oder dürfen. Früher wurde von Schicksal oder Glück gesprochen, heute ist es der Charakter oder die innere Persönlichkeit, die es uns gestatten, über unser eigenes Leben zu entscheiden. Die seelische Harmonie ist mehr wert als Reichtum, Vergnügen oder Ehre. Das seelische Wohlbefinden ist laut Bertrand Russell die Quelle des Glücks. Und die Sorge um andere und das Interesse an ihnen setzen ein tugendhaftes Verhalten voraus, das dazu führt, daß wir uns wohl fühlen, und das bewirken wird, daß andere unsere Gesellschaft suchen, wenn sie sehen, daß es uns gutgeht. Denn Freude bringt Energie und noch mehr Freude hervor.

Wenn dich das, was dich berührt, zum Weinen bringt und unglücklich macht, dann setze etwas anderes an seine Stelle; handle nach deinen Vorstellungen, und fürchte dich nicht vor der öffentlichen Meinung, die durch den Nachbarn von nebenan verkörpert wird, denn vor dir liegt die ganze Welt, neu und strahlend. Steck deine Energien in das, wofür du dich entschieden hast, und nutze deine Möglichkeiten. Warum um Dinge weinen, die bereits entschieden sind, weshalb unangenehme Dinge tun, wenn du es anschließend bereust? Wir bilden uns ein, uns stünde alles zu, aber dem ist nicht so. Wir zerstören dann, was wir schützen müßten, wir verletzen die Menschen, die wir lieben; und danach fragen wir uns, warum wir uns so schlecht fühlen.

Auch der Wille ist in Zeiten des Umbruchs ein wichtiges Element. Wir brauchen notwendigerweise eine fortschrittliche Lebenseinstellung, um gewissen Vorurteilen begegnen zu können wie etwa dem, daß wir nicht mit beiden Beinen auf dem Boden stehen würden – da wir Frauen den Ruf haben, unpragmatisch zu sein. Dies hindere uns daran, die ganze Realität klar und deutlich zu erkennen und ihr zu begegnen. Auch wenn wir uns dazu oft nicht in der Lage fühlen, so sind wir sehr wohl imstande, pragmatisch zu handeln. Vielfach ist es besser, wir bitten um Hilfe, damit wir die Dinge klarer und realistischer sehen, indem wir Prioritäten setzen, als ewig rumzujammern; das heißt, wir müssen einige Dinge dazulernen und andere vergessen. Dieses Dazulernen setzt unter anderem voraus, daß wir die Gebiete kennenlernen, auf denen wir Fehler machen, unsere dunkle Seite, unsere Obsessionen sowie die verschiedenen Arten, uns selbst zu schaden und zu beseitigen.

Die Arbeit als Übergangsritus

Sprechen wir über die Notwendigkeit der wirtschaftlichen Unabhängigkeit, über die Arbeit und darüber, wie wir sie aus einer doppelten Perspektive heraus betrachten können: als Übergangsritus, grundlegendes Element unserer Autonomie und Zufriedenheit mit uns selbst, anregend und zugleich notwendig zur Erweiterung unserer Chancen im Leben und als Teil unserer gesellschaftlichen Aktivität, mit all den Herausforderungen, die sie an jede Frau stellt.

Einmal davon abgesehen, daß Arbeit für alle mit Anstrengung verbunden ist, stehen wir bei der Abgeltung der Frauenarbeit vor zusätzlichen Problemen: der tatsächlich existierenden Ungleichheit und der Doppelbelastung. Aber wir können dies auch positiv sehen: Die Arbeit ermöglicht uns eine persönliche Weiterentwicklung und hilft uns, unsere ökonomischen Bedürfnisse zu befriedigen. Dies ist wesentlich, um unsere Unabhängigkeit und die der von uns abhängigen Personen zu wahren, und gestattet uns, eine bessere Lebensqualität. Viele Frauen sind auch deshalb mit ihrer Arbeit glücklich, weil sie ihnen die Möglichkeit gibt, mit Menschen in Kontakt zu kommen und Belohnungen kreativer, intellektueller, emotionaler oder politischer Art zu erhalten.

Der erst vor kurzem durch die Arbeit stattgefundene Eintritt der Frauen in die öffentliche Sphäre hat ihnen die Möglichkeit gegeben, sich um größere Individualität und Autonomie zu bemühen; er hat es ihnen gestattet, ein Selbstbild zu entwickeln, das über Ehe und Mutterschaft hinausgeht. Für viele partnerlose Frauen hat die Arbeit einen zentralen Stellenwert in ihrem Leben; auch in einigen hochentwickelten Ländern wie den Vereinigten Staaten heiraten Frauen nicht, weil sie ihren Beruf für wichtiger halten als die Ehe. In den letzten Jahrzehnten wurde es üblich, die Heirat aufzuschieben, bis eine Anstellung oder eine gewisse berufliche Sicherheit erreicht war.

Auch wenn ein starkes berufliches Engagement in der Ehe zu Konflikten führen kann, so halte ich es doch für absolut zulässig, daß eine Frau Ambitionen hat und diese auch zeigt. Feministinnen, die sich als ehrgeizig bezeichnen, definieren Ehrgeiz oft nicht so sehr als den ausschließlichen Versuch, die Karriere voranzutreiben, sondern meinen damit vielmehr persönliche Entwicklung und Mitarbeit in der Gesellschaft.

Gewiß sehen sich Frauen mit Hindernissen aller Art konfrontiert, und die Vorstellungen, die mit dem Erfolg verbunden sind, schmälern bei vielen den Wunsch, sich am Konkurrenzkampf zu beteiligen. Die Ausbildung, die sie erhalten haben, schmälert ihre Aussichten so, daß sie weniger Chancen am Arbeitsmarkt haben, besonders dann, wenn sie verheiratet sind und Kinder haben und über weniger Zeit zur Weiterbildung verfügen. Für den Bereich der schöpferischen Tätigkeit sagte Simone de Beauvoir, daß sich die Frau im allgemeinen nicht mit aller Leidenschaft an ihre Projekte hingibt, daß sie nicht in der Lage ist, selbstvergessen zu sein, und daß sie aufgrund dieser Unfähigkeit, ihre menschlichen Beschränkungen zu überwinden, unfähig ist, glühende Kunstwerke zu schaffen. Ich glaube nicht, daß sich das heute noch mit dieser Entschiedenheit behaupten ließe.

Die Tatsache, daß Frauen außer Haus arbeiten, ruft bei Männern und Frauen unterschiedliche Gefühle hervor. Bei vielen Gelegenheiten wird die Befriedigung der Frauen, eine Anstellung oder einen Beruf zu haben, angesichts der enormen persönlichen Bürde der Doppelbelastung geschmälert. Zwar ist die Zahl der Arbeitnehmerinnen gestiegen, sie müssen aber vorwiegend mit schlechteren Arbeitsbedingungen und schlechterer Bezahlung vorlieb nehmen. Obwohl wir in diesem Bereich Fortschritte gemacht haben, muß die Schuld beglichen werden, daß die Frau aufgrund der geschlechtsspezifischen Arbeitsteilung benachteiligt wurde und vielfach noch immer wird.

In den meisten Unternehmen herrscht noch immer eine männliche Kultur. Sie verhindert unter anderem, daß die Frauen an persönlichen Kontaktnetzen teilhaben, die nötig sind, um sich in der Geschäftswelt zu bewegen, ein Phänomen, das in den Mittelmeerländern noch ausgeprägter ist als z. B. in Mitteleuropa oder den Vereinigten Staaten.

Abgesehen von einigen Privilegierten haben Frauen immer gearbeitet. Neu ist, daß ihre Arbeit heute bezahlt wird und daß sie leichteren Zugang zu qualifizierteren Stellen haben. Die Hausarbeit hingegen wird weder anerkannt noch geschätzt, noch verdankt und ist in der Mehrzahl der Fälle nicht frei gewählt, obwohl sie beispielsweise in Spanien 40 Prozent des Bruttoinlandsprodukts ausmachen soll. Daher gibt es im sogenannten Wohlfahrtsstaat bestimmte Teilbereiche, die sich als soziale Dienstleistungen verstehen und die Frauen befreien – mindestens so lange, als es der Gesellschaft gutgeht. Um unter den gleichen Bedingungen wie die Männer an allen gesellschaftlichen Aktivitäten teilzunehmen, müssen auch Frauen eine bezahlte Arbeit haben. Ihre benachteiligte Position im Arbeitsbereich kann dazu führen, daß sie ihre Arbeit kündigen und zur Hausarbeit zurückkehren. Und angesichts der Schwierigkeiten, die Arbeit mit den familiären Verpflichtungen zu verbinden, die sie weiterhin erheblich in Anspruch nehmen, ziehen viele es vor, Ehe und Mutterschaft aufzuschieben und ledig zu bleiben.

Die Mehrzahl der ledigen oder verheirateten Frauen in den entwickelten Ländern betrachtet die bezahlte Arbeit als die beste Möglichkeit, persönliche Emanzipation und Autonomie zu erreichen, dies auch um die Verantwortung und die wirtschaftlichen Lasten in der Familie zu teilen. Das schlägt sich in einer beträchtlichen Zunahme der Aktivitäten, der Arbeit von Frauen und unvermeidbar auch in deren Arbeitslosigkeit nieder. Ein wachsender Prozentsatz an Frauen, vor allem jene mit höherem Studienabschluß, gibt ihre Arbeit nicht auf, wenn sie heiraten oder Kinder bekommen, sondern verbindet dies mit den häuslichen Pflichten, die heute nicht mehr ganz so hart sind wie früher.

Die Familien sind meist nicht mehr groß, da dank der Empfängnisverhütung die Möglichkeit besteht, Zahl der Kinder und Zeitpunkt ihrer Geburt selbst zu bestimmen. Damit verringert sich der Aufwand, der für Schwangerschaft und Erziehung aufzuwenden ist, und es bleibt mehr Zeit für die berufliche Ausbildung übrig. Dies gilt vor allem für Frauen mit einem höheren Bildungsniveau, die aus einem eigenen Wunsch heraus an der Arbeitswelt teilnehmen. Frauen mit schlechter Berufsausbildung erwähnen meist, nur aus wirtschaftlicher Notwendigkeit zu arbeiten. So kommt es, daß erstere letztere für die Erledigung der Hausarbeit bezahlen, während letztere gegen geringe Bezahlung arbeiten und mit dem eigenen Haushalt und den Kindern, so gut es eben geht, zurechtkommen müssen.

Die Diskriminierung und die Vorurteile im Arbeitsbereich bestehen weiter, auch wenn viele Frauen heute eine exzellente Ausbildung haben. Außer bei bestimmten Tätigkeiten, vor allem im öffentlichen Dienst, in dem ein deutlicher Anstieg des Frauenanteils zu verzeichnen ist, gehen Frauen vielfach noch einer unregelmäßigen Beschäftigung nach. Auch sind vor allem Frauen von längerfristiger Arbeitslosigkeit betroffen, insbesondere die verheirateten. Stellenabbau trifft sowohl ledige als auch verheiratete Frauen stärker als ihre männlichen Kollegen.

Von konjunkturbedingten Rückschlägen abgesehen, zeichnet sich ein deutlicher Rückgang der Anzahl von Frauen zwischen 25 und 50 Jahren ab, die sich ausschließlich dem Haushalt widmen.

Jedesmal, wenn sich mir selbst eine berufliche Herausforderung stellte, stand ich vor einem Konflikt: diese Herausforderung anzunehmen oder aber der Verlockung nachzugeben, mir das Leben mit dem Argument einfach zu machen, dann mehr Zeit zur Verfügung zu haben. Bisher habe ich die Herausforderungen immer angekommen und bin froh darüber. Einmal davon abgesehen, daß ich dadurch vielleicht einen kleinen Beitrag zu Projekten geleistet habe, die ich als wichtig für die Gesellschaft erachte, haben sie meinem Leben einen Sinn gegeben, indem ich mich selbst fortentwickeln konnte. Außerdem haben sie mir, neben den unvermeidlichen Ärgernissen und Spannungen, viel Freude gebracht und die Befriedigung gegeben, bestimmte Ziele erreicht zu haben. Ich fühle mich dadurch sehr vom Glück begünstigt, denn im allgemeinen setzt die männlich dominierte Arbeitswelt noch keine großen Erwartungen in Frauen. Ehrgeiz, Konkurrenzfähigkeit, Herzinfarkte, Pleiten und Pannen sind immer eine Sache der Männer gewesen.

Ich habe wundervolle Freundinnen, die sich, nachdem sie geheiratet und Kinder bekommen haben, bei einer keineswegs sorgenfreien wirtschaftlichen Lage und einem niedrigen Ausbildungsstand auf außergewöhnliche Weise selbst übertroffen haben. Sie haben eine nicht sonderlich qualifizierte Arbeit angenommen, sich auf die Bewerbung an der Universität vorbereitet, die Aufnahmeprüfung für Studenten über fünfundzwanzig bestanden, ihre Studien abgeschlossen und bekleiden verantwortungsvolle Posten in Wirtschaft oder Verwaltung. So hat sich ihr Horizont erweitert, und ihr Selbstwertgefühl und Selbstvertrauen ist gestiegen. Die Arbeit ist oder kann also ein wichtiges Mittel der Selbstverwirklichung sein. Um Arbeit zu bekommen, mußten viele Frauen gegen unterschiedliche Muster, Schemata und Stereotypen ankämpfen, aus Begeisterung, aus Ehrgeiz oder aus purer Notwendigkeit.

Bis vor kurzem führte das Fehlen weiblicher Vorbilder – mit Ausnahme der bereits erwähnten Vorreiterinnen – bei Frauen, die sich auf ihren Beruf konzentrieren wollten oder mußten, zu einer gewissen Orientierungslosigkeit. Doch indem sie sich der Verantwortung stellten, erlangten sie Sicherheit, nicht nur, weil sie sich nützlich und kompetent fühlten, sondern weil sie in ihrem Leben Prioritäten setzen konnten. Wie Pearl S. Buck sagte: »Das Geheimnis beruflicher Zufriedenheit läßt sich mit einem Wort zusammenfassen: Effizienz.« Wer weiß, wie eine Sache gut gemacht wird, hat auch Spaß daran.

Zum Thema Frau und Arbeitswelt gibt es viele Vorurteile. So wird behauptet, Frauen hätten weniger Interesse am Job als Männer und seien weniger produktiv, da sie der Hausarbeit und dem Großziehen der Kinder Priorität einräumten; außerdem würden sie häufiger bei der Arbeit fehlen oder diese vorübergehend oder endgültig aufgeben. Dies läßt sich anhand der tatsächlichen geschlechtsspezifischen Produktivitätsraten oder den Daten zum Arbeitsausfall offensichtlich nicht bestätigen. Tatsächlich verursachen Männer mehr Arbeitsausfälle als Frauen, aber das Vorurteil ist weit verbreitet; daher werden weniger Frauen als Männer eingestellt und beruflich gefördert.

In beruflicher Hinsicht sind ledige Frauen für Chefs eine Annehmlichkeit und für die Kollegen gelegentlich ein Problem. Erstere neigen zur Annahme, ledige Frauen seien weniger anspruchsvoll und zugleich pflichtbewußter, das heißt weniger ehrgeizig als ihre Kollegen, weil sie keine Familie haben, die unmittelbar von ihnen abhängig ist. Daraus leiten die Chefs ab, sie hätten geringere wirtschaftliche Ansprüche. Sehen Sie sich nur einen der zahllosen Filme an, in denen die effiziente Sekretärin bereitwillig im Büro bleibt, bis der Chef ihr spätabends gestattet, nach Hause zu gehen, natürlich ohne sie dafür zu bezahlen. Die effiziente Sekretärin hat es nicht eilig, nach Hause zu kommen, weil dort niemand auf sie wartet. Getrieben von einer Art Opferwille, Hingabe und Verliebtheit, liest sie ihrem Chef die Wünsche von den Augen ab – bis sie eines schönen Tages, wenn der Chef niedergeschlagen ist, die Haarnadel herauszieht und die Brille mit den dicken

Gläsern abnimmt, um sich in eine umwerfende Frau zu verwandeln. Ich weiß nicht, ob das auch in Wirklichkeit passiert, aber es scheint mir doch ein etwas schematisches und veraltetes Bild.

Sehr wohl stimmt hingegen, daß Frauen ein weniger stark entwickeltes Konkurrenzdenken besitzen und weniger Risiken eingehen. Sie sind weniger als die Männer an Macht interessiert, sie sind nicht darauf aus, um jeden Preis zu gewinnen, und Kooperation ist ihnen wichtiger. Trotzdem sind die jungen Frauen von heute konkurrenzfähiger, weil sie eine egalitärere und weniger sexistische Erziehung als frühere Generationen genossen haben. Sie sind unabhängiger, fleißiger als Männer und sammeln Titel, um einer Gesellschaft, deren höchstes Gut Prestige ist, mit besseren Qualifikationen entgegentreten zu können. Trotz allem ist ihr Ehrgeiz nicht so stark entwickelt wie jener der Männer, da sie im Leben auf andere Dinge Wert legen. Wir Frauen wollen – oder können – unser Leben nicht damit zubringen, zu intrigieren und uns Strategien zur Eroberung der Macht auszudenken, wie es Männer oft tun. Zwar gibt es im nordamerikanischen Kino bereits das Stereotyp der mächtigen und attraktiven, vielfach verruchten Frau ohne allzu große Skrupel, doch die Wirklichkeit ist vielfältiger und voller energischer berufstätiger Frauen, die sich ohne Anwendung übler Tricks in einer immer noch sehr männlichen Welt behaupten.

Zweifellos gibt es ledige Frauen, die für ihre Bemühungen und ihre Kooperation bei der Arbeit angemessen entschädigt werden, so daß sie sich kompetent und nützlich fühlen. Auf diese Weise stärken sie ihr Ego und ihren Erfolgswillen. Und nachdem sie wiederholt bewiesen haben, daß sie fähig und kompetent sind, werden sie von ihren

Kollegen auch akzeptiert, respektiert, anerkannt und sogar geschätzt und gemocht. Ich habe stets das Glück gehabt, wundervolle Kollegen zu haben; viele sind heute meine besten Freunde. Sie haben von mir so viel erwartet wie ich von ihnen, und wir haben mit viel Mühe, Überzeugungsarbeit und Begeisterung gemeinsame Projekte verwirklicht. Und wenn ich gelegentlich einen Anfall von Faulheit, ein Gefühl der Unfähigkeit oder Unsicherheit hatte, dann wußten sie, wie sie mich wieder zum Weitermachen motivieren konnten.

Was die Diskriminierung am Arbeitsplatz angeht, so beeinflußt sie, wie gesagt, die Möglichkeit, Arbeit zu finden oder gefördert zu werden; sie schafft eine Reihe nicht immer expliziter sexistischer Barrieren, gegen die es anzukämpfen gilt. So heißt es etwa, ledige Frauen seien schneller bereit, sich auf eine romantische oder erotische Beziehung einzulassen, sich zur »Beute« zu machen. Der Arbeitsplatz ist offenbar der geeignete Ort, um einen Partner zu finden, weniger heikel als eine Kneipentheke, da angenommen wird, die Kollegen hätten ähnliche oder gemeinsame Interessen, es ließen sich leichter gemeinsame Vorlieben und Gesprächsthemen (oder auch Streitpunkte) finden und die Kollegen würden unsere alltäglichen Reaktionen besser kennen.

Dennoch können Situationen wie diese heikel werden und letztlich der Frau schaden, da sie wahre Drahtseilakte vollbringen muß, um nicht ins Gerede zu kommen. Tatsächlich wirkt die Tatsache, daß Frauen verheiratet sind, wie ein Schutzschild gegen bestimmte Avancen von seiten des Chefs oder der Arbeitskollegen. Einer Frau ohne Partner wird dagegen schnell der Stempel »verfügbar« aufgedrückt. Fallen diese Erwartungen nicht mit den Wünschen der Frau zusammen, kommt es zu Komplikationen, und der Mann hat das Gefühl, gescheitert zu sein. Dies kann zu Racheakten führen.

Bestimmt sind Frauen keine Engel und können hin und wieder sehr wohl die Neigung verspüren, sich mittels gewisser Verführungspraktiken den Weg zu ebnen; aber ich glaube nicht, daß dieser Fall überwiegt. In solchen Fällen gewinnen sie über die Einflußnahme klammheimlich Zugang zur Macht, was im allgemeinen wieder zu anderen Konflikten führt: zu Neid, Ressentiment, Kritik und Zweifeln an der beruflichen Eignung. Oftmals handeln sie sich den ungerechtfertigten Vorwurf ein, eine Vorzugsbehandlung zu bekommen. Doch wenn der Chef Favoritinnen hat, werden diese ganz sicher von den Kollegen anders gesehen und bewertet; es handelt sich um eine Art sexuell bezogener »Vettern-«oder vielmehr »Basenwirtschaft«. Dann ist es wichtig, daß Gefühle und berufliche Interessen nicht durcheinandergebracht werden, denn dabei kann die Frau zum idealen Opfer werden, unabhängig vom Grad ihrer Kompetenz.

Anderseits scheint es ganz normal, daß Eintracht und Freundschaft entstehen, wenn so viele Stunden zusammen verbracht werden, und daß es dabei zu einer intensiven Beziehung kommen kann, bei der auch Liebe und Sex mit im Spiel sind.

Zusammenfassend läßt sich sagen, daß eine Frau, die keinen festen Partner hat, ganz gleich, wie sie sich gibt oder verhält, immer eine größere Gefahr läuft, zur Zielscheibe von Mutmaßungen und Gerede zu werden als die verheiratete Frau. Dies kann schließlich ihre Glaubwürdigkeit untergraben und ihr beruflich schaden. Falls sie attraktiv ist, wird sie beschuldigt, ihre Vorzüge auszunutzen, um sich berufliche Vorteile zu verschaffen, falls sie dazu noch spontan ist und in ihrem Verhalten eine gewisse Freizügigkeit erkennen läßt, kann es sein, daß sie falsch eingeschätzt wird. Für die *Single-Frau* herrscht im Beruf ein größerer Druck, da der berufliche Erfolg in ihrem Leben einen zentralen Stellenwert hat, was sich zum Guten wie zum Schlechten auswirkt. Kein Mensch kümmert sich um sie, wenn sie nach Hause kommt, aber sie ist auch nicht der ermüdenden Doppelbelastung ausgesetzt, die ihre verheirateten Freundinnen auf sich nehmen müssen, vor allem, wenn diese Mütter sind.

Freundschaft zwischen Frauen: ein gutes Mittel gegen die Einsamkeit

Oft wird von der schwierigen Beziehung zwischen Frauen gesprochen, angefangen bei der allerersten, der zwischen Mutter und Tochter. Wer hat nicht schon einmal bei irgendeiner Gelegenheit sagen hören, der schlimmste Feind der Frauen seien die Frauen selbst? Trotzdem hat es immer und überall Freundschaft zwischen Frauen, gegenseitige Unterstützung und Erfahrungsaustausch gegeben.

Von Rivalität und Neid ist die Rede, aber auch von Solidarität und Geschwisterlichkeit. Frauen knüpfen Netze, tun sich zusammen und bilden Selbsthilfegruppen, und zwar nicht nur, weil die Menschen heutzutage in einer immer schnellebigeren und fragmentierteren Gesellschaft das Gefühl brauchen, Teil von etwas zu sein. Diese erfreuliche Tendenz weist einige Besonderheiten auf, die auf den Feminismus zurückgehen oder mit diesem zusammenhängen.

Beginnen wir mit den problematischen Aspekten. Natürlich nützt es gar nichts, sie zu leugnen; es scheint vielmehr sinnvoller, zu analysieren, warum es sie gibt. Unter anderem, weil der Neid das Bündnis zwischen gleichen, die gemeinsame Ziele haben, verhindern kann. Die Rivalität von Frauen, die sich um ein und denselben Mann streiten, ist mehr als bekannt, ebenso der Selbsthaß und die gegen sich selbst gerichteten Schuldgefühle sowie die Liebe und das Verzeihen, das sie dem Mann oder dem Jungen, der sie betrügt und leiden macht, entgegenbringen. Frauen, die dazu erzogen wurden, zu verführen, und die ihren Wert vor allem aus der Gabe ziehen, das Begehren der Männer dauerhaft auf sich zu ziehen, zentrieren ihre Bemühungen darauf, eine Liebesbeziehung, die ihnen Sicherheit gibt, herzustellen und am Leben zu erhalten. Häufig ist die Gestalt der Rivalin nicht nur mit dem Besitz des Liebesobjektes verknüpft, sondern mit wirtschaftlicher Sicherheit. Wenn die Definition und der Wert einer Frau sich aus der Beziehung ergibt, die sie zum Mann unterhält, und nicht aus der Beziehung zu sich selbst und ihrer Umwelt, werden andere Frauen stets Rivalinnen für sie sein.

Dieser Mechanismus beginnt mit dem Sozialisationsprozeß der Mädchen zu spielen. Nach der Psychologin und Feministin Victoria Sau nimmt der Prozeß mit der Enttäuschung des Mädchens über die Mutter seinen Anfang. Er führt zu einer Entsolidarisierung zwischen Mutter und Tochter und zur Spaltung der Frauen, die sich ihrer Situation als soziale Gruppe nicht bewußt werden. Indirekt wird so die patriarchalische Gesellschaft gestärkt. Und so werden Frauen ewig unzufrieden sein und diese Unzufriedenheit wieder an ihre Töchter weitergeben. So schafft ein Opfer stets das nächste.

Wenn Mädchen spüren und sehen, daß die Gesellschaft kein Vertrauen in die Frauen setzt, werden sie mit einem Mißtrauen gegenüber sich selbst und ihrer Rolle aufwachsen und sich als nicht vollwertiges Teil der Gesellschaft halten. Sie werden dazu neigen, anderen Frauen nicht zu trauen und sich nicht auf sie zu verlassen; sie werden sich der Intrige zuwenden, dem Klatsch, ihren Teil denken, aber nichts sagen. Die Mädchen werden lernen, anderen zu mißtrauen, und sich auf ihre Intuition verlassen, statt geradeheraus zu sprechen und zu handeln. Kurz, sie werden auf diese Weise bei sich selbst Reizbarkeit und Neid heranzüchten. Dieses Mißtrauen kann sich bereits in der Jugend verstärken und dann das Erwachsenenleben begleiten. Wenn sich aber eine Frau für nicht vollwertig oder gar für wertlos hält, wird sie sich im Vergleich zu jenen Frauen, die selbstbewußt sind und tatkräftig handeln, minderwertig, isoliert und hilflos fühlen. Daher wird sie versuchen, auch ihre Geschlechtsgenossinnen abzuwerten, um ihre innere Welt an die äußere Welt anzugleichen. Diese Symbiose entspricht ihrer Unfähigkeit, zu akzeptieren, daß eine Frau mehr wert ist, die Dinge besser macht oder andere Entscheidungen trifft als sie selbst. Indem sie lächerlichen Klatsch über sie herumerzählt oder sich über die Art der »Feindin«, sich zu geben, zu schreiben, zu denken oder zu fühlen, abfällig äußert, wertet sie die angebliche Rivalin ab. Sie besitzt von ihrem Geschlecht als solchem eine schlechte Meinung.

Indem also die Frau zur Abhängigkeit erzogen wird, bereitet sie sich darauf vor, symbiotische Beziehungen einzugehen. Sie wird Männer tendenziell überschätzen und denken, daß sie dadurch wichtiger genommen wird. Andere Frauen sind nun häufig Rivalinnen und werden abgewertet oder gar verachtet. Nur eine Frau, die sich selbst liebt, kann auch andere Frauen lieben.

Eifersucht und Neid treten auf den Plan, gespiegelt in Figuren wie der Stiefmutter aus Aschenputtel oder der Schwestern von Psyche im Märchen *Amor und Psyche* des römischen Dichters Apuleius, die nur im Unglück miteinander solidarisch sein können. Sie weinen erst um Psyche, als sie ihre Schwester für verloren oder tot halten. Doch als sie erfahren, daß sie nun reich und bei ihrem Gatten Amor lebt, sind sie von Neid erfüllt.

Neid ist ein Gefühl, das nicht nur Frauen vertraut ist, aber es ist bei ihnen vielfach besonders ausgeprägt. Tatsächlich führt Neid dazu, das Gute zu zerstören, damit die anderen es nicht mehr genießen können. Neid verhindert das Bündnis zwischen gleichen, die gemeinsame Ziele verfolgen (María Jesús Izquierdo). Wer dieses Gefühl in andern schürt und unter Kontrolle hält, hat eines der mächtigsten Mittel in der Hand, um zu verhindern, daß gleiche sich gegen jene zusammenschließen, die unrechtmäßig Machtpositionen besetzt halten; folglich ist der Neid ein Hindernis für die politische Aktion. Mit anderen Worten: Er spielt eine wichtige Rolle bei der Auflösung oder Lahmlegung sozialer Bewegungen.

Falls es stimmt, daß wir neidisch sind, hängt die Chance, uns als politische Bewegung zu organisieren, in großem Maße von unserer Fähigkeit ab, dieses Gefühl, das der Verteidigung gemeinsamer Interessen entgegensteht, zu erkennen und mit ihm umzugehen. Laut Sigmund Freud ist der Neid beispielhaft in der Geschichte des Salomon und der beiden Frauen enthalten, die beide behaupten, die Mutter desselben Kindes zu sein. Wie jede von uns weiß, wird der Neid in den Botschaften der Werbung oder in den Alltagsgesprächen als Mittel oder Argument benutzt und systematisch geschürt.

Dennoch hat es zweifellos auch immer Eintracht zwischen Freundinnen und zwischen weiblichen Familienmitgliedern gegeben. Die Solidarität tritt in unterschiedlichen Erscheinungsformen auf und unter verschiedenen Namen und Zielen. Heute spielt die Solidarität zwischen Frauen besser als in früheren Zeiten, als die Welten der Frauen und jene der Männer scharf getrennt waren. Durch die Familie, die väterliche Hierarchie und die fehlende Mobilität der Frauen in der Welt draußen waren die Bande der Solidarität allgemein nur lose geknüpft. Dennoch haben Frauen in allen Epochen der Geschichte einander geholfen, um ihre Rolle als Beschützerinnen und Erzieherinnen zu bewahren. Als Hüterinnen des Lebens haben sie wesentliche Informationen ausgetauscht, haben sich beigebracht, mit Männern, Kindern und ihresgleichen in Frieden zu leben, sie haben sich gegenseitig beigebracht, zu lieben und die Enttäuschungen der Liebe zu überleben. Sie haben über die Familie und die Sippe gewacht, sie haben ihre Kenntnisse weitergegeben, wie das Leben bewältigt und wie der Tod betrauert wird, sie haben sich gemeinsam über ihren Erfolg gefreut und sich Mut gemacht, wenn sie gescheitert sind. Ohne Freundschaft und Solidarität unter Frauen wäre nichts von alledem möglich gewesen.

Als sich für die Frau der Platz in der Gesellschaft und die Art, wie sie ihre Identität wahrnahm, veränderten, erweiterte und bereicherte dies auch das Bild der Frauenfreundschaft. Die gegenseitige Hilfe entwickelte sich allmählich zur Verschwörung und ersetzte einige der früheren Funktionen. Das heißt, früher halfen die Frauen einander, sich anzupassen, harte Lebensbedingungen zu bewältigen oder zu ertragen. Die Freundschaft half Frauen, die Einsamkeit, die Ungerechtigkeit und die Plackerei erträglicher zu machen. Heute ermuntern Frauen sich gegenseitig dazu, die alten Modelle der Unterordnung zu transformieren und mit ihren Gefühlen zu kämpfen, damit sie kein Hindernis auf dem Weg zu Wachstum und Veränderung mehr darstellen. Intimität bzw. Vertrauen ist die Grundlage jeder Freundschaft. Dies bedeutet, zeigen zu können, welche Probleme es bietet, das eigene Selbstvertrauen und Selbstbewußtsein aufzubauen und über die Einsamkeit und Entmutigung zu sprechen, die der Weg in die Autonomie nach sich ziehen kann.

Die gemeinsame Bewältigung der Probleme und die Freude über das Erreichte haben dazu geführt, daß Frauen, die als erste ans Ziel kamen oder die sich vor den anderen verwirklichten, andere dabei unterstützten, zum Ziel zu gelangen. Der Zusammenschluß der Frauen, der sich aus dem Kompromiß und der Solidarität ergibt, gebiert eine Art neue, selbstgewählte Familie, die auf einer gemeinsamen Wahrnehmung der Realität beruht. Das hilft vielen Frauen, sich weniger allein zu fühlen.

Wir Frauen brauchen uns gegenseitig, um Klarheit und Ordnung in die Verwirrung zu bringen, um Situationen, die uns Probleme bereiten, zu erkennen und zu verdeutlichen. Um neues Vertrauen in uns selbst zu gewinnen, indem wir uns gegenseitig den Spiegel vorhalten.

Die Bewußtwerdung der Frauen verläuft auf kollektiver wie auf individueller Ebene in drei Phasen: das Opferdasein, die Bewußtwerdung, das Handeln. Jeder der drei Phasen hat Victoria Sau den Namen einer Frau aus dem alten Griechenland gegeben, die diese Phase als Archetypus verkörpert. Das Opferdasein (Kassandra) entspricht der Phase, in der die Taten beklagt werden, deren Frauen sich allmählich und mit Schrecken bewußt werden; die Phase der Bewußtwerdung (Antigone) meint den Protest und die Forderung. Das Bewußtsein ist erwacht, und es kommt ein Prozeß der Selbstbestätigung der Subjektivität in Gang. Schließlich die Tat (Lysistrata), die soziokulturelle, politische und wirtschaftliche Bereiche umfaßt, in denen Frauen ein Recht auf Mitbestimmung haben.

Die »Schwesternschaft« als historisches Ereignis ist so alt wie die Bruderschaft. Im 19. Jahrhundert hat das Modell der Schwesternschaft in dem Moment, in dem es galt, die Bande aufrechtzuerhalten und die Frauen teilweise vor der Isolierung zu bewahren, unbestreitbar eine große Rolle gespielt. Möglicherweise hat dieser Fluchtweg die Frauen davor bewahrt, vollständig von der politischen Bildfläche zu verschwinden. Angesichts der Notwendigkeit, sich mit den anderen Frauen zu »verschwestern«, entwickelten Frauen, die sich »aus freien Stücken und gegenseitig den Rang von Individuen« (Amelia Valcárcel) zusprachen, ein Gemeinschaftsgefühl. Dieses Gemeinschaftsgefühl verlieh dem Begriff der »Schwesternschaft« jenen positiven Widerhall. Schwesternschaft bedeutet, der anderen beizustehen, ihr Ausgegrenztsein zu hinterfragen und zu bekämpfen. Dies ist ein Weg des frauenpolitischen Kampfes für die Anerkennung der Gleichheit. Ich glaube, daß wir Frauen uns oft nicht genügend gegenseitig beistehen, wobei ich nicht irgendeine falsche Verschwesterung oder oberflächliche Güte meine, sondern echten Respekt und echtes Vertrauen, die im übrigen Kritik in keiner Weise ausschließen.

Wir Frauen knüpfen weiterhin Hilfsnetze, auch um Informationen auszutauschen und in Verbindung zu bleiben. Wir organisieren uns auf mehr oder weniger formelle oder institutionelle Weise zum Zweck, konkrete Probleme wie etwa Gewalt gegen Frauen, freie Mutterschaft, Gleichberechtigung u. a. zur Sprache zu bringen. Vor zwei Jahren erregte eine Demonstration von mehr als einer halben Million Afroamerikanerinnen Aufsehen. Spontan, ohne daß eine Organisation dahintergestanden hätte, strömten die Frauen in den Straßen von Philadelphia zusammen. Die Nachricht von der geplanten Demonstration hatte sich von Mund zu Mund verbreitet. »Einheit, Dialog, Respekt« war die verbreitetste Losung, aber auch viele andere improvisierte Parolen, die sich auf die Befreiung der schwarzen Frau bezogen, auf das Schulproblem, den Handel mit Crack und Heroin, auf die Notwendigkeit der Unterstützung lediger Mütter ... Damit sollte erreicht werden, daß möglichst viele Schwestern merkten, daß sie mit ihren Problemen wie Arbeitslosigkeit oder Gewalt in der Ehe und in der Gesellschaft generell nicht alleine dastehen. »Wir schwarzen Frauen haben uns immer um alle in diesem Land gekümmert. Um die weißen Frauen, um die weißen Männer, um die weißen Kinder, wir haben uns um unsere Männer und unsere eigenen Kinder gekümmert ... Jetzt ist es an der Zeit, daß wir uns um uns selbst kümmern«, sagte eine der Wortführerinnen.

Für Amelia Valcárcel hat das Thema Solidarität folgende besondere Bedeutung: »Ich, ein Mensch weiblichen Geschlechts, werde bereit sein, keine der Handlungen oder Entscheidungen, die eine andere Frau trifft, zu kritisieren, solange diese Handlungen gewisse Grenzen nicht verlet zen, die ein Mensch normalerweise nicht überschreiten darf.« Diese Übereinkunft bedeutet nicht, alle Frauen vorbehaltlos zu unterstützen, sondern nur, sie nicht zu kritisieren. Die Solidarität zwischen uns ist wie ein Waffenstillstandsabkommen. »Solidarität«, sagt Amelia weiter, »ist wichtiger als persönliche Abneigung, mangelnde Unterstützung im Einzelfall oder politische Differenzen. Um so besser, wenn die Frau, mit der wir solidarisch sein sollen, uns gefällt; tut sie das aber nicht, so muß uns das egal sein.« Selbst wenn es schwierig sein dürfte, über Antipathien hinweg Solidarität zu praktizieren, so können wir es doch schaffen, wenn wir die Sache beherzt und energisch anpacken. Schwieriger ist die Solidarität über ideologische Grenzen hinweg, vor allem, wenn es sich um Frauen handelt, die nicht auf einen Wandel der Situation der Frauen setzen. Aber neben diesen Nichtangriffspakten besteht Solidarität auch darin, Hilfe zu leisten und um Hilfe zu bitten – wenn sie systematisch eingesetzt wird, kann sie vieles verändern. Aus diesen Gründen unterscheiden einige Feministinnen zwischen genereller Frauensolidarität und selektiver Solidarität in einzelnen Themen der Gesellschaft.

Letztlich soll die Begegnung mit anderen Frauen uns helfen, ein neues Werte- und Verhaltenssystem zu schaffen, und zum Verständnis unserer Reaktionen, unseres seelischen Befindens, unserer Erfahrungen und unserer Demütigungen beizutragen. Eines der außerordentlichsten Erlebnisse in der Frauenbewegung ist die Begegnung von Frauen verschiedenen Alters und verschiedener Generationen. Die älteren Frauen waren und sind echte Vorbilder, was Mut und Energie in schwierigen Zeiten anbelangt; die jungen überraschen uns, hinterfragen uns, spornen uns an, und ihre Gegenwart stärkt uns, weil sie die unentbehrliche Kontinuität repräsentieren.

Nun ist der Augenblick gekommen, in dem wir Frauen die Autorität anderer Frauen anerkennen. Das ist nichts absolut Neues, aber es kommt heute viel öfter vor als früher. Ich selbst bewundere nicht nur die klugen und mutigen Frauen der Vergangenheit, sondern achte auch Zeitgenossinnen hoch. Als Beispiele für Frauen, die sich gegenseitig unterstützten und Anerkennung zollten, können wir unter vielen anderen Madame de Sévigné und Madame de Lafayette nennen, Jane Austen und Anne Radcliffe, Emily Dickinson und Elizabeth Barrett Browning, die russischen Dichterinnen Marina Tsvietaieva und Ana Ajmatova. Viele verband eine enge Freundschaft wie Hannah Arendt und Mary McCarthy, ein leidenschaftliches Bündnis zwischen zwei Frauen von großem Talent, die in ihrer Freundschaft einen Fluchtort suchten nach den Niederlagen, die ihre Generation geprägt hatten. »Oft kamen sie einem vor wie zwei Schulmädchen« – schreibt Carol Brightman, die Herausgeberin ihres Briefwechsels –, »die sich auf dem Schulhof am Arm hielten und sich mit leiser Stimme die Geschichten erzählten, die unter ihren Kameraden und Kameradinnen die Runde machten.« Sie unterstützten sich auf intellektueller Ebene und ließen es sich nicht nehmen, über »Frauendinge« zu reden und über die Verwirrungen und Irrungen der Liebe zu debattieren.

Virginia Woolf schrieb anläßlich des Todes von Katherine Mansfield: »Ich werde weiter schreiben, nun aber befinde ich mich in der Leere. Jetzt gibt es Katherine nicht mehr, mit der ich wetteifern konnte.«

Die Lebenskraft und die intellektuelle Energie, die notwendig sind, um die auftauchenden Hindernisse zu überwinden, rühren oft aus der Freundschaft zwischen Frauen, die zusammen lernen und ihre Träume nähren. Ich persönlich kann mir ein Leben ohne einen Mann an meiner Seite gut vorstellen, nicht jedoch ein Leben ohne Freundschaft. Ich habe wundervolle Freundinnen und Freunde, auch wenn die Beziehung zu Frauen intimer ist und ein größerer Zusammenhalt zwischen uns besteht.

Oft wurden Freundschaften zwischen Frauen von den Beziehungen zu Männern verdrängt. Viele Frauen haben ihre Freundinnen zugunsten eines Freundes oder Ehemannes vernachlässigt und sogar fallengelassen und damit auf Beziehungen verzichtet, die Teil ihres Lebens waren. Und oft vernachlässigen wir unsere Freundinnen einfach deshalb, weil unsere täglichen Beschäftigungen all unsere Energien auffressen. Aber wenn wir die Freundschaft für ein wertvolles Gut halten, das uns bereichert und das wir pflegen müssen, dann werden wir immer Wege finden, unsere Freundinnen wissen zu lassen, daß wir für sie da sind und daß sie auf uns zählen können.

Es stimmt, wenn Toni Morrison sagt: »Die einsamste Frau der Welt ist diejenige, die keine enge Freundin hat.« Als Freundinnen hören wir zu, beobachten, analysieren, geben Ratschläge, klären und entmystifizieren viele Dinge und Geschehnisse. Oft ist es so, daß wir beim Aussprechen unserer Gedanken Klarheit bekommen, ohne in eine Falle zu geraten. Als Freundinnen sind wir dazu da, herauszufinden, welche Situationen uns Probleme bereiten und wie wir auf andere reagieren sollen, wenn sie zerstörerisch wirken. Wir erinnern uns gegenseitig daran, daß Masochismus nicht belohnt wird.

Die Freundschaft zu anderen Frauen gibt uns Trost, Sicherheit und Weisheit, wie jede Situation, in der wir in unserer Wachsamkeit nachlassen und uns entspannen können, in der wir uns selbst sein können. Wir fühlen uns in der Gemeinschaft und Gesellschaft mit andern Frauen wohl. Die meisten Männer haben nicht die nötige Sensibilität entwickelt, um die Spannweite und Intensität weiblicher Gefühle zu akzeptieren oder verstehen zu können. Und, was nicht das Geringste ist, wir fühlen uns wohl miteinander.

Vom Gesichtspunkt der Zuneigung und der Unterstützung aus gesehen, besteht eine große Affinität zwischen Frauen, die dasselbe durchleben oder sich in derselben Situation befinden. Sie teilen Freud und Leid des Verliebtseins, Enttäuschungen und verbringen gemeinsam die Zeit miteinander: im Urlaub, am Wochenende ... eine Zeit, die sonst vielfach etwas Bedrohliches haben kann. Auch für Witwen ist Freundschaft wichtig, unter anderem weil sie voraussetzt, daß wir ohne den Mann, mit dem wir mehr oder minder glücklich das Leben geteilt haben, in die Welt der Frauen zurückkehren; wir helfen uns gegenseitig dabei, Anschluß an die Gesellschaft zu finden, wir vergnügen uns und haben Spaß miteinander, wir nehmen Abstand von den Abhängigkeiten, der ständigen Sorge um die anderen, und wir helfen uns dabei, wieder zu unsrer Individualität zurückzufinden, denn viele von uns sind von der Autorität des Vaters zu jener des Ehemannes übergewechselt und haben in einer Zeit und einem Raum gelebt, die uns nicht gehören. Und im Alter sind sich Freundinnen nicht nur ein großer Trost, sondern leisten sich im täglichen Leben Gesellschaft. Meine Mutter sagte immer wieder, wenn sie ihre Freundinnen nicht hätte, würde sie sich viel einsamer fühlen.

Als Quelle emotionaler Unterstützung bekommt Freundschaft für Frauen ohne Partner eine besondere Bedeutung. Die Freundinnen bilden schließlich eine Art erweiterter, selbst gewählter Familie, eine Gemeinschaft von Personen, die sich umeinander kümmern, die Erfolge und

Mißgeschicke miteinander teilen und das Gefühl der Verletzlichkeit vertreiben, das eine Person, die alleine lebt, begleitet.

Viele Frauen schätzen die Gesellschaft anderer Frauen nicht, weil sie die Gegenwart eines Mannes als ein Plus ansehen und seine Abwesenheit als einen Mangel. Ohne männliche Begleitung fühlen sie sich hilflos und verlassen. Aus einem anderen Blickwinkel heraus betrachtet, erschien vielen von uns, als wir noch jünger waren, die Gesellschaft von Jungen interessanter als die von Mädchen. Zum Glück haben sich die Zeiten geändert, und einmal davon abgesehen, daß wir es heute in bestimmten Momenten vorziehen, alleine zu sein, sprechen wir auch immer weniger über Männer, weil unser Leben, ob wir nun fröhlich oder traurig sind, nicht mehr von diesem »er liebt mich, er liebt mich nicht« abhängt. Immer wenn ich ein neues berufliches oder politisches Feld betreten habe, hat es mir Freude und Wohlbefinden, Hilfe und Trost gebracht, gleichgesinnte Frauen zu treffen. Sie waren es, die mir Kraft gegeben und den Rücken gestärkt haben.

Viele Frauen, die schwierige Momente durchgestanden haben, sammelten genügend Stärke, um Problemen wie etwa Mißhandlungen ein Ende zu machen. Oft dank ihrer Freundinnen, die ihnen dabei geholfen haben, die Dinge klarer zu sehen, und die sie in dem Moment unterstützt haben, in dem sie ins Wanken zu geraten drohten. Und wie oft haben wir uns ruhig an der Schulter einer Freundin ausweinen dürfen, ohne uns dafür zu schämen … oder wir konnten zusammen lachen und streiten. Die bloße Existenz meiner Freundinnen gibt mir Ruhe. Zu wissen, daß sie da sind, hilft mir, die Trauer oder die Sorgen loszuwerden, von denen ich heimgesucht werde. Wir telefonieren oder gehen auf ein Bier aus, und schon ändert sich für mich die Perspektive radikal. Und wenn du deine kleinen Heldentaten und Erfolge erzählst, genießt du sie doppelt. Heutzutage beschränkt sich die Unterstützung nicht nur auf die Gefühlswelt, sondern umfaßt auch den beruflichen und öffentlichen Bereich.

Wir müssen uns daran gewöhnen, um Hilfe zu bitten und anderen zu Hilfe zu kommen. Wir dürfen nicht darauf warten, daß die anderen unsere Bedürfnisse erraten, und fordern dürfen wir das schon gar nicht. Hochmut, Stolz und Eitelkeit spielen uns übel mit; mit solchen Haltungen läßt sich keine Freundschaft aufbauen. Eine stabile und verläßliche Freundschaft beruht auf Gegenseitigkeit und ist auf Großmut gebaut.

Die Geschichte vieler Frauen zeigt, daß wir nicht verheiratet sein müssen, um Unterstützung und Intimität zu finden, um bereichernde Beziehungen unterschiedlichster Art zu knüpfen und Freundschaft zu suchen. Freundschaft ist eine Quelle der Zärtlichkeit und Kraft.

Alleinsein als positive Erfahrung

Der Blick nach innen

Es ist nicht einfach, eine Antwort auf die Frage zu finden, unter welchen Bedingungen das Alleinsein zur positiven Erfahrung werden kann. Aber indem wir uns dem Problem stellen, sind wir vorgewarnt und lernen, uns selbst besser zu verstehen. Wir erschaffen uns einen Großteil der äußeren Welt aus unserer inneren Wirklichkeit heraus, in einem ständigen Wechselspiel zwischen dem Persönlichen und dem Politischen, dem Ich und seiner Umwelt. So müssen wir, um uns eine Identität zu schaffen, in uns selbst blicken, uns auf die Reise in unser Inneres begeben. Wir müssen uns als freie Wesen entwerfen und Vertrauen in unsere eigenen Fähigkeiten setzen, auch in unsere Macht, die aus dem Vertrauen und der Selbstachtung erwächst. Mit uns selbst zufrieden sein können wir nur, wenn wir den Keim der Weisheit, der Hirn und Herz miteinander verbindet, entdecken und entwickeln.

Unsere Identität, unser authentisches Ich – Stendhal dachte es sich als einen kleinen Freund, mit dem wir einen inneren Dialog führen können – wird uns eine neue Dimension unserer selbst und der Welt, die uns umgibt, eröffnen. Es wird uns eine größere Freiheit eröffnen, um unsere Umgebung zu erkunden und uns intellektuell zu entwickeln. Diese Freiheit wird uns auch helfen, unsere Selbstachtung auszubilden, das heißt, eine vorteilhafte Meinung von uns selbst herauszubilden. In dem Buch *Was heißt schon emanzipiert? Meine Suche nach einem neuen Feminismus* schreibt die Schriftstellerin Gloria Steinem, ehemalige Direktorin der Zeitschriften *Ms.* und *People,* der grundlegende Ausgangspunkt zur Ausbildung der Selbstachtung sei die Sicherheit, daß wir geliebt werden und daß wir dieser Liebe und Achtung wert sind. Hinzu kommt die situationsbedingte Selbstachtung, die aus dem Vertrauen erwächst, daß wir bestimmte Dinge gut machen, daß wir im Vergleich mit anderen nicht schlechter abschneiden. Daß wir die Erwartungen anderer erfüllen und in der Lage sind, immer schwierigere und interessantere Aufgaben zu erfüllen, die uns desto mehr Befriedigung verschaffen, je mehr Fähigkeiten wir erwerben. Je mehr Selbstachtung wir besitzen, desto vollständiger werden wir all unsere Fähigkeiten entwickeln. Selbstbewußtsein entwickelt sich aus dem Vertrauen in uns selbst.

Wenn in Familien und Kulturen das Urvertrauen nicht gefördert, sondern behindert wird, indem das Kind auf Gehorsam, Anpassung und Unterwerfung unter die Ziele der Eltern oder einer Gruppe konditioniert wird; wenn das Kind die Aufgaben nicht frei wählen darf, sondern diese ihm aufgezwungen werden, dann wachsen Geschöpfe heran, die überzeugt sind, ihre eigenen Interessen und Fähigkeiten seien etwas »Schlechtes«. Wenn Anpassung belohnt und eigene Initiative bestraft wird, dann begünstigt dies die Entwicklung eines schwachen und unsicheren »Ich«. Wenn ein Mädchen von jeder Zurschaustellung ihrer Kraft und der Erprobung ihres Forscherdrangs abgehalten und für ihr braves und gefälliges Verhalten gelobt wird, dann wird es schon bald ein geschwächtes Ich entwickeln. Dies kann sich später zu einer Depression auswachsen.

Urvertrauen brauchen wir aber nicht nur in der Kindheit. Als Erwachsene brauchen wir die »bedingungslose« Liebe unserer Familie, unseres Partners oder unserer Freunde. In der patriarchalischen Gesellschaft können Väter, die ständig abwesend sind, die keine Gefühle äußern können oder mit Zärtlichkeitsbekundungen geizen und ihre Autorität gezielt dazu einsetzen, um ihre »Ruhe zu haben«, zwei Formen von anormalem Verhalten provozieren: bei Frauen die besessene Suche nach einem Vater in den Ehemännern und Liebhabern und bei Männern die unermüdliche Suche nach Anerkennung bei Menschen, die väterliche Autorität ausstrahlen. Diese Verhaltensweisen gelten in unserer Gesellschaft als völlig »normal«.

Ein Teil unseres Selbstbewußtseins verkümmert in der Erfahrung der Strafe für selbständiges Handeln; wenn wir diese Erfahrung nicht verarbeiten und überwinden, können wir diesen Mangel nicht kompensieren. Unser Hirn hat unsere vergangenen Erfahrungen gespeichert, und wir können sie per Zufall oder durch eine Erinnerungsarbeit, die schmerzhaft sein kann, wieder hervorholen; tatsächlich ist das Leiden der Anfang der persönlichen Identität, und das Gefühl des Mangels ist das Kernproblem der menschlichen Tragödie. Wenn wir zurückgehen, finden wir alte Wunden, beängstigende Wege, verdrängte Traumata, und oftmals müssen wir Hilfe in Anspruch nehmen. Das ist aber immer besser, als das Problem, das wir lösen müssen, zu verbergen oder zu verleugnen. Wir müssen also den Schmerz besiegen, in der Hoffnung, einen gewissen Grad an Kontrolle zu erlangen. Wie Ernest Hemingway in *In einem anderen Land* sagt: »Die Welt verletzt uns alle, und später ziehen einige ihre Kraft aus diesen Wunden.«

Die Reise in die Vergangenheit wäre unnötig, wenn unsere Kultur von frühester Kindheit an die in uns schlummernde Intelligenz fördern würde, so daß wir unsere intellektuellen und emotionalen Fähigkeiten besser kennenlernen und entwickeln könnten.

Natürlich schlage ich nicht vor, daß wir uns in uns selbst vergraben sollten. Wir sollten den Blick in unser Inneres vielmehr dazu nutzen, die Wahrheit zu erfahren, damit wir uns selbst entdecken und unsere Fähigkeiten entfalten können und damit wir bessere Bedingungen schaffen, um mit den anderen auf dem Boden einer bewußten Identität befriedigende Beziehungen eingehen zu können. Selbstverachtung und Mangel an Selbstvertrauen führen uns unweigerlich in die Unterwerfung – wir lassen uns von Dritten dominieren. Wenn wir uns selbst achten, wirkt sich dieses Selbstbewußtsein auf unsere Umwelt aus. Für die Entwicklung der Gesellschaft ist es von enormer Bedeutung, das Selbstvertrauen ihrer Individuen zu fördern und sie auf dem Weg zur Gleichheit zu unterstützen, auch wenn dies heute immer noch viel zu wenig erkannt wird.

Das Vertrauen in unsere Fähigkeiten ist wichtig, um andere zu lieben oder um allein sein zu können und sich dabei wohl zu fühlen. Viele Frauen wachsen mit dem Gefühl auf, nur eine »halbe Portion« zu sein, wenn sie keinen Partner bekommen. Da sie sich für unvollständige Wesen halten, suchen sie im anderen das, was sie nicht haben: den unentwickelten Teil ihrer selbst. So entwickeln Frauen, deren Ich wenig ausgeprägt ist, oft eine Obsession für egozentrische Männer; sie suchen nach einer Sicherheit und Identität, die ihnen selbst abgeht. Daher verlieben wir uns oft in Männer, weil wir etwas Bestimmtes brauchen und nicht um der anderen Person willen. Oder wir legen uns ein falsches Ich zu, um zu erreichen, daß ein Mann sich in uns verliebt, und wenn wir das erreicht haben, spielen wir die Rolle weiter, bis wir uns irgendwann allein und deprimiert fühlen, zutiefst erschöpft und ausgelaugt. Dann endlich fragen wir uns: Will ich mich selbst dazu verurteilen, etwas weiterzuführen, das mir nicht wirklich entspricht?

In *Das zweite Geschlecht* beschreibt Simone de Beauvoir die verliebte Frau als ein Geschöpf, das nur durch seine Liebe zu einem anderen zu Bedeutung gelangen kann; eine Frau, die ihren eigenen Wert nur dann wirklich begreift, wenn sie den bewundernden Blick eines Mannes auf sich ruhen fühlt. Unfähig, sich in der Welt zu behaupten oder eine Identität zu bilden, sieht die Frau sich gezwungen, sich an die Rockschöße der männlichen Macht anzuhängen, um sich von dem beklemmenden Gefühl ihrer eigenen Machtlosigkeit zu befreien. Und da die romantische Liebe fast der einzige Weg ist, den eine Frau einschlagen kann, um Abenteuer und Transzendenz zu erfahren, wird diese zur Obsession.

So wird die romantische Liebe zum Selbstzweck: indem die Frau sich aus Liebe opfert, wird sie errettet. Die Liebenden idealisieren sich gegenseitig, sie sehen im anderen Qualitäten, die sie nicht besitzen, sie fühlen sich durch die Intensität ihrer Gefühle zueinander hingezogen durch die Gewißheit, sich zu ergänzen. Und die Erotik weckt in ihnen die Hoffnung auf eine Verschmelzung, die ihnen Erfüllung bringen wird und ihrer Einsamkeit ein Ende macht. Diese Gefühle begleiten die erste Phase der meisten erotischen Liebesbeziehungen, und sie müssen sich keineswegs in Nichts auflösen, wenn das Paar zum Alltag übergeht.

Trotzdem bleiben die Frauen oft bei dieser Fixierung hängen, weil sie ihre Identität weder entwickelt noch abgegrenzt haben, mit ihren Liebhabern verschmolzen sind und sich so an sie gebunden haben, daß dadurch eine Abhängigkeit entstanden ist, die eine starke Angst hervorruft. Wir haben lange Zeit unser Glück, unser seelisches Befinden und unseren eigenen Wert vom Blick des anderen abhängig gemacht.

Aus all diesen Gründen stellen Feministinnen schon seit langem die Frage, ob der Preis, den wir zur Aufrechterhaltung solcher Beziehungen zahlen, nicht zu hoch ist. Ihnen schwebt eine andere Art von Liebe vor: eine »ideale Liebe«, die es gestattet, innerhalb der Beziehung zunehmend unabhängig zu sein.

Und die Gefühle?

Ich nehme an, wir sind uns darüber einig, daß beide Geschlechter, trotz der Entwicklung in Richtung auf eine egalitärere Kultur, nicht die gleichen Forderungen an die Liebe stellen. Frauen und Männer haben weiterhin eine unterschiedliche Einstellung zur Liebe. Auch heute noch übt unsere Kultur, welche die Liebe als ein Kernstück der weiblichen Identität betrachtet, ihren Einfluß aus. Aber heutzutage wird auf individuelles Wohlbefinden, Spaß und Sex großer Wert gelegt, und der Wunsch der Frauen, über das eigene Leben zu bestimmen, findet Anerkennung. Das hat eine Abwertung des Modells der Unterordnung zur Folge.

Die Frauen haben sich selbst als gesellschaftliche Subjekte durchgesetzt, indem sie einen bedeutenden Bruch mit ihrer Rolle vollzogen haben. Gleichzeitig mit der Chancengleichheit haben sich für sie die Wahlmöglichkeiten erweitert. Doch nach wie vor sind Frauen in ihrem Gefühlsleben für schöne Worte und Liebesbezeugungen empfänglicher als Männer, und sie geben sowohl ihrem Bedürfnis nach Liebe als auch ihren Enttäuschungen und Frustrationen stärker Ausdruck. »Wenn wir Frauen von Liebe sprechen, dann reden wir von uns selbst, auch wenn wir nicht lieben, und die Männer sprechen nicht von sich selbst, auch wenn sie lieben« (Charo Altable). Frauen lassen ihre Phantasie mehr spielen und werfen den Männern vor, sich bedeckt zu halten, auszuweichen, sich nicht ganz einzulassen. Viele Frauen behaupten, ein Grund dafür, daß Frauen die Männer für weniger liebevoll halten, sei der, daß sie deren Verhalten an ihren (weiblichen) Maßstäben messen.

Wir können festhalten, daß sich in den letzten Jahren große Veränderungen vollzogen haben, zum Beispiel die Trennung von Liebe und Ehe. Viele Frauen sind heute wählerischer und ziehen es vor, Geliebte oder Freundin zu sein und nicht Ehegattin; andere ziehen Einsamkeit und Trennung der Lieblosigkeit und dem Konflikt vor. Je unabhängiger sie sind, desto weniger sind sie bereit, eine Ehe hinzunehmen, die nicht mit ihren Erwartungen an Verständnis, Eintracht und Nähe übereinstimmt.

Alles gerät in die Krise, denn alles wird in Frage gestellt. Zwischen Männern und Frauen gibt es ebenso viel Krieg wie Liebe (Raquel Osborne), aber wenn wir unseren Haß auf die Männer fixieren, wird uns das nicht helfen, Klarheit in die verschiedenen Ursachen der Unterdrückung zu bringen, unter denen wir leiden. Weder sind Frauen immer gut noch Männer durchweg schlecht; Verallgemeinerungen vereinfachen die Fragestellungen immer. Wir begegnen auch glücklichen Paaren, Männern, die ihre Frauen wirklich lieben, die ihre Männlichkeit nicht in Gefahr sehen, die sich über die bisherigen Veränderungen freuen und die noch dazu wissen, daß sie sich Mühe geben müssen, um sie zu halten, da sie wichtig für sie sind.

Wie dem auch sei, die Liebe kann vom Leben nicht getrennt werden. Wir Frauen haben uns auf sie konzentriert, weil sie schon immer Teil unserer Welt gewesen ist. Sie geht uns bis tief ins Mark, wir wollen sie nicht missen, aber zugleich möchten wir, daß sie Respekt und Gleichberechtigung einschließt. Die alten Regeln der Liebe und des Zusammenlebens werden zwar in Frage gestellt, aber wirklich neue Formen haben wir noch nicht gefunden. Folglich ist alles noch diffus; es ist, als beträten wir ein Territorium, für das wir noch keine Landkarte besitzen.

Daher befinden wir uns erst auf halbem Weg, gefangen in einem Teufelskreis, in dem die Männer uns klar zu verstehen geben, daß sie sich durch die Unabhängigkeit der Frauen bedroht fühlen und uns zurückzuweisen. Wir erleben dieses Abstandhalten als Aggression, hören aber nicht auf, Zugeständnisse zu machen. Jedenfalls heißt es, Liebesverlust und Mißverständnisse rührten daher, daß wir Frauen uns nicht mehr um unsere grundlegende Aufgabe kümmerten. Es heißt auch, daß die Männer uns nicht mehr lieben, seitdem wir eigene Forderungen stellen und unsere Wünsche, Unzufriedenheit und Ängste äußern.

Das Wort »Liebe« hat keineswegs für beide Geschlechter dieselbe Bedeutung, und das ist einer der Gründe für die großen Mißverständnisse, die uns entzweien (Simone de Beauvoir). Etwas radikaler gesagt, hat der Mann das Bedürfnis, die Frau, die er liebt, zu idealisieren, um damit zu rechtfertigen, daß er sie auf eine niedrigere Stufe herabsetzt (Shulamith Firestone).

Eine Studie, in der die sexuellen Beziehungen zwischen Männern und Frauen der nordamerikanischen Arbeiterklasse untersucht werden, stellt fest, wie unterschiedlich die Erwartungshaltungen sind und wie verschieden die Gründe für Klagen (Lillian B. Rubin). Die Frauen klagen über die übertriebenen sexuellen Ansprüche ihrer Männer und die fehlende verbale Kommunikation mit ihnen; die Männer hingegen verstehen diese Klage nicht und behaupten, ihr Bedürfnis, miteinander zu schlafen, sei ein Ausdruck von Zuneigung. Die Autorin ist der Ansicht, das sexuelle Interesse der Männer entspreche nicht nur einem drängenden Bedürfnis, sondern sei auch Folge des Sozialisationsprozesses, der eine Verringerung der emotionalen Seite zur Folge habe, von der jedoch der Ausdruck ihrer Sexualität ausgenommen sei. Während bei Frauen die beharrliche Forderung nach emotionaler Zuwendung nichtsexueller Natur dem umgekehrten Prozeß entspricht, das heißt, daß sie unter Ausschluß des Ausdrucks ihrer Sexualität den affektiven Bereich ihrer Persönlichkeit entwickelt haben.

Teresa, eine angesehene Anwältin, geschieden und mit etlichen intensiven Liebesaffären hinter sich, fragte mich – und sich selbst – eines Tages: »Warum enttäuschen die Männer uns so oft? Warum besteht eine solche Diskrepanz zwischen dem, was von uns erwartet wird, und dem, was uns selbst geboten wird? Warum müssen wir alles erklären und erhalten selbst nie verläßliche und überzeugende Antworten? Warum müssen wir immer verfügbar sein? Warum sind unsere Probleme weniger wichtig? Warum wird das, was bei dir für normal und wertlos gehalten wird, bei anderen für außergewöhnlich und lobenswert angesehen? Sind wir die gesellschaftliche Rechtfertigung von männlicher Promiskuität und von Verhaltensweisen, die bei uns für unentschuldbar gelten würden, nicht langsam leid? Bist du es nicht leid, zu weinen, dich in dein Schicksal zu fügen, wegzusehen? Warum verhalten wir uns so, als wären wir unabhängiger, als wir sind, regen uns auf und werden unerträglich? Warum wird uns vielfach ein Bild unserer selbst zurückgespiegelt, das uns nicht gefällt, das uns nicht von unserer Schokoladenseite zeigt? Warum sind wir nicht etwas autonomer? Warum ist es für andere immer wieder so leicht, uns zu beeindrucken?«

Wir waren beide der Meinung, daß die Antworten klar auf der Hand liegen würden, wenn sie von unseren Rachegelüsten genährt wären, daß aber nichts uns ferner liege. Im Gegenteil, wir möchten die Männer gerne lieben, ohne den Weg über das Ressentiment, den Abstand, die Trennung zu gehen. Männer und Frauen müssen andere Menschen lieben, und der Feminismus muß dieses Bedürfnis ernst nehmen und Alternativen finden (Celia Amorós). Wir waren uns auch darüber einig, daß die große Aufgabe, die uns bevorsteht, nicht nur von uns Frauen bewältigt werden kann. Wenn wir letzten Endes danach streben, unsere Erfahrungen mit den Männern zu teilen, müssen wir diesen Prozeß gemeinsam in Gang setzen.

Noch aber fehlt uns ein neues gesellschaftliches und kulturelles Konzept von Mann und Frau, das eine andere Mentalität förderte (Raquel Osborne) und das es uns ermöglichte, als Protagonistinnen in das Schicksal der Menschheit einzugreifen und dazu beizutragen, die heute so hoch im Kurs stehende hierarchisierende Vision zu zerstören. Letztlich geht es um eine kulturelle Revolution.

Wo liegt das Problem?

Bekanntlich zwingt die Gesellschaft uns Rollen auf, so daß die oder der einzelne eine Reihe von zu diesen Rollen passenden Einstellungen, Gefühlen und Verhaltensweisen entwickelt. Bei Frauen ist das die Mutterschaft, bei Männern der Wettbewerbsgeist. Die männliche und die weibliche Persönlichkeit bilden sich im Einklang mit den Werten und Verhaltensnormen ihres jeweiligen Geschlechts aus. Diese zugeschriebenen Werte und Verhaltensnormen führen zu einer vorgefaßten Meinung, die den Mitgliedern einer bestimmten Gruppe wie ein Klischee übergestülpt wird. Das hat einen entscheidenden Einfluß darauf, wie wir Frauen und Männern gegenüber eingestellt sind und was wir von ihnen erwarten, wobei wir ihnen bestimmte Persönlichkeitsmerkmale zuschreiben, die nicht angeboren, sondern erworben sind. Zweifellos sind die Stereotypen, die dann zu Vorurteilen führen, so allgemein anerkannt, daß sie fast schon als etwas Naturgegebenes erscheinen. Dennoch können sie, da sie nicht angeboren sind, verschwinden, sich allmählich auflösen oder bestehen bleiben, obwohl niemand diesen Wandel vorantreibt.

Wenn wir uns die Frage stellen, warum bereits kleine Mädchen und Jungen verschiedene Vorstellungen, Einstellungen und Erwartungshaltungen von Liebe und Sex haben und sich anders verhalten, müssen wir zugeben, daß wir sie je nach Geschlecht anders behandeln. Dies erweist sich eben *nicht* als harmlos (Victoria Sau). Alle Menschen müssen von Geburt an eine Unzahl von Verhaltensweisen lernen, die mit ihrem Dasein als kulturelle Lebewesen zu tun haben.

Nach Ansicht der Experten entwickeln wir im Sozialisationsprozeß je nach der uns zugewiesenen Rolle gewisse Eigenschaften, während wir andere unterdrücken. Das Erlernen dieser Rollen ist mit tiefen Gefühlen verbunden, die wir in der Kindheit ausbilden, um uns sozial anzupassen. Im allgemeinen wird ein Junge zu einem autonomen Wesen herangezogen, während das Mädchen eher auf andere bezogen bleibt, was ihre Abhängigkeit fördert. Und entsprechend strukturieren sich ihre Liebe und ihr Begehren, denn sie hat keine andere Wahl. Es ist für sie schwierig, sich selbst zu betrachten und sich als Subjekt zu sehen (Charo Altable). Da ihr nicht beigebracht wird, etwas zu fordern, sondern statt dessen zu weinen, zu flehen, etwas vorzutäuschen oder den Mund zu halten, wird sie wenig Halt in sich selbst finden und sich vor allem darum sorgen, anderen zu gefallen. Oft hat sie kein Vertrauen in sich selbst, so daß sie sich im Leben nicht entwickeln kann. Mittels Überbehütung und Lob werden Abhängigkeit, Unterwürfigkeit und ein geringes Selbstwertgefühl herangezüchtet. Ihre Liebesbeziehungen wird die zur Frau Herangreifte auf ihrem Bedürfnis und nicht auf Gleichberechtigung aufbauen, sie wird auf diese Weise Machtbeziehungen Raum schaffen. Anschließend wirft sie ihre ganze Phantasie auf die Liebe, die sie noch dazu als die letzte Rettung ansieht.

Auch wenn wir unsere ersten Gehversuche in den sozialen Beziehungsmustern innerhalb der Familie machen, ist die Schulzeit doch für unseren Lernprozeß ebenso entscheidend. Daher überall die Einführung der Koedukation, obwohl diese nicht die erhofften Ergebnisse bringt, was sich dadurch erklärt, daß die erziehenden Frauen – Mütter, Lehrerinnen – keinen hinreichenden Einstellungswechsel vollzogen haben und weiterhin die männlichen Stereotypen propagieren. Sie sind sich dessen nicht bewußt, aber sie tun es (Victoria Camps). Bei diesem Lernprozeß haben auch die Vorbilder einen großen Einfluß, die über Kino, Fernsehen, Comics und Romane zu uns gelangen.

Vom Märchen bis hin zu den Groschenromanen (die als Flucht und Trost wirken) stehen zwei Frauentypen fest: die Gute und die Böse, die Fee und die Hexe, die Folgsame und die Rebellin. Diese verfestigen die stereotypen Frauenbilder der Madonna oder Hure, die auch von der katholischen Kirche verbreitet werden: die Heilige und die Sünderin, die Ehefrau und die Geliebte, die Sittsame und die Verführerin ... Die Heldinnen warten (Dornröschen) und gehen nicht aus dem Haus (Schneeweißchen). Wenn sie sich in den Wald wagen, werden sie bestraft (Rotkäppchen), während von männlichen Personen immer gesagt wird, daß sie ausziehen, um fremde Welten zu erobern.

In einer interessanten Studie über die Ansichten, Erwartungen und Wünsche rund um Sexualität und Liebe hält Charo Altable fest, wie tief der Graben zwischen den Vorstellungen beider Geschlechter ist. Sie kommt zum Schluß, daß die Rollen in den wirtschaftlich, sozial und kulturell am tiefsten stehenden Gesellschaftsschichten am unterschiedlichsten und am stärksten von traditionellen Normen bestimmt sind, während in der Mittelschicht mit ihrem höheren kulturellen Niveau, in der die Mütter oft einen Beruf haben und auch ausüben, eine größere Annäherung zwischen den beiden Geschlechtern besteht. Daher ist es von Bedeutung, aus welcher sozialen Schicht die Schüler stammen, welche Art von Erziehung sie im wesentlichen genießen, von welchen Medien sie beeinflußt sind und welchen Aktivitäten sie in ihrer Freizeit nachgehen, was sie sehen, lesen und hören. Jedenfalls haben wir nach Einschätzung dieser Expertin Anlaß zur Hoffnung, daß die sozialen Rollen einem allmählichen Wandel unterliegen.

Um von der Abhängigkeit wegzukommen, tritt Altable für eine Erziehung ein, die als Ziel die Eroberung körperlicher und geistiger Räume hat. Intellektuelle Aktivität, Erkenntnisvermögen und Phantasie sollen durch das Erkennen der individuellen und sozialen Wirklichkeit und über den Weg literarischen und künstlerischen Schaffens entwickelt werden. Letztlich geht es darum, nicht am Geschlecht orientierte Gefühle zu fördern, die zum Aufbau gesunder und nichtsymbiotischer Beziehungen befähigen sollen, welche die besten Eigenschaften von Frauen und Männern weitertragen.

Aus all dem leiten wir eine nicht nur individuelle, sondern auch institutionelle und politische Pflicht und Verantwortung ab. Beide bezwecken, die Fähigkeiten von Frauen wie Männern zu entwickeln, ohne daß eine der beiden Seiten ihre Wünsche oder ihre Lebensform von der anderen Seite abhängig macht. Das heißt, um Begegnung zu ermöglichen, ist ein fließender Dialog zwischen den Geschlechtern herzustellen, ohne Unterordnung und Hierarchie.

Aber auch im familiären Umfeld werden von Kindheit an Geschlechterdifferenzen festgelegt. Was sehen und hören die Mädchen und Jungen, die einer traditionellen Familie entstammen? Ich möchte hier auf einige Aspekte eingehen, die mir bedeutsam erscheinen.

In der patriarchalischen Gesellschaft wird der Junge dazu erzogen, sich in der Welt seinen Platz zu suchen, wie sein Vater zu sein und sich männlich zu verhalten. Das führt zur Unterdrückung der Gefühlswelt und zur Angst vor Nähe. Die Mädchen bleiben indes mit der mütterlichen

Welt verbunden, als müßten sie aus einem anderen Menschen heraus leben. Nancy Chodorow drückt dies aus psychoanalytischer Sicht in folgenden Begriffen aus: In der Mutter-Tochter-Beziehung wecken die Mütter mütterliche Fähigkeiten und den Wunsch, Mutter zu sein. In den Söhnen hingegen beschneiden die Mütter (und die Väter) systematisch die Fähigkeiten und den Wunsch, Kinder aufzuziehen, und unterdrücken sie. Auf diese Weise werden die Männer auf ihre spätere Familienrolle und auf ihren Part in der unpersönlichen und außerfamiliären Welt der Arbeit und des öffentlichen Lebens vorbereitet. Die geschlechtsbedingte Arbeitsteilung in der Familie, die dafür sorgt, daß die Mütter stärker für die zwischenmenschlichen und affektiven Beziehungen zuständig sind als die Männer, fördert bei Mädchen und Jungen unterschiedliche psychische Fähigkeiten, die letztlich die soziale und familiäre Arbeitsteilung reproduzieren. Die Hauptverantwortung der Mütter liegt in der Aufzucht der Kinder innerhalb und außerhalb der Familie; die Frauen möchten im allgemeinen Mütter sein und fühlen sich durch ihre Mutterschaft, ihr tätiges Muttersein belohnt.

Ein Vorzug dieses institutionell-psychoanalytischen Modells von Chodorow, das auch heftig kritisiert wurde, ist, daß es herausstreicht, welche psychologische Bedeutung für die Identität der Jungen und Mädchen die Aufopferung der Frauen hat. Ich stimme mit Raquel Osborne darin überein, daß wir die Möglichkeit, uns noch als Erwachsene zu verändern, nicht leugnen dürfen, auch wenn sie Angst, Furcht oder ein anderes konfliktreiches Gefühl hervorruft. Osborne prangert Chodorows Position als »ahistorisch« an und legt die Gefahren offen, welche die übertriebene Betonung der Mutterschaft nach sich zieht, da Theorien dieser Art die Ideologie der getrennten Lebensbereiche wieder zu neuem Leben erwecken können.

Das Dreieck Mutter-Vater-Kind wird von Manuel Castells benutzt, um zu begründen, was beim Zerfall der patriarchalischen Familie geschah. In der klassischen patriarchalisch-heterosexuellen Konstellation, so Castells, die heute im Verschwinden begriffen ist, nehmen die heterosexuellen Frauen zu vier Arten von Objekten Beziehung auf: den Kindern als Objekten ihres Mutterseins, den Frauennetzwerken als wesentlicher emotionaler Stütze, den Männern als erotischen Objekten und den Männern als Versorgern der Familie. Die ökonomische Basis der patriarchalischen Familie hat sich allmählich aufgelöst, denn die Mehrzahl der Männer (oder der Familien) sind auch auf die Einkünfte der Frauen angewiesen, um einen akzeptablen Lebensstandard zu erreichen (oft gelingt nicht einmal dies). Wenn wir dazurechnen, daß die Männer für die emotionale Unterstützung zweitrangig sind und daß sie auch als erotisches Objekt eine immer geringere Rolle spielen, dann heißt das eigentlich, daß sich die Familien aus Müttern und Kindern zusammensetzen und auf der Unterstützung der Frauennetzwerke basieren, die hin und wieder von den Männern besucht werden.

Männern bietet Castells mehrere Alternativen an. Die erste ist die Trennung, die Flucht vor der verpflichtenden Bindung – laut Statistik eine zunehmende Tendenz. Diese Lösung kann nicht funktionieren, wie die Tatsache beweist, daß alleinstehende Männer in den meisten Gesellschaften einen schlechteren Gesundheitszustand, eine kürzere Lebenserwartung und eine höhere Selbstmord- und Depressionsrate aufweisen als verheiratete Männer – für alleinstehende Frauen gilt das Gegenteil. Eine zweite Alternative ist die Homosexualität. Aber die akzeptabelste und stabilste Lösung für die Männer besteht darin, den Vertrag der heterosexuellen Familie neu auszuhandeln, Verpflichtungen und vor allem die Elternschaft zu teilen. Dieser Prozeß geht sehr langsam vonstatten, langsamer als das Wachsen der Trennungsbereitschaft. Die Lösung kann nur eine Neugestaltung der Familie unter der Bedingung der Gleichberechtigung bringen.

Wir dürfen nicht aus den Augen verlieren, daß es mit der steigenden Zahl von Müttern, die mit ihren Töchtern und Söhnen alleine leben, auch immer mehr Kinder gibt, die mit ihren geschiedenen Vätern zusammenleben. Zudem gibt es die Versuche auf der Ebene von Wohngemeinschaften oder Paarbeziehungen, in denen beide Partner arbeiten. Damit ergibt sich die Chance zur Entwicklung neuer psychischer Strukturen.

Abwesenheit und Anwesenheit des Vaters haben Einfluß auf die affektive Atmosphäre, während die Mutter, wenn sie zu Hause ist, das Zentrum der Aufmerksamkeit bildet. Wenn das Mädchen anfängt, sich von der Mutter zu lösen und sich dem Vater anzunähern, indem es seine Aufmerksamkeit fordert, ist der Vater aufgrund der Zwänge, der seine soziale Rolle unterworfen ist, nicht frei verfügbar. Die Bindung zum Vater mitsamt ihren Beschränkungen wird die zukünftigen Beziehungen des Mädchens zu Männern mitbestimmen.

Wenn der Sohn sich mit dem Vater identifiziert, weil er dem gleichen Geschlecht angehört, muß er sich von der Welt seiner Mutter, der Welt der Frauen, lösen; er wird das Weibliche in und an sich ablegen und damit den radikalen Unterschied zu seiner Mutter betonen. Diese Spaltung der männlichen Psyche verschärft sich noch in der Pubertät, wenn der Junge sich auf eine bestimmte Weise verhalten muß, um von seinesgleichen anerkannt zu werden. Wie sein Vater zu sein bedeutet, jene Anteile zu leugnen, die ihn mit seiner Mutter verbinden; dennoch kann er auch weiterhin auf ihre Unterstützung und Fürsorge vertrauen. Tatsächlich ist es die Mutter, die seine emotionalen Bedürfnisse am besten befriedigt.

Es wurde immer gesagt, ein starker Mann sei einer, der nicht abhängig ist, und es wurde immer davon ausgegangen, daß Männer an sich stark sind. Sie sorgen für den Unterhalt, sie schützen ihre Familie und haben wenig emotionale Bedürfnisse. Außerdem dürfen sie ihre Verletzbarkeit nicht zeigen, da dies ein Zeichen von Schwäche wäre. Lange Zeit haben die Frauen zur Aufrechterhaltung dieses Mythos selbst beigetragen, da dieser Männertyp ihnen vorgeblich Sicherheit gab. In Wirklichkeit aber können Männer nur vor einer Frau emotionale Schwäche, die andere Seite ihrer selbst, zeigen. Im intimen Kontakt legen sie einige der Verteidigungshaltungen ab, die sie sehr früh entwickelt haben und die nicht nur Teil ihres Lebens sind, sondern die sie auch brauchen, um sich in der Welt behaupten zu können. Zum Jungen erzogen worden zu sein bedeutet Einschränkungen der emotionalen Beziehungen. Aber seine Abhängigkeit einzugestehen hieße einzugestehen, daß auch Frauen Macht haben ... und das darf nicht sein. Auch wenn Männer es nicht zugeben, so hängen sie doch auf emotionaler Ebene von den Frauen ab.

So ziehen sich also Unsicherheit, Identitätsmangel, Idealisierung, Abhängigkeit und Angst vor Nähe durch unsere Biographien, und natürlich gibt es Gründe dafür. Gründe, die bis in die Anfänge der patriarchalischen Gesellschaft zurückreichen, in der das Prinzip der Diskriminierung vorherrschte und die zur Verinnerlichung von Ungleichheit und Abwertung beitrugen. Im Rahmen dieses Buches kann ich das Thema nicht erschöpfend behandeln, aber ich möchte einige Fragen anschneiden, die diese Angst erklären, die uns gelegentlich geistig und sogar körperlich lähmt oder die uns zumindest bei der Suche nach dem richtigen Weg verunsichert, die uns unzufrieden macht und aneinander vorbei leben läßt.

Wenn uns zum Beispiel ein Mensch verläßt, den wir lieben, kann dies in uns den Mechanismus jener kindlichen Angst auslösen, durch den sich der Kummer und der Schmerz, den dieser Verlust verursacht, in einen unerklärbaren Schrecken wandeln, der so intensiv ist wie die Angst, die ein Kind angesichts der Bedrohung durch Einsamkeit und Verlassenwerden empfindet. Je stärker unser Ego ist, um so besser sind wir dagegen gefeit, uns von dieser Unsicherheit niederdrücken zu lassen. Je schwächer es ist, desto leichter wird sich die Situation gegen uns wenden, da ein Großteil der Angst aus der Unkenntnis der Welt herrührt, in der wir uns befinden, und aus unserem Unvermögen, unser Leben selbst einzurichten.

Je mehr Frauen sich zu Beschützerinnen entwickelten, desto weniger lernten sie, einen starken zentralen Kern oder ein autonomes Ego auszubilden; vielmehr verinnerlichten sie die Pflicht, anderen zu gefallen, sowie den Glauben, daß ihre Identität von einer konstanten Beziehung zu anderen abhänge. Selbst heute, da es nicht mehr notwendig ist, die Arbeitsteilung beizubehalten, kultivieren Frauen ihre charakteristische Großherzigkeit. Wenn eine Frau beschließt, andere mit ihren Bedürfnissen nicht mehr direkt an sich heranzulassen, wird sie als kalt, egoistisch oder unweiblich abgestempelt. Denn auf geistigem Gebiet werden Frauen noch immer für ihre Großzügigkeit und Empathie geschätzt und bewertet, auf körperlichem Gebiet für ihre Attraktivität und Verfügbarkeit. Tatsächlich sind die meisten Menschen im Glauben aufgewachsen, die Verfügbarkeit der Mutter sei etwas Unumstößliches: Ihr Geist, ihr Körper, ihre Aufmerksamkeit und ihr Bewegungsraum sind in den Dienst der Familie gestellt, daher ist es für sie nicht von Bedeutung, wenn ihre ganze Konzentration beansprucht wird und die Familie ihr keine Möglichkeit läßt, Zeit für sich selbst zu haben.

Das Denken einer Mutter konzentriert sich häufig auf die Sorge um die anderen oder auf das Schuldgefühl, etwas nicht gut genug gemacht zu haben. Tatsächlich haben Frauen immer geglaubt, sie würden dafür geliebt, daß sie für die Familie verfügbar sind. Sie haben also Liebe und Bedürftigkeit verwechselt. So läßt sich die tiefe Einsamkeit erklären, die Mütter empfinden – und die sie gelegentlich in die Depression treibt. Wenn sie sich ausschließlich um die Familie gekümmert haben und diese ihre tägliche Bemühung nicht mehr benötigt, kann es dazu kommen. Das Gefühl der Leere, das sie empfinden, weil sie sich kein eigenes Leben aufgebaut haben, ist riesig. Frauen, die sich in intellektueller Hinsicht um sich selbst gekümmert haben, haben das nicht immer auch in emotionaler Hinsicht getan.

Wir Frauen müssen lernen, die Autonomie, die bisher stets nur Männern zugeschrieben wurde, mit dem Mitgefühl in Verbindung zu bringen, das Frauen in ihrer historischen Entwicklung kultiviert haben. Wenn die erotische und sentimentale Attraktivität der Menschen gefördert wird, indem wir an den männlichen und weiblichen Persönlichkeitsanteilen arbeiten, dann würden die Liebesbeziehungen auf Gleichberechtigung und Zusammenspiel beruhen.

Auch wenn die Gesellschaft sich ein wenig gewandelt hat, weil es immer mehr Frauen gibt, die außer Haus arbeiten, und immer mehr Väter, die sich um die Erziehung ihrer Kinder kümmern, ist für die meisten Kinder die Mutter auch heute noch die erste Bezugsperson. Die geteilte Verantwortung stellt einen großen Fortschritt dar, auch wenn sie noch nicht automatisch zu einem Wandel der Machtbeziehungen führt. Sie bringt eine Reihe von Vorteilen; unter anderem ermöglicht sie mehr Gleichberechtigung in den Beziehungen und neue Sozialisationsmodelle, die damit ein Ende machen, daß das Kind völlig nach Geschlecht getrennte Charaktere erfährt, und die Mütter vom Druck befreien, ausschließlich für die Familie zu leben. Männern gestatten diese neuen Modelle, zu ihren Kindern eine bessere Beziehung aufzubauen und die Frauen als gleichberechtigte Partner zu achten.

Vielleicht könnte das große kulturelle Ungleichgewicht dann ausgeglichen werden, wenn die Arbeit der Kinderpflege und Erziehung zu gleichen Teilen von beiden Partnern übernommen würde, wenn die Bindung zu den Kindern gleich wäre und die Trennung beide in gleichem Maße treffen würde. Vielleicht würden sich die Kinder dann nicht einseitig gegen die Mutter wenden, vielleicht würden Frauen dann nicht das Bedürfnis haben, Männer auf ein Podest zu stellen, während sie sich selbst kleiner machen. Frauen würden sich als authentisch empfinden, könnten ihre eigene Subjektivität ausleben und für ihre Erfüllung sorgen.

Ich glaube, die meisten von uns würden bejahen, daß die Lösung des Problems in der Erziehung liegt, dort also, wo das Kind anfängt, erste Vorbilder und Rollen zu übernehmen. Als menschliche Wesen sind wir in der Lage, unsere Lebensbedingungen zu verändern; und wir müssen dies tun, wenn wir eine neue Einstellung zu unseren Söhnen und Töchtern entwickeln wollen. Eine Möglichkeit, mit den Stereotypen und festgefahrenen Vorstellungen über die Rolle der Geschlechter von Kindheit an aufzuräumen, besteht darin, ein Ambiente zu schaffen, an dem Mutter und Vater gleichermaßen beteiligt sind. Beide Eltern sollten in der Lage sein, die Erziehung ohne die Hoffnung zu bewältigen, daß der Sohn oder die Tochter die Leere in ihrem Leben ausfüllt oder ihre eigene Unzufriedenheit aus der Welt schafft. Wenn über den »Kontrakt« der heterosexuellen Familie neu verhandelt werden soll, muß die Elternschaft voll und ganz von beiden geteilt werden.

Dann muß ein neues Gleichgewicht geschaffen werden, das es Männern wie Frauen gestattet, gleichzeitig an der häuslichen Welt und an der Welt draußen Anteil zu nehmen. Schließlich kommt es nicht nur darauf an, daß Mutterschaft und familiäre Pflichten aufgeteilt werden, sondern alles ändert sich durch die Verknüpfung der öffentlichen und privaten Sphären.

Wenn das Kind sowohl von der Mutter als auch vom Vater Aufmerksamkeit bekommt, so prägen zwei fundamental wichtige Menschen seine Welt. Beide sorgen für sein Wohlbefinden, und so wird es von beiden Aspekte ihrer Persönlichkeit übernehmen. Das Mädchen wird die Beobachtung machen, daß sowohl ihr Vater als auch ihre Mutter in die Welt hinaus gehen und wieder nach Hause zurückkehren. Damit erfährt es, daß auch die Mutter unabhängig ist. Wenn das Mädchen anfängt, sich mit seiner

Mutter als Geschlechtsgenossin zu identifizieren, wird es feststellen, daß es möglich ist, ein eigenes Leben zu führen. Es wird die Welt außerhalb des Hauses wie einen Raum erleben, zu dem es, ebenso wie seine Mutter, Zugang hat, und wird seine Bedürfnisse nicht verdrängen. Es wird mit dem Wissen aufwachsen, daß es sich auf vollständige und autonome Weise entwickeln kann.

Frauen und Männer werden voneinander unabhängig und zugleich fähig sein, Hilfe anzubieten und Liebe und Aufmerksamkeit zu empfangen. Wir können uns wirklich autonom fühlen, wenn wir die Tatsache, daß wir andere Menschen brauchen, als eine natürliche Gegebenheit des menschlichen Lebens annehmen können.

Da es nicht möglich ist, einen psychologischen Wandel herbeizuzwingen, brauchen wir eine Struktur und eine Atmosphäre, die es uns gestatten, Widerstände und Schwierigkeiten, mit denen wir zu kämpfen haben, in dem Bewußtsein zu überwinden, daß die Kernfamilie, die traditionelle Familie, immer noch mit viel Unterstützung rechnen kann, die freieren Formen des Zusammenlebens noch immer verwehrt bleibt. Daher brauchen wir einen neuen Sozialvertrag zwischen Frauen und Männern.

Den Geist öffnen

Wir Frauen müssen uns als freie Menschen denken und unseren Geist öffnen. Deshalb ist es wichtig, daß wir unsere negativen Selbstbilder vertreiben, Bilder der Selbstaufopferung, der Abhängigkeit, des Unvermögens und der Passivität, welche die Art und Weise bestimmen, in der wir Frauen über unseren Körper, unsere Weiblichkeit, unsere

Beziehung zu den Männern, über die Kinder, die Macht, die Kreativität und die Arbeit denken. Um die negativen Vorbilder aufzugeben und Platz für neue zu schaffen, muß auch eine kollektive Anstrengung vollbracht werden. Tatsächlich liefern uns die Nachforschungen und die aus dem Feminismus hervorgegangenen Überlegungen verschiedene Perspektiven, mit denen wir uns auf andere Weise entwerfen können, um die Autonomie, aber auch die Einsamkeit auf uns zu nehmen, indem wir sie als eine Wahl begreifen und nicht als eine Strafe oder etwas, das uns aufgezwungen wird.

Logischerweise verläuft der Weg dahin nicht immer schnurgerade, sondern vielfach gewunden. Unter anderem, weil die inneren Widerstände, die wir durch die traditionellen Vorbilder in uns tragen und die unserer emotionalen Gesundheit oft im Weg gestanden oder sie geschädigt haben, durch die neue Sicht aktiviert werden. Ein weiteres bedeutsames Hindernis sind die Schwierigkeiten, die wir haben, den Wechsel zu akzeptieren, da das Unbekannte uns schreckt und uns angst macht. Daher ist es so wichtig, genügend Mut zu sammeln, um den inneren und äußeren Kräften zu trotzen, die sich uns in den Weg stellen. Daher sind Überzeugungskraft, Entschiedenheit, Durchsetzungskraft und eine gute Dosis Selbstachtung unentbehrlich, denn wir vergessen schnell, wie leicht uns Frauen unsere Selbstachtung genommen werden kann; oft genügt ein schräger Blick oder ein verletzender Kommentar, um uns die Lust zu nehmen, gegen den Strom zu schwimmen. Jedenfalls scheint eines klar: Nur wenn eine Frau sich selbst achtet, kann sie darauf hoffen, von anderen respektiert zu werden. Nur wenn wir an uns selbst glauben, werden wir andere Menschen achten.

Daher stimme ich voll und ganz dem Satz zu, den Wittgenstein geäußert haben soll: »Dich selbst zu verbessern ist das Beste, was du tun kannst, um die Welt zu verbessern.«

Ich glaube, daß auch die Neugierde, die mit wachsender Kenntnis stärker wird, ein unerschöpflicher Quell der Freude für den Geist ist. Neugier und Wissensdurst stellen Konventionen in Frage. Deshalb werden in der Mythologie immer jene, die zuviel wissen wollen, exemplarisch bestraft. Genauso wie Frauen der Zutritt zur Bildung und zum Wissen verweigert wurde. Unser Schicksal ist, von einigen Ausnahmen abgesehen, mehr mit der Nähnadel als mit der Schreibfeder verbunden. Es schickte sich für uns nicht, zu viel zu wissen oder unseren kritischen Geist zu entwickeln. Indem die Gesellschaft dafür sorgte, daß wir unwissend blieben, nagelte sie uns auf unsere traditionelle Rolle fest. Noch immer wird vielerorts Frauen empfohlen, ihre Kenntnisse nicht allzusehr zu zeigen, da sie damit die Männer in die Flucht treiben würden.

Ich bin begierig herauszufinden, wie wir Frauen sein könnten, wenn wir, statt uns so stark mit den Männern zu beschäftigen, uns um uns selbst kümmerten, um Fröhlichkeit und Ausgeglichenheit zu erlangen. Warum verwenden wir nicht mehr Zeit darauf, zu lernen, allein zu sein, eine in jeder Hinsicht fruchtbare Aufgabe? Wenn wir lernen, uns mit uns selbst wohl zu fühlen, werden wir in unseren Beziehungen zu anderen unabhängig statt abhängig sein. Unabhängigkeit bedeutet Freiheit. Abhängigkeit dagegen erzeugt bloß Angst.

Um unseren Geist zu öffnen, entwickeln wir auch unsere Fähigkeit zu träumen, ganz gewiß eine schöne Art, uns Ziele zu setzen und unsere Energien zu kräftigen, damit diese Träume Wirklichkeit werden. Ein Sprichwort der

Aborigines sagt: »Wer nicht mehr träumen kann, ist verloren.« Und wenn wir von Träumen sprechen, meinen wir nicht den Traumprinzen oder die romantische Liebe, sondern die Gestaltung unseres Lebens, bei der wir keine Verantwortung abgeben, denn wer Verantwortung und Mühe von sich weist, verweigert sich auch der Befriedigung, die das Erreichen unserer Ziele mit sich bringt.

Wir träumen auch deshalb, weil wir, da wir unser Scheitern verinnerlicht haben, oft in eine seelische Krise geraten und dazu neigen, als Folge einer gesellschaftlichen Geringschätzung des Weiblichen, uns selbst zu verleugnen. Trotz unserer gelegentlichen Erfolge haben wir noch kein Vertrauen in unsere eigene Kraft gewonnen, zweifeln an uns und hassen uns sogar, haben wir Angst vor dem Handeln. Doch wenn wir nur über einen leisen Funken Verstand verfügen, merken wir, welche Kräfte und Kapazitäten wir in uns haben und daß wir Vertrauen haben müssen, weil uns das kräftigt, uns Energie gibt, uns stärker macht und all dies ansteckend wirkt. Wir dürfen nie vergessen, daß der Wunsch und der Traum die Welt bewegen, daß ein starker Wunsch eine Energiequelle ist, die uns beträchtlich bei der Verwirklichung unserer Projekte hilft. Aus diesem Grund sollte der erste Schritt darin bestehen, unsere Wünsche kennenzulernen. Zugleich bedeutet dies, den Mut zu haben, eine Wahl zu treffen. Aus Unfähigkeit, den Wunsch in die Tat umzusetzen, denken wir uns tausend Entschuldigungen aus, um anderen die Schuld an unserer Situation, unseren Problemen zu geben, in der Hoffnung, die Lösung möge von außen kommen. Besser allerdings wäre es, wenn wir uns von unserer Intuition, von unserem Herzen leiten ließen und Alternativen ausdenken würden.

Wir wollen den Sinn für Humor nicht verlieren und

werden viel lachen, denn das echte, spontane Lachen kann wie ein Lichtblitz sein, der unsere ganze Person erfaßt. Lachen ist eine nur dem Menschen eigene Fähigkeit. Es steht für Gesundheit, Ausgeglichenheit und Selbstvertrauen.

Jugend, Schönheit und Selbstachtung

Wenn wir von einem positiven Selbstwertgefühl reden, wollen wir nicht darüber hinwegsehen, daß dieses oft mit Jugend und Schönheit zusammenhängt. Schönheit und Jugend werden von Männern und Frauen nicht gleich bewertet und wirken sich auch unterschiedlich aus. Männer brauchen nicht unbedingt »schön« zu sein, das bleibt für sie (noch immer) zweitrangig. Im Gegenteil: schöne Männer werden von ihresgleichen kaum »für voll« genommen. Für Frauen indes, die unter körperlichen »Unvollkommenheiten« psychisch weit mehr leiden als Männer, ist Schönheit eine strategische Notwendigkeit. Für Männer ist die äußere Erscheinung der Frauen sehr wichtig, und von einer gutaussehenden Frau fühlen sie sich stark angezogen. Trotzdem greifen sie, wenn sie eine Frau erobern wollen, auf verschiedene Tricks und Methoden zurück, um den eigenen Mangel an körperlicher Anziehungskraft zu kompensieren: Reichtum, Status, Prestige, Intelligenz, Macht, Humor werden in die Waagschale geworfen. Anderseits werden Schönheit oder sexuelle Attraktivität als schwer vereinbar mit Autorität, Kompetenz und Führerschaft angesehen. Die Begleitung einer jungen und schönen Frau wertet den Mann auf, aber wenn die reife Frau in Begleitung eines jungen und schönen Mannes daherkommt, wird sie belächelt.

In *Sehen: Das Bild der Welt in der Bilderwelt (Ways of seeing)* analysiert John Berger die Frauendarstellungen in der Geschichte der europäischen Malerei. Er kommt zum Schluß, die Frauen würden sich am Ende selbst als etwas betrachten, das betrachtet werden soll. Dem imaginären Betrachter werden Gemälde gezeigt, die Unterwerfung und Verfügbarkeit ausdrücken. Für die Frau ist die körperliche Schönheit immer ein Zweck an sich gewesen. In der Regel genießt sie ihren Körper nicht, sondern bemüht sich darum, anderen zu gefallen, während sie sich durch andere wahrnimmt und ihre eigene Zufriedenheit von der Bestätigung anderer abhängig ist. Der Feminismus hat offengelegt, daß wir Frauen nicht für unsere Ideen und Fähigkeiten geschätzt werden, sondern für unser Aussehen.

Trotz allem hat sich zum Glück die Vorstellung, Schönheit und Intelligenz seien Eigenschaften, die bei einer Frau nicht zusammen anzutreffen seien, gemildert. Frauen möchten wirtschaftlich autonom und schön sein, gleichberechtigt auf beruflicher Ebene, aber verschieden auf der ästhetischen. Sie definieren Schönheit heute nicht ausschließlich mehr aus Männersicht.

Heute wird die Schönheit nicht nur durch Werbung, Kino und Zeitschriften demokratisiert, sondern es wird auch die Vorstellung verbreitet, jede Frau könne das (von Männerträumen bestimmte Ideal) erreichen. Schönheit wird nicht mehr als Schicksal, als Geschenk der Götter, hingenommen, sondern als etwas angesehen, das Frauen (und Männer) sich aneignen können. Der Körper wird als Objekt betrachtet, der es wert ist, daß an ihm gearbeitet wird, wir uns unablässig um ihn bemühen. Auf einer Titelseite der Zeitschrift *Vogue* hieß es 1968: »Schönheit macht frei.« Trotzdem führt sie zu bestimmten Quälereien und hinterläßt Opfer – wir brauchen nur an das traurige und weit verbreitete Phänomen der Magersucht zu denken. Viele Feministinnen sehen den Schönheitskult als ein Mittel der Unterdrückung an. Deshalb prangert Naomi Wolf die politische Funktion der Schönheitsnormen an, die darin bestehen, daß die Frauen sich selbst abwerten. Verschüchtert und voller Komplexe drosseln viele Frauen ihren Kampfgeist und ihre Ambitionen und bemühen sich um eine Veränderung ihres Äußeren, um sich der Welt anzupassen, statt sie zu verändern. Das vom Geschmack der Männer bestimmte Schönheitsideal stutzt die männliche Hegemonie und führt die weibliche Unterwerfung fort.

Es besteht eine deutliche Wechselwirkung zwischen körperlichem Selbstbild und Selbstachtung; zwischen der tatsächlichen körperlichen Attraktivität – das heißt dem, wie andere uns sehen – und dem Grad an Selbstzufriedenheit. Im allgemeinen neigen Männer stärker dazu, mit ihrer körperlichen Erscheinung zufrieden zu sein als Frauen, und so glauben sie sich auch näher am Idealbild, oder aber sie machen sich keine Gedanken darüber. Daraus läßt sich laut Naomi Wolf schließen, daß Frauen ein negativ verzerrtes Körperbild haben und Männer ein positiv verzerrtes. Daher sollte es uns nicht überraschen, daß in einer Kultur, die Männer für überlegen hält, die Mehrzahl der Männer unabhängig von ihrem Äußeren Anerkennung finden, während Frauen häufig nur nach ihrem Erscheinungsbild beurteilt werden.

Die Meinung, die wir allgemein von uns selbst haben, hängt notgedrungen mit unserem Selbstbild zusammen, sosehr wir uns auch anstrengen mögen, unser körperliches Erscheinungsbild durch Kosmetik, Diäten, Kleidung oder gar chirurgische Eingriffe zu verändern. Gloria Steinem möchte Mädchen zum Verständnis verhelfen, daß sie eine einzigartige und persönliche Schönheit besitzen, damit sie auf diese Weise das Recht verinnerlichen, selbst darüber zu entscheiden, was sie für schön halten, statt dies einer externen kollektiven Macht zu überlassen. Wenn wir hier nicht in unserer Kindheit zu einer Lösung gelangen, müssen wir versuchen, unser negatives Selbstbild zu ersetzen, indem wir herausfinden, wann und warum es zustande kam und was uns zu der Annahme verleitet hat, es sei unannehmbar.

Wenn wir unseren Körper verändern, so kann das dazu beitragen, daß wir uns mit uns selbst aussöhnen, vor allem, wenn dies die Antwort auf die Suche nach einem persönlichen Vergnügen ist und nicht eine Antwort auf Druck von außen. Jedenfalls wäre es herrlich, wenn wir von Anfang an mit unserem Körper zufrieden wären, wenn wir uns statt des Zwangs mitzumachen die Freiheit der Wahl bewahren und von einem weiter gefaßten Schönheitsbegriff ausgehen könnten. Ich erinnere mich oft an die ausgesprochen korpulente und lebensfrohe Marianne Sägebrecht im Film *Out of Rosenheim*. Sie bietet das Bild einer Frau, die ganz allmählich immer schöner wird, nachdem sie mitten in der kalifornischen Wüste von ihrem Mann aus dem Wagen geworfen wurde. Jasmin Münchgstettner schlägt sich zu einem heruntergekommenen Schnellimbiß durch. Jasmin gewinnt die Zuneigung der Besitzerin und der zumeist verwahrlosten Gäste und Familienangehörigen. Sie bringt in kurzer Zeit den Laden in Schuß, der nun zum Anziehungspunkt der Fernfahrer wird. Und sie findet eine neue Liebe. »Ein liebenswürdiges und liebenswertes Märchen von der unspektakulären Selbstverwirklichung einer Frau« (Dieter Kusche).

Viele Frauen ignorieren ihr körperliches Ich, indem sie sich in den Intellekt flüchten und auf diese Weise versuchen, die kulturellen Zwänge zu durchbrechen.

Es wäre wundervoll, wenn der weibliche Körper nicht andauernd einer genaueren Untersuchung und Musterung unterzogen würde als der männliche, sowohl im öffentlichen als auch im privaten Leben. Bei Naomi Wolf heißt es: »Wenn eine Frau sich selbst oder anderen gestattet, zu essen, sexuelle Begierden zu haben, alt zu werden, einen Texanerhut zu tragen, ein Diadem aus Modeschmuck, ein Kleid von Balenciaga, ein Nachthemd aus zweiter Hand oder Soldatenstiefel, sich ganz zu verhüllen oder halb nackt herumzulaufen, zu tun, was ihr gefällt, wenn es um das Befolgen oder Ignorieren einer ästhetischen Vision geht, dann hat sie gewonnen.« Eine Frau gewinnt, wenn sie zum Entschluß gelangt, daß sie mit ihrem Körper tun und lassen kann, was sie will.

Was die Assoziation Schönheit und Jugend anbelangt, so hat die Eroberung der neuen Räume ein doppeltes Ergebnis gebracht: die Erweiterung der Altersgrenze, innerhalb deren eine Frau als schön betrachtet wird, aber auch eine größere Neigung der Männer für Kindfrauen (deren psychopathologische Variante die Kinderpornographie und -prostitution ist).

Während Frauen alt werden, werden Männer reif. Und diese Vorstellung führt dazu, daß viele Frauen, wenn sie Erfahrung und Autorität gewonnen haben, wenn sie kurz davor stehen, wirklich Macht zu haben, diskriminiert werden. Wir haben alle schon einmal den Satz gehört: »Sie ist schon etwas älter«, wenn es um Frauen geht, die in einem Alter sind, das bei Männern als das beste Alter bezeichnet wird. In bestimmten Kreisen kann das dazu führen, daß sich eine Frau als Vorgesetzte oder als Vorbild nicht durchsetzt.

Im reifen Alter können wir, zumindest theoretisch, all das in die Praxis umsetzen, was wir in der Jugend an Erfahrung gesammelt und gelernt haben. Es ist der Augenblick, in dem wir für eine Versöhnung zwischen dem Ich-Ideal und dem Ich sorgen. Wir denken ans Altern, ändern unsere Lebensweise, beginnen eine neue Etappe. Dabei ist wesentlich, daß wir uns nicht unnötig aufs Klagen versteifen, daß wir uns nicht lähmen, daß wir nicht der Vergangenheit nachtrauern, die wir weder zurückholen noch ändern können.

Indem die Wissenschaft heute die Lebenserwartung verlängert und Alterserscheinungen bekämpft, hat sie eine gefährliche Gleichmacherei ermöglicht. Können Generationsunterschiede getilgt werden? Es ist sattsam bekannt, daß in der Werbung immer wieder jugendliche Vorbilder herangezogen werden. Es ist wundervoll, sich jung zu fühlen, körperlich fit zu sein, aber Probleme gibt es, wenn wir dazu verleitet werden, die Richtung unseres Wachstums zu ändern, wenn wir versuchen, zurückzugehen statt nach vorn. Wenn wir uns in unreife Personen verwandeln, um auf einem Terrain zu kämpfen, auf dem wir nie gewinnen können – sosehr wir uns auch bemühen –, lassen wir die Chance, Reife zu erlangen, ungenutzt verstreichen. Ich persönlich fühlte mich irgendwie erleichtert, als ich dachte, ich sei jetzt eine reife Frau. Ich habe mir immer gesagt, daß das Vergehen der Zeit uns nicht nur in den Genuß einer größeren Freiheit bringt, sondern uns noch einen weiteren Vorteil bietet: Wir werden klüger, und das hat auch etwas mit Schönheit und Güte zu tun. Unsere innere Einstellung, die uns dazu bringt, dem Leben auf eine bestimmte Art und Weise zu begegnen, ist ein gutes Gegenmittel gegen die negativen Folgen des Alterns.

Im Leben müssen wir etwas wagen, neue Herausforderungen annehmen und andere Erfahrungen zulassen, Neues entdecken und das, was uns jede einzelne Phase bringt, genießen. Bestimmt würde ich die Zeit jetzt ungern zurückdrehen, um den Weg noch einmal von neuem zu beschreiten. Wie eine Freundin von mir sagte: »Wie anstrengend! Noch einmal den lieben langen Tag nur Sex im Hirn, während ich heute eine viel entspanntere Haltung habe, mich freue, wenn ich welchen habe, aber nicht wie besessen danach suchen muß.« So können wir Ausgeglichenheit und Harmonie erlangen. Ob wir bei dieser Aufgabe Erfolg haben werden, hängt zu einem Großteil davon ab, ob wir eine gute Beziehung zu uns selbst haben.

Die Spielregeln

Der Anthropologe Claude Lévi-Strauss war gegen die Aufnahme von Marguerite Yourcenar in die *Académie Française* und äußerte dabei den Satz: »Die Stammesregeln werden nicht geändert« (Celia Amorós). Mit Recht widersetzt sich der Feminismus dieser Haltung. Die Regeln unseres Stammes bestehen gerade darin, daß alle Regeln einer Prüfung unterzogen, daß sie kritisiert und debattiert werden müssen.

Welche Spielregeln würden wir Frauen aufstellen? Diese Frage bereitet uns großes Kopfzerbrechen und ist auch im Hinblick auf die Macht von Bedeutung. Die Macht ist eine menschliche Leidenschaft, welche die philosophische Tradition als *libido dominandi* bezeichnet hat, das heißt als Liebe zur Herrschaft, als Wunsch nach Ehren und Ansehen, und dieser Wunsch nach gesellschaftlicher Wertschätzung ist nicht mehr nur den Männern eigen. In der Geschichte waren wir Frauen meist von der Macht ausgeschlossen; wir haben lediglich die indirekte Machtausübung praktiziert. Angesichts des Mangels an Erfahrung und Vergleichsmöglichkeiten gibt es auch Zweifel daran, daß wir, sollten wir Macht ausüben, dies anders tun würden als Männer. Es ist aber eine verbreitete Ansicht, daß wir Frauen Machtposten besetzen wollen, um die Gesellschaft zu ändern oder »Dinge in Bewegung zu bringen«, und nicht so sehr um der Macht willen.

Es ist offenkundig, daß wir ein Anrecht auf unseren Anteil an der Macht haben; das ist eine Frage der Gerechtigkeit. Ohne aufzuhören, auf die untergeordnete Stellung der Frauen aufmerksam zu machen oder Forderungen zu stellen, müssen wir weiter nachdenken und unsere eigenen Strategien entwickeln.

Wir müssen uns nur umschauen, um zum Schluß zu gelangen, daß Männer keine Vorbilder abgeben, auch wenn es zweifellos bewundernswerte Männer gibt. Es ist eine Sache, die Emanzipation anzustreben, und eine ganz andere, einfach das nachzuahmen, was uns heute unter dem Siegel männlicher Werte präsentiert wird. Nichts liegt einem Feminismus ferner, der erneuern will und der versucht, ein neues Bild der Frau, des Mannes und der Beziehung zwischen beiden zu erschaffen (Raquel Osborne).

Das führt uns zu der heiß debattierten Frage nach den Werten, von welchen wir uns leiten lassen wollen. Victoria Camps schlägt vor, etwas an der Art zu ändern, wie Politik gemacht wird, an der Trennung zwischen dem Öffentlichen und Privatem, damit sich die politische Aktivität mit den privaten Aktivitäten besser vereinbaren läßt, damit einige der Formen und Erscheinungen des öffentlichen Lebens an Schärfe verlieren. Victoria Camps ist wie viele andere Frauen der Ansicht, daß Tugenden wie Zärtlichkeit, Mitleid, Entsagung und sogar ein gewisses Maß an Schuldgefühl einer Gesellschaft, deren Machthaber zu Anmaßung und Arroganz neigen, nicht schlecht anstehen würden. Wir Frauen können eher Glaubwürdigkeit erlangen, weil wir in der Regel mit Macht kritischer umgehen, auch wenn wir bisher nur in Ausnahmefällen an ihr teilhatten. Als *outsider* können wir die Laster der Politik besser beobachten, das Streben nach Macht um der Macht willen. Ich glaube nicht, daß uns deswegen die Aufgabe zufiele, die Menschheit zu erretten. Ich glaube vielmehr, daß wir uns besser fühlen werden, weniger fremd in den Machtstrukturen und im öffentlichen Leben im allgemeinen, wenn wir es den weiblichen Eigenschaften anpassen, ohne je die Orientierung, den Respekt vor uns selbst und unsere Würde zu verlieren und indem wir uns korrigieren, wenn die Umstände sich ändern.

Ann Kaplan schlägt uns vor, etliche linguistische und kulturelle Modelle zu überwinden, die tief verwurzelt sind und die Gegensatzpaare männlich/weiblich, dominant/unterwürfig, aktiv/passiv, Natur/Zivilisation, Ordnung/Chaos, matriarchal/patriarchal offensichtlich werden lassen. Es lohnt sich, darüber nachzudenken, wie wir eine Polarität überwinden können, die uns nichts als Leid gebracht hat.

Wir müssen also die Spielregeln ändern, damit das bisher Verdrängte wieder in Erscheinung treten kann, aber diesmal nicht als eine Art Minderwertigkeit, sondern als Möglichkeit, die von allen Individuen angenommen werden kann und ihnen Horizonte öffnet, ganz gleich, welchem Geschlecht sie angehören.

Wenn wir uns Strategien ausdenken, müssen wir auf die Sprache als Werkzeug des Wandels zu sprechen kommen. Marguerite Duras schlug das Schweigen als Strategie vor, während die wichtigste Waffe der Unterdrückung stets die von Männern beherrschte Sprache gewesen ist; damit wandelt sich das Schweigen paradoxerweise in ein Mittel, mit dem wir Einlaß in die Kultur finden. Nach Ansicht von Duras drängt diese Politik die Frauen keineswegs in eine schlechte Position, da das Schweigen eine positive und befreiende Handlung darstellt. Leider hat sie keine Antwort darauf, wie Schweigen Frauen den Zugang öffnet; ihr Vorschlag erscheint deshalb eher als provisorische und verzweifelte Strategie denn als eine Politik, die darauf ausgerichtet ist, unseren Platz innerhalb der Kultur zu finden.

Es scheint also klar, daß wir nicht weiter schweigen, uns nicht mehr fernab des historischen Prozesses aufhalten können. Von Emilio Lledó wissen wir, wie wichtig das Wort, unsere Stimme und die Sprache ist, und können in dem Maße, indem wir anfangen, uns unermüdlich Fragen zu stellen, unseren eigenen Diskurs führen.

Die Anreicherung der Sprache mit neuen Bedeutungen wurde bereits von unseren Vorgängerinnen in der Französischen Revolution praktiziert. Die Frauen hatten die niedrigste Stufe innerhalb des dritten Standes inne. Das ist eine Herausforderung, die immer noch besteht, nicht so sehr aufgrund der Unsichtbarkeit der Frau in der Sprache, sondern wegen der verschiedenen Bezeichnungen für Frauen und Männer, die ein und derselben Tätigkeit nachgehen. Von einer Frau sagen die Männer nie, sie sei eine charismatische Persönlichkeit, sondern eine sympathische Person. Das bedeutet, daß sich die Macht von Männern durch das Charisma legitimiert und nicht durch Verdienste erworben werden muß, was für uns Frauen nicht gilt (Celia Amorós).

Ein anderes Problem, das insbesondere Frauen betrifft, ist die Tatsache, daß sie sich schuldig fühlen, wenn sie gewinnen oder erfolgreich sind; sie haben dann das Gefühl, sie müßten sich für den Erfolg entschuldigen und die Umwelt würde nur auf ihr Scheitern lauern. Die Wurzel für dieses Syndrom ist natürlich einmal mehr die traditionelle Rolle, der Mangel an Vorbildern und die fehlende Selbstachtung. Sie ist immer noch so stark, daß Frauen auf ihre eigenen Erfolge lieber verzichten, sie am Ende zunichte machen oder abwerten.

Daher müssen wir unser Möglichstes tun, um größeres Vertrauen in uns selbst zu bekommen und unsere Angelegenheiten mit Überzeugung durchzusetzen. Wir lassen uns leicht zum Aufgeben verleiten, und wir wissen, daß oft versucht wird, Frauen durch Verführung oder Ablehnung dazu zu bringen, sich klein zu fühlen. Trotz unserer Teilerfolge haben wir kein Vertrauen in unsere Stärken, weil die untergeordnete Stellung, die wir im Laufe der Geschichte eingenommen haben, ein hartes Erbe hinterlassen hat: Wenn wir die uns zugewiesene Funktion nicht erfüllen, quälen wir uns mit Selbstzweifeln.

Es wird behauptet, die Frau betrachte Erfolg als ein Zeichen dafür, möglicherweise ihre Weiblichkeit verloren zu haben. Das liege daran, daß wir, um Erfolg zu haben, ein Konkurrenzverhalten an den Tag legen müssen, das in unserer Gesellschaft bei Frauen nicht geschätzt wird.

Oft verlieren wir den Mut und beschließen aufzugeben. Während die meisten Männer durch einen Konflikt angespornt werden, liegt der Fall bei uns meist anders. Einen bestimmten Status zu erlangen motiviert uns in anderer Weise als Männer, und die Folgen der Macht sind für uns und unsere Umwelt ebenfalls verschieden. Aus eben diesem Grund und wegen höchst realer und unübersehbarer Hindernisse geben wir ab einem bestimmten Niveau auf; daher ist unser Ehrgeiz begrenzter oder breiter gestreut (abgesehen davon, daß nicht gerade viele Frauen die Möglichkeit haben, eine Wahl zu treffen). Sind wir, wie Lipovetsky behauptet, tatsächlich mehr an der Verführung als am Wettbewerb interessiert? Ich glaube nicht, daß das die Alternative ist.

Müssen wir uns Überlebensstrategien ausdenken wie Scheherazade, die überlebte, indem sie Geschichten erzählte und Liebe machte? Oder indem wir weben und das Gewebte wieder zerstören wie Penelope? Ich glaube nicht. Wie aber können wir unsere Ziele erreichen, wenn wir berücksichtigen, daß die modernen Schlachten mit Ideen geschlagen werden? Harriert Rubin schildert in *Machiavelli für Frauen. Strategie und Taktik im Kampf der Geschlechter* einige Taktiken und Handlungsriten, die sie mit Verhaltensweisen und Einstellungen so herausragender Persönlichkeiten wie Gandhi, Jeanne d'Arc oder Mandela untermauert. In ihrem Buch behauptet sie, daß gewonnen werden muß, um zu erreichen, was wir wollen, aber da das Gewinnen gefährlich sei, ist es besser, überlegen zu sein, das heißt, den Feind in großem Stil zu beherrschen wie ein Athlet, der im Wettkampf seine Höchstleistung erzielt. So wird die Latte etwas höher gelegt und motiviert alle, ohne daß die Verlierer ihre Würde angekratzt sehen.

Der Gedanke an Rache muß aufgegeben und das *ahinsa* praktiziert werden, ein Begriff, den Gandhi benutzte und der bedeutet, daß er sich weigerte, anderen Lebewesen Schaden zuzufügen. Von Gandhi stammt auch die Als-ob-Taktik, bei der du tust, »als ob«, denn dann werden all deine Wünsche sofort in Erfüllung gehen, vorausgesetzt, die anderen lassen sich davon überzeugen, daß es wirklich so ist, wie du behauptest. Getragen von seinen Überzeugungen, die stärker waren als jeder Haß, verhielt sich Gandhi so, als ob die Inder die Macht besäßen. Kein Mensch sollte also aus Rachsucht handeln, sondern seine Energie auf etwas richten, das er aus eigener Kraft erreichen kann.

Besondere Aufmerksamkeit ist auf die Schwachstellen des Feindes zu richten, der Konflikt ist auf das Wesentliche zu reduzieren, und wir müssen uns Klarheit darüber verschaffen, worin er besteht. Die Wahrheit, die stärkste Waffe, macht uns frei; und auch wenn du denkst, daß sie dich verletzbarer macht, ist sie ein Symbol der Stärke, des Selbstbewußtseins (nach Harriet Rubin).

Das Kernstück dieser Strategie besteht darin, daß wir die Kraft der Gegensätze verstehen. Dies können wir, wenn wir bedenken, daß wir eine Mischung aus widersprüchlichen Eigenschaften sind: Wildheit und Sanftmut, Nachgiebigkeit und Entschiedenheit. Wir können lieben und kämpfen zugleich, und wir sind dazu in der Lage, den Kampfstil mitten im Gefecht zu ändern, denn für eine Kämpferin, die liebt und die Wildheit und Liebenswürdigkeit in sich vereint, kommt auf geradezu selbstverständliche Weise auch Polemik ins Spiel.

Das Ziel besteht darin, sich selbst zu bestätigen, ohne auf Wut oder Mitleid zurückgreifen zu müssen, eine psychische Atmosphäre zu schaffen, in der wir uns nicht mit anderen, sondern mit uns selbst vergleichen, weil das Ziel nicht darin besteht, andere zu vernichten, sondern uns vollständig zu entfalten; es kommt darauf an, das Leben, unseren Wirkungskreis und unseren Geist zu erweitern, denn durch Grenzen sperren wir nicht nur andere aus, sondern auch uns selbst ein.

Die Begeisterung über die Tatsache, daß wir unsere persönlichen Grenzen kennen und erweitern lernen, führt weniger zu Konkurrenzdenken als vielmehr zu Selbstachtung und Meisterschaft; die Freude, die mit der Erfüllung einer Aufgabe verknüpft ist, mit der Befriedigung darüber, mit anderen Menschen zusammenzuarbeiten, sie zu schätzen und ihre Anerkennung zu erhalten.

Was hat das alles mit Single-Frauen zu tun? Wir sind Frauen, und je mehr Autonomie wir Frauen erlangen, desto leichter wird es, unsere Beziehungen zu verbessern. Dann kommt das Alleinleben auch nicht einer Strafe oder einem Scheitern gleich, und Unabhängigkeit und Freiheit sind dann für Frauen nicht mehr nur Synonyme für Einsamkeit und Ausgeschlossensein.

Das Dilemma der Weiblichkeit

In der komplexen Gesellschaft, in der wir leben, scheint es, als ob wir Frauen mit unserem Verhalten immer noch Mißtrauen hervorrufen würden, als wäre Weiblichkeit noch immer ein echtes Dilemma. Gelegentlich denke ich, wir sollten kühner sein, Schemata durchbrechen und Menschen aus der Fassung bringen. Ich glaube nicht, daß wir einen neuen Katechismus darüber erstellen sollten, was nun korrekt ist und was nicht. Wie verhalten wir uns angemessen? Daß wir uns überhaupt diese Frage stellen, ist bereits aufschlußreich, denn Männer tun das kaum. Trotzdem ist das keine unwichtige Angelegenheit, zumal viele von uns Frauen wiederholt darüber gesprochen haben. Ich könnte saftige und zum Teil triste Anekdoten darüber erzählen, wie das Aussehen und das – nicht im engeren Sinne berufliche – Verhalten die berufliche Einschätzung beeinflussen und mit welcher Leichtigkeit sich die privaten und öffentlichen Bereiche vermischen.

Bernard-Henri Lévy schildert in *Die Männer und die Frauen,* welchen Eindruck Françoise Giroud auf ihn gemacht hat, als er sie in ihrer Funktion als Kultusministerin kennenlernte:

»Ach ja ... Ob es Verführer-Temperamente gibt ... Darauf will ich hinaus: Sie waren ein solches! Ganz eindeutig! Offenkundig! Wie ich Sie an jenem Abend in Erinnerung habe, waren Sie der Inbegriff der Verführerin. Das spielte in Ihrem Lächeln. In Ihrem Blick. Wie Sie gespannt auf jede Geste achteten (Ihre eigenen, aber auch die der anderen). Sie kokettierten. Spielten auf der ganzen unendlichen Skala des Kokettierens. Und dann immer wieder, unvermittelt, wandten Sie sich Ihrem Partner zu, rückten näher an ihn heran, als wollten Sie ihn beruhigen, als wollten Sie dementieren, was dieses verführerische Spiel bedeuten konnte ..., hätte bedeuten können. Das alles ist mir noch äußerst präsent. Genauso präsent wie mein Fazit, als wir uns verabschiedeten: zu kokett, um eine echte politische Karriere zu machen.«

Darauf antwortet sie:

»Das also hat mich gerettet! Was für ein Martyrium, eine politische Karriere! Das hat mich nie verlockt, weil ich spürte, daß ich für das Politikerleben, das sehr spezielle Talente erfordert, keine Begabung habe. Aber Sie haben recht: Koketterie und Verführungskunst sind für eine Frau hinderlich im politischen Leben. Will sie darin überleben, muß sie mütterlich und somit beruhigend wirken, aber um Gottes willen nicht verführerisch! [...]

Spielt da der Teufel mit? Man kann es bei sich selbst ja überhaupt nicht einschätzen, wie verführerisch ich wirke, welche Waffen benutze ich, wie ich sie einsetze. ... An jenem Abend, den Sie hier heraufbeschwören ..., da war ich schon keine junge Frau mehr. Aber ich wußte mich geliebt von dem Mann, der bei mir war, und nichts macht ein Gesicht strahlender. Habe ich wirklich eine große Charme-Nummer abgezogen? Es wird wohl stimmen, da Sie es sagen. Aber es dürfte ganz spontan gewesen sein, weil Sie ein attraktiver, lebenssprühender junger Mann waren, dessen Aufmerksamkeit zu fesseln amüsant war. Mit welchem Hintergedanken? Einfach so!«

Könnten wir uns diesen Briefwechsel vorstellen, wenn die Geschlechterrollen vertauscht wären? Würde je so von einem Minister gesprochen?

In letzter Zeit ist oft vom Mangel an Vorbildern die Rede und davon, daß die Frauen, sobald sie die öffentliche Sphäre betreten, männliche Verhaltensmuster annehmen. Es wird behauptet, daß Frauen, die an die Macht kommen, sich gezwungen sehen, nach männlichen Mustern zu funktionieren, da die Ersatzmodelle noch nicht so recht ausgereift seien.

Da das Männliche in der Gesellschaft häufig dominiert, sowohl in der Realität (Politik, Wissenschaft, Wirtschaft) als auch im Symbolischen, ist es logisch, daß es den Menschen geläufiger und »vertrauter« ist (Victoria Sau). Die männlichen Stereotype sind zudem vorteilhafter, und selbst wenn sie es nicht sind, wie im Fall der Aggressivität, erscheinen sie in dem Maß als gut und notwendig, wie sie vom agierenden Prototyp gehandhabt werden.

Hinzu kommt, daß es keinen Prototyp der Weiblichkeit gibt, den wir zum Modell nehmen könnten. Eine autoritäre und aggressive Haltung und Dominanzverhalten wirken bei Frauen besonders schlecht, während die Besonderheiten der weiblichen Macht, die einem demokratischeren Verwaltungsmodell den Vorzug geben, innerhalb der Organisationen zu neuen sozialen Verhaltensweisen führen können.

Unserer Generation von Feministinnen wurde oft vorgeworfen, wir würden im traditionellen Sinne »mit den Waffen einer Frau« kämpfen. Wir schufen deshalb einen bestimmten Modekanon, nach dem wir uns kleiden mußten, wollten wir den angeblichen »Fallen« der Weiblichkeit entgehen. Zum Glück legen die neuen Generationen von Feministinnen großen Wert auf den Ausdruck von Sexualität in all ihren Formen. Sie brechen dadurch mit besagtem Kanon und betonen sowohl die sexuelle Attraktivität als auch die den Frauen eigene Ästhetik.

Auch wenn das für alle Frauen gilt, sind doch die partnerlosen Frauen von der Konvention am härtesten betroffen. Sie geben Anlaß zu mehr Spekulation und Argwohn über ihr Privatleben, und das kann das öffentliche oder berufliche Streben überschatten. Damit meinen wir nicht nur unsere äußerliche Erscheinung, sondern auch unsere Gefühlsäußerungen, die Spontaneität, die Art und Weise, unsere Persönlichkeit zu zeigen, das heißt letztlich unser ganzes Verhalten. Nehmen wir uns zurück? Passen wir uns an? Ich persönlich habe mir im Laufe meines Berufslebens, angesichts bestimmter Angriffe oder Reaktionen, die eine Mischung aus Wut und Traurigkeit in mir hervorgerufen haben oder ein Gefühl des Unverstandenseins, vorgenommen, mich zu ändern, auf Abstand zu gehen und meine Spontaneität zu unterdrücken, um mich zu schützen und weniger verletzbar zu machen. Eine amerikanische Professorin erzählte mir, als Frau mit akademischer Laufbahn habe sie begriffen, daß es als unschicklich bzw. unprofessionell gelte, Leidenschaften oder Emotionen zu zeigen, da Menschen sich in der Regel unwohl fühlen, wenn Gefühle zum Ausdruck gebracht werden. Herzlichkeit, Spontaneität, Verständnis und Entgegenkommen werden oft mit Schwäche, Verletzlichkeit oder Unsicherheit verwechselt.

Wir mußten uns anstrengen, unserer inneren Stimme lauschen und durften nicht auf das hören, was man von uns erwartete. Zum Beispiel daß eine Frau, wenn sie in unserer Gesellschaft Erfolg haben will, folgende Voraussetzungen erfüllen muß: Sie muß hübsch sein, auf Sicherheit bedacht, geringe Erwartungen an ihren Beruf stellen, vor Liebe schier zerfließen und darüber ihre Arbeit vernachlässigen, für die anderen leben und immer an dem Platz bleiben, der ihr zugewiesen wurde. Trotzdem haben wir im Hinblick auf bestimmte Haltungen, die heute weniger Befremden auslösen und – zumindest in bestimmten Kreisen – zu weniger Kommentaren Anlaß geben, große Fortschritte gemacht.

Es ist wichtig, daß wir an uns arbeiten und dabei uns selbst bleiben. Doch leider scheint in den Machtspielen jedes Mittel recht zu sein. In solchen Momenten tauchen dann, wenn keine überzeugenden Argumente mehr da sind, Sprüche wie diese auf, die eigentlich nichts anderes als persönliche Angriffe sind: »Wie hart du bist!« – »Es wundert mich nicht, daß dich keiner heiraten will!« oder »Klar, daß dein Mann dich verlassen mußte!«

Es gibt Frauen, die es sich selbst auferlegen, kalt und unnahbar zu sein, um einen Eindruck von Macht zu vermitteln. Oft hören wir Ratschläge wie diesen: »Du mußt ein bißchen mehr Abstand halten, darfst nicht so leutselig sein, sonst werden die Menschen keinen Respekt vor dir haben.« Aber auch dafür werden wir angegriffen, vor allem, wenn wir im Recht sind: Es wird unsere Intimsphäre verletzt, weil wir dort am verletzlichsten sind. Wir haben vor Wut geheult, wenn wir auf diese Weise angegriffen wurden, wir haben uns hilflos gefühlt, als würden wir gegen etwas Ungreifbares kämpfen, und haben oft genug Anlaß gehabt, den Mut zu verlieren.

Gelegentlich wird uns Mangel an Selbstsicherheit vorgeworfen. Meine Freundin Ángeles bekam von ihrem Chef den Rat, selbst wenn sie sich nicht völlig sicher fühle, solle sie doch so tun, als ob. Sicheres Auftreten ist für Frauen oft schwierig, da sie in der Regel nicht genügend Unterstützung bekommen haben, um selbstbewußt ihre Kenntnisse darzulegen und zu zeigen, daß sie auf ihre Fähigkeiten und ihr berufliches Können stolz sind. Im Berufsleben müssen wir Frauen uns bei allen Zweifeln einen Panzer an Selbstvertrauen zulegen, das heißt etwas riskieren und unsere eigenen Lösungen suchen. Das ist ein schwieriger Prozeß, bei dem uns, über die Selbstreflexion hinaus, der Erfahrungssaustausch mit anderen Frauen helfen kann.

Nach meiner Erfahrung gibt es noch ein Problem, das vor allem uns Frauen betrifft, ob wir nun mit Partner oder ohne leben: Es fällt uns sehr schwer, überzeugend von etwas zu sprechen, von dem wir nicht überzeugt sind. Sind wir weniger zynisch oder einfach nur ehrlicher? Sind wir dadurch glaubwürdiger? Sicher ist, daß wir mehr leiden, wenn wir gegen unsere Überzeugungen handeln. Mit einem klaren Sinn fürs Praktische empfiehlt uns Gloria Steinem eine sehr wirksame Methode, mit der wir unsere Realitätswahrnehmung überprüfen können: die Analogiebildung. Dabei vertauschen wir die mächtige Gruppe und die Gruppe der Machtlosen. Zur Veranschaulichung gibt Steinem folgendes Beispiel: »Wenn die Presse nach einem Interview meinem Kleidungsstil oder der Frage, warum ich nicht geheiratet habe, mehr Aufmerksamkeit schenkt als meinen Ideen, neigte ich dazu, mich schuldig zu fühlen oder zu denken, die Dinge seien eben so und ich könne nichts dagegen tun. Später begann ich für mich persönlich eine Parallele zu einem Mann herzustellen, der ebenfalls alleinstehend und genau in meinem Alter ist: Ralph Nader, dem Anwalt der Konsumenten. Jedesmal, wenn ich eine Erfahrung dieser Art machte, sagte ich mir: Würde Ralph gefragt, warum er nicht geheiratet habe? Würde sein Beitrag mit einer Kritik über seinen Haarschnitt oder die Farbe seines Anzugs kommentiert? Die Antwort lautete immer: nein. Ab da begann ich mich weniger schuldig zu fühlen und die diskriminierende Behandlung, unter der ich so gelitten hatte, besser zu verstehen. Das gab mir ein Argument in die Hand, mit dem ich die Presse dazu bewegen konnte, ihre Haltung zu ändern.« Persönlich finde ich an dieser Haltung der Journalisten besonders schlimm, daß sie eine Banalisierung der Arbeit und der Fähigkeiten der Interviewpartnerin bewirkt.

Wenn wir unsere Qualitäten aufgeben, erschaffen wir eine Person, hinter der wir uns erfolgreich verstecken können, vor allem, wenn wir überzeugt sind, daß wir dadurch weniger leiden. Wenn wir es ohne Überzeugung tun, nur um einer Norm zu entsprechen, dann machen wir einen großen Fehler und sind nicht mehr in der Lage, die Situation wieder in den Griff zu bekommen. Angesichts dieses Dilemmas entscheiden sich viele Frauen dafür, weder sich selbst zu verleugnen noch ihre weiblichen Fähigkeiten oder ihren persönlichen Stil zu verbergen. Sie sind überzeugt, daß die Sensibilität, die Fähigkeit, Unterstützung zu leisten, die Mithilfe bei der Schaffung eines guten Klimas im Team und die Fähigkeit, bei Spannungen mit anderen zu verhandeln, statt auf offene Konfrontation zu setzen, keineswegs Mängel sind, sondern Werte, die immer mehr an Ansehen gewinnen.

Trotzdem müssen wir uns offenbar sehr anstrengen, um respektiert zu werden – eine oftmals grundlos schwierige Aufgabe. Es ist, als gebe es eine negative vorgefertigte Meinung über unsere Fähigkeiten, als würden Menschen nur darauf warten, daß wir einen Fehler machen, der diese Meinung bestätigt.

Daher sollten wir unser Verhandlungsgeschick und unsere unprätentiöse Art der Autoritätsausübung nutzen, um einen anderen Eindruck zu vermitteln und die Zusammenarbeit zu fördern. Das kann zu Risiken und Mißverständnissen führen, aber ich glaube, daß es mehr Befriedigung bringt und den Beziehungen ein menschlicheres Gesicht gibt. Persönlich ziehe ich es vor, mich so zu verhalten.

Viele Frauen mit hohem beruflichem Status, die dem Druck ausgesetzt sind, den ein Posten in verantwortlicher Stellung mit sich bringt, können mit einer Reihe zusätzlicher Schwierigkeiten zu kämpfen haben, die aus dem Verhalten anderer ihnen gegenüber herrühren. Daher halten sie es für opportun, sich gegen diese »abzuschirmen«, verschlossener und vorsichtiger zu werden, vor allem in jenen Augenblicken, in denen sie die Einsamkeit am schärfsten spüren: wenn wichtige Entscheidungen getroffen werden müssen.

Die Stärke der Frauen liegt nicht nur darin, daß sie gleiche Rechte fordern, sondern darin, daß sie die treibenden Kräfte sein wollen, die die Welt neu gestalten, indem sie einen Ausgleich zwischen Subjektivität und Rationalität, zwischen Berufsleben und Privatleben schaffen. Das heißt, sie wünschen sich eine komplexere Welt, in der das, was ausgeschlossen wurde, wieder integriert wird (Alain Touraine).

Kurz gesagt, die äußeren Umstände wirken sich für uns Frauen weiterhin nachteilig aus. Außerdem müssen wir lernen, ungerechte Kritik einzustecken und den Fehler auszumerzen oder wiedergutzumachen, der uns möglicherweise unterlaufen ist. Wir müssen aufpassen, daß uns andere nicht verletzen, und müssen einschätzen, welche Antwort die angemessenste ist, wenn andere ungerecht, widersprüchlich oder bösartig werden. In jedem Fall ist es das Beste, unserer Persönlichkeit so weit wie möglich treu zu bleiben. Wie schon Platon sagte: »Ich kenne keinen sicheren Weg zum Sieg, dafür aber einen, der sicher in die Niederlage führt: jedem gefallen zu wollen.«

Die Sexualität der Single-Frauen

Wie leben Single-Frauen ihre Sexualität aus? Der Sex ist die Wurzel unseres Lebens, und es ist dem Menschen kaum möglich, Biologie und Kultur zu trennen: »Es gibt keine erhabene Seele, die über dem Fleisch schwebt.« (Georges Bataille) – Wenn wir die Sexualität vom Gesichtspunkt der verschiedenen Kulturen aus betrachten, kommen wir zum

Schluß, daß es kein sexuelles Wertesystem gibt, das universelle Gültigkeit besäße, oder einen moralischen Kodex, der unanfechtbar, gerecht und auf alle Menschen anwendbar wäre.

Das sexuelle Wertesystem des Abendlands stammt von den Hebräern und wurde von unseren Kirchen zementiert, die den Gedanken formulierten, der Geschlechtsverkehr sei nur zum Zwecke der Fortpflanzung erlaubt und dürfe daher nur in der Ehe stattfinden. Der Körper der Frau wurde mit Sünde, Versuchung, Fleischeslust und Scham gleichgesetzt (denken wir nur an Eva im Paradies), was gleichzeitig die sexuelle Unterdrückung durch den Mann begünstigte. Daß die weibliche Sexualität etwas Geheimnisvolles und Sündiges ist, das kontrolliert werden muß, war das Grundprinzip der Urkirche und hatte lange Zeit Gültigkeit. Die Haupttugend der Frau war demnach sexuelle Reinheit und Lossagung von der Verführung.

Demgegenüber entdeckten die chinesischen Taoisten, daß der Geschlechtsakt, wenn er richtig ausgeführt wird, ein starkes Mittel ist, um unsere psychologischen Panzer zu sprengen, unsere Ängste zu bewältigen und damit toleranter, geselliger und weniger aggressiv zu werden. Aber nicht nur das; die alten Chinesen gaben die Sexualpraktiken durch Schriftrollen, Romane und erotische Malereien weiter, und ihr Studium gehörte zur Erziehung der jungen Leute, damit diese das erotische Ambiente finden konnten, das ihr eigenes *Yin* am besten befreite, die Essenz, die bei den Frauen, trotz ihres ruhigen Äußeren, für unerschöpflich gehalten wurde. Die Chinesen halten die Kraft des Begehrens der Frauen für tiefer und stärker. Die positive Vorstellung, die das Tao vom kostbaren Charakter der weiblichen Lust hat, wird an der Sprache selbst deutlich, mit der die Anatomie der Frauen beschrieben wird, Metaphern von großer Schönheit und Kunstfertigkeit. Diese Vorstellung ist nicht auf das alte China beschränkt; auch in den heiligen Büchern des Hinduismus, auch im *Kamasutra* und der tantrischen Literatur wird die Sexualität der Frauen als heilig, als heilsam für die Männer angesehen. Das Gefühl der Sicherheit, des Vertrauens und der hinausgezögerten Befriedigung der Frauen beim Geschlechtsakt wird als fundamentale Voraussetzung angesehen.

Auch der Islam schätzt die weibliche Lust, obwohl der Koran heute auch dazu genutzt wird, die entsetzlichsten Attacken auf die Frauen zu rechtfertigen. Leider hat auch die alte chinesische Weisheit nichts mit der Autonomie chinesischer Frauen zu tun, die einem für Frauen und Kinder extrem unvorteilhaften patriarchalischen System unterworfen waren, wie wir am beeindruckenden Film *Die rote Laterne* von Zhang Yimou sehen, der uns die Welt der Lust und Grausamkeit zeigt.

Aber kehren wir zurück ins Abendland. »Sexualität« ist ein Begriff, der laut Foucault zum ersten Mal im 19. Jahrhundert in jener Bedeutung auftaucht, die er heute für uns hat. Ende des 18. Jahrhunderts, als die industrielle Revolution sich auszubreiten begann, setzte sich die Vorstellung durch, daß Frauen das engelsgleiche Geschlecht sind und daß ihre Wünsche sich auf zärtliche Zuneigung, Mutterschaft und Ehe konzentrieren. Doch zum Glück hat die sexuelle Revolution Sexualität und Mutterschaft wieder voneinander getrennt, und jetzt wird die Forderung nach der Lust laut sowie nach dem Recht der Frau, über den eigenen Körper zu verfügen. Bei Männern wie bei Frauen kommt die Homosexualität in Mode; die archaische Spaltung in tugendhafte und gefallene oder verruchte Frauen wird aufgehoben. Die von Giddens so genannte »plastische Sexualität«, d.h. ihre Befreiung von der Notwendigkeit zur Fortpflanzung, ist wegweisend für die Emanzipation, sowohl was die bloße Beziehungsebene als auch was die Forderung der Frauen nach sexueller Lust anbelangt.

Ohne jeden Zweifel haben Bücher wie *Unser Körper, unser Leben. Ein Handbuch von Frauen für Frauen,* der *Hite-Report* und der *Kinsey-Report* sowie die Studien von Masters und Johnson echte Erkenntnisse über die weibliche Sexualität, das Masturbieren, die homosexuellen Beziehungen, die Phantasien und Frustrationen gebracht. Tatsächlich enthüllten sie eine nicht nur vorher verborgene, sondern auch von den Fachleuten manipulierte Realität (Ausnahme waren etwa der englische Arzt Havellock Ellis, der 1899 behauptete, die angebliche Asexualität der Frauen sei eine viktorianische Erfindung, oder die nordamerikanische Ärztin Elizabeth Blackwell, die 1902 behauptete, der ungezügelte Geschlechtsdrang sei bei Frauen ebenso vorhanden wie bei Männern).

Auch wenn Jungfräulichkeit nicht mehr als der wesentliche Schatz einer Frau angesehen wird, so wird immer noch, wenn auch weniger häufig, für den Geschlechtsverkehr in formell gebundenen Partnerschaften eingetreten, vor allem innerhalb der neuen konservativen Bewegungen. Diese raten Frauen, zu warten, da Sex nur im Rahmen einer festen Beziehung wirklich gut sei. Viele Generationen von Frauen haben eine wenig erfreuliche Vorstellung von sexuellen Beziehungen an ihre Töchter weitergegeben, die Folge einer repressiven Erziehung, die auch auf Unwissenheit beruht. Die sogenannte »eheliche Pflicht« weckt nicht gerade lustvolle Vorstellungen. Der erzwungene Geschlechtsverkehr hatte zur Folge, daß Frauen häufig dazu neigten, die Wünsche, Bedürfnisse und Forderungen des Mannes zu erfüllen als ihre eigenen, die sie oftmals selbst nicht kannten oder nicht spürten, unter Umständen in solch einem Maß, daß sie sich darob nicht einmal frustriert fühlten. Viele Frauen bekennen, daß sie noch nie einen Orgasmus gehabt haben, und andere erzählen, daß sie ihn vortäuschen, um dem Mann einen Gefallen zu tun oder keine Probleme zu bekommen.

Zum Glück ändern sich die Zeiten allmählich, wenn auch nicht schnell genug. Es ist offensichtlich, daß die Vorstellungen von Männlichkeit und Weiblichkeit, die seit Urzeiten als einander entgegengesetzte Geschlechterrollen betrachtet wurden – die passive, fügsame und abwartende Frau einerseits und der aktive und erfahrene Mann andererseits, der die Initiative ergreifen muß –, sich allmählich aufzulösen beginnen: Immer mehr Paare gestalten ihre sexuelle Beziehung als ein gegenseitiges Geben und Nehmen, als einen Akt der gegenseitigen Befriedigung. Jetzt wird auch mit größerer Offenheit und Natürlichkeit über das Thema gesprochen, was ihm das Geheimnisvolle und Schambesetzte nimmt. Und sicher das Wichtigste ist, daß ein großer Teil der Gesellschaft Sex mittlerweile als etwas betrachtet, das Freude und tiefe Bindungen schafft. Die zunehmende Emanzipation der Frau hat bei diesem Wandel eine extrem wichtige Rolle gespielt, die Entmystifizierung des Sex für die Frau (also die Freiheit, ihn kennenzulernen und zu genießen) bedeutet die Schleifung des letzten Bollwerks der Unterdrückung, der sie unterworfen war.

Während bis vor kurzem noch ständig behauptet wurde, Frauen würden sich nach Liebe sehnen und Männer nach Sex, so wünschen sich jetzt auch Frauen Sex und sind in der Lage, sich sexuelle Befriedigung zu verschaffen.

Nachdem Lilian Rubin 1989 die sexuellen Lebensläufe von fast tausend heterosexuellen Personen im Alter zwischen achtzehn und achtundvierzig Jahren untersucht hatte, schrieb sie die Chronik eines Wandels von gigantischen Ausmaßen, der in den letzten Jahrzehnten in der Beziehung zwischen Männern und Frauen stattgefunden hat. In den älteren Generationen wurde es von beiden Geschlechtern geschätzt, wenn die Frau jungfräulich in die Ehe ging. Viele waren erst nach der Verlobung oder Heirat zum Geschlechtsverkehr bereit, und die jungen Frauen, die in dieser Hinsicht aktiver waren, wurden von ihren Geschlechtsgenossinnen, aber auch von den jungen Männern, die zwar hinter ihnen her waren, verachtet. Ebenso, wie das gesellschaftliche Ansehen der jungen Frauen auf ihrer Fähigkeit beruhte, den sexuellen Attacken zu widerstehen, hing das der jungen Männer davon ab, wie viele sexuelle Eroberungen sie machen konnten. In Übereinstimmung mit den Untersuchungsergebnissen von Rubin ist der Wandel des Sexualverhaltens und der Einstellungen bei jungen Männern stärker ausgeprägt. Laut einigen Umfragen unter jungen Frauen ist Sex, trotz aller Informationen, immer noch mit Angst und Streß verbunden, zumal Leidenschaften und Emotionen schwer zu kontrollieren sind, vor allem, wenn Frauen noch sehr jung sind. Heutzutage gibt es in dieser Hinsicht sehr traditionelle Jugendliche (oder solche mit sehr traditionellen Haltungen), aber auch viele, die offen zugeben, daß sie Spaß am Sex haben, die die Initiative ergreifen, die möchten, daß ihr Körper respektiert wird, die lernen zu erkennen, was dem anderen Lust bereitet, und offen über das Thema sprechen: Sex ohne Tabus und mit Orgasmen.

Mittlerweile herrscht allgemein die Vorstellung, daß die

Frau eine sehr entwickelte Sexualität besitzt. Eine der häufig auftauchenden Fragen ist die nach der Beziehung zwischen Intimität und Sexualität. Haben Männer und Frauen unterschiedliche Vorstellungen davon, unter welchen Bedingungen sie Sex haben wollen und genießen können? Angeblich produzieren Männer im Vergleich zu Frauen die fünffache Menge an Testosteron, dem Hormon, das für die Aggressivität und den Geschlechtstrieb zuständig ist, was den größeren Drang der Männer erklären würde. Für die Männer hat Sex »einen zwanghafteren Charakter, vielleicht, weil sie eine Erektion haben. Zumindest ist die Erregung sichtbarer. In der Welt der Männer zählt das nach außen Gekehrte, Angeberei spielt eine wichtige Rolle, während die Welt der Frauen die Intimität ist« (Carlos Castilla de Pino).

Angeblich sind bei Frauen die emotionalen und affektiven Anteile stärker als die bloße körperliche Anziehung. Diese Behauptung basiert auf der unterschiedlichen Art und Weise, wie außereheliche Beziehungen gehandhabt werden: Der Mann kann eine solche Beziehung auch einzig in der Absicht eingehen, die sexuelle Spannung loszuwerden, während das offensichtlich bei Frauen nicht üblich ist. Was nicht heißen soll, daß diese keine außerehelichen Beziehungen eingehen, sondern nur, daß sie meist andere Gründe haben als den Sexualtrieb oder die schiere Eroberungslust. Wie Giddens sagt: »Flüchtige sexuelle Beziehungen sind kein ausschließliches Merkmal der Männer.«

Wenn ein Mann eine Frau kennenlernt und sich von ihr angezogen fühlt, so ist es oft sein erster Wunsch, mit ihr ins Bett zu gehen, und er beginnt herauszufinden, wie er das erreichen kann. Noch bevor eine Frau an Sex denkt, versucht sie herauszufinden, ob sie ihm trauen kann und wie ihre Beziehung sein würde. Deshalb fühlt sie sich, wenn sie ja sagt, bereit, eine verbindliche Beziehung einzugehen. Für den Mann ist das Ja der Frau wie eine Bestätigung seiner Männlichkeit und damit seiner Identität als begehrenswerter Mann; wenn er das Ja hört, gewinnt er Macht, ergreift er die Initiative, und sie läßt sich darauf ein, wenn sie zum Schluß gelangt, daß ein Mann interessiert genug ist, um am nächsten Tag anzurufen.

In dem Moment, in dem sie ihm den Abschiedskuß gibt, beginnt die Uhr zu ticken. Ist die Nacht angenehm verlaufen, erwartet sie einen Telefonanruf, Blumen, eine Nachricht; sie läßt noch einmal seine Gesten und Worte vor ihrem inneren Auge ablaufen, um ihre Hoffnung, daß es weitergehen möge, zu erhalten. Wie eine Freundin verängstigt sagte: »Ich muß warten, denn wenn ich anrufe, dann rennt er sicher weg.« So sieht's aus. Für viele Frauen ist es wichtig, eine Beziehung zu haben, und so fangen die Probleme und die Verwirrungen an. Wie die Protagonistin im Roman von Helen Fielding, *Schokolade zum Frühstück – das Tagebuch der Bridget Jones,* sagt, als sie darüber klagt, daß die Männer unverbindlichen Sex wollen: »Woran liegt es nur, daß die Lage zwischen den Geschlechtern nach einer ersten Nacht so quälend unausgewogen ist? Ich habe das Gefühl, als hätte ich eine Prüfung gemacht und müßte jetzt auf das Ergebnis warten.«

Die nordamerikanische Anthropologin Leanna Wolfe gestand: »Ich konnte mir Sex ohne Liebe nicht denken, und wenn sich einmal die Gelegenheit bot, lehnte ich ab.« Aber so läuft es nicht immer, denn es gibt auch Frauen, die Sex und Liebe trennen können, die daran denken, ihre eigenen Wünsche zu befriedigen, und die glauben, Sex mit

Liebe zu verbinden sei eine bloße kulturelle Konstruktion und keine allgemeine Praxis.

Jedenfalls ist es, wie Dario Fo in *Sex, aber mit Vergnügen* sagt, das Wichtigste, daß wir uns gut kennen und guten Sex machen, mit oder ohne festen Partner, mit wem wir wollen, wann wir wollen und wie wir wollen.

Viele der Frauen, die heute im reifen Alter sind, hatten flüchtige Affären, als sie noch jung waren, ganz in Übereinstimmung mit der freien Liebe und den Moden und Leitbildern der 68er-Generation. Doch diese Art von Beziehung interessiert sie nicht mehr, obwohl sie sie in Phasen, in denen sie sich expansiver oder impulsiver fühlen, nicht ausschließen. Für viele von ihnen sind die Jahre seit der Entdeckung der Pille und vor Aids herrlich gewesen.

Es gibt auch Frauen, die Angst vor Gefühlen haben und Situationen oder Beziehungen vermeiden, bei denen sie sich als Opfer des Bedürfnisses fühlen könnten, den anderen zu besitzen oder von ihm besessen zu werden. Vor kurzem erzählte mir eine Freundin, daß sie, wenn sie mit einem Mann ins Bett ging und es gut lief, das Gefühl hatte, der andere besitze sie und sie könne sich nicht mehr wehren, da sie die männliche Macht spüre und sich in eine abhängige, ja sogar unterwürfige Frau verwandeln würde.

Dagegen sagen andere Frauen, daß sie Zuneigung und eine emotionale Bindung brauchen und vorübergehende Affären für gefährlich halten und sie ihnen keinen Spaß machen. Wozu dann also Sex haben? Auf die eine oder andere Weise gelingt es ihnen, den Mangel durch Arbeit, politisches Engagement oder intellektuelle Beschäftigungen zu sublimieren, oder sie verausgaben ihre überschüssige Energie beim Sport.

Selbstverständlich gibt es immer mehr Frauen, deren

Situation und Bereitschaft im Hinblick auf sexuelle Beziehungen und Liebesabenteuer nicht immer dieselbe ist. Ich hoffe, Sie verstehen, was ich meine. Ein und dieselbe Frau kann Phasen der Promiskuität gehabt haben, ist verheiratet gewesen, hatte Liebhaber, Abenteuer, Affären oder auch nicht, feste Beziehungen ohne definitive Verbindlichkeit und Phasen freiwilliger Abstinenz. Oft ist es, als würden wir Winterschlaf halten, wir sind faul, haben so gut wie keine Liebesbedürfnisse, und zwar nicht etwa, weil wir in ein bestimmtes Alter gekommen wären, obwohl eine zwiespältige Haltung zum eigenen Körper leider zusätzliche Schwierigkeiten bereiten kann. Offensichtlich verlieren wir ab einer bestimmten Altersgrenze, die zunehmend später anzusetzen ist, automatisch an Wert und zählen nun zur Kategorie der nicht begehrenswerten Frauen. Dabei denke ich etwa an Jaqueline Bisset in dem Film *Rich and famous,* in dem sie einen Heiratsantrag ausschlägt, weil sie nicht will, daß ihr junger Geliebter sieht, wie ihr Fleisch allmählich schlaff und welk wird.

Viele Menschen leiden bei dem Versuch, einem sexuellen Vorbild nachzueifern, das vielfach mehr mit Sciencefiction als mit der Wirklichkeit zu tun hat. Wenn sie sich in der Sexualität nach fremden Vorbildern richten, statt auf die eigene Erfahrung zu hören, so führt das zu Verunsicherung. Die athletische Sexualität entspricht der Ästhetik des gezwungenen Lächelns, dem Kult des äußeren Scheins und der vorgetäuschten Persönlichkeit (Calvo Artés).

Nach Ansicht einiger belesener Frauen hängen für alleinstehende Frauen Sexualität und Vertrautheit zusammen. Sie seien allgemein nicht an flüchtigen sexuellen Beziehungen interessiert – eine Haltung, bei der Aids eine

Rolle spielen mag. Viele davon leben oder lebten zeitweise enthaltsam und sehen die Sexualität als etwas ganz Persönliches an. In bestimmten Momenten ziehen sie es vor, sich selbst zu befriedigen.

Die autonome Sexualität der Frau wurde als Bedrohung angesehen oder scheint zumindest unter Umständen als eine herausfordernde Haltung interpretiert zu werden, da sie es gestattet, die Leistungsfähigkeit und Erfahrung der Männer zu beurteilen. Aber daß wir weniger verklemmt sind, heißt weder, daß wir dem sexuellen Athletenwahn zum Opfer fallen, noch, daß wir uns, wie gelegentlich behauptet wird, in männerfressende Weiber verwandelt haben oder in eine neue Art *femme fatale*.

Während eine Frau mit lockerem Lebenswandel früher, im Gegensatz zum Verführer, in aller Öffentlichkeit bestraft wurde, gibt unsere Gesellschaft vor, dies nicht zu tun. Daher begegnen viele Menschen einer sexuell aktiven Frau, die ihre Sexualität nicht innerhalb mehr oder weniger institutionalisierter Beziehungen auslebt, mit Mißtrauen und Angst. In dieser Hinsicht gibt es immer noch sehr traditionelle soziale Milieus, Heuchelei und doppelte Moral. Die Zensur hat ihre Macht verloren, denn familiäre Situationen, für die sich viele Familien in unserem Land noch vor einigen Jahren geschämt hätten, sind allgemein üblich geworden: Scheidung, wilde Ehe oder Geburtenkontrolle sind »normal«.

Viele Frauen fragen sich: Wo sind die freien Männer, die uns gefallen könnten? Das hängt wohl teilweise auch davon ab, was wir suchen: einfach nur einen Mann, starke Gefühle, Sex oder ein wenig Zärtlichkeit ... Nur wenige Frauen gehen grundlos auf die Suche nach einem Mann; sie sind sich dessen bewußt, wie wertvoll ihre Zeit ist, und wissen, daß sie Gefahr laufen, in langweilige, deprimierende oder sogar entwürdigende Situationen zu geraten, dies obwohl es auch wundervolle One-night-Stands gibt – oftmals eine Frage der Chemie. Viele Frauen mögen unverbindlichen Sex und praktizieren ihn. So schildert ihn Linda Jaivin in *Haut und Haar:*

»Er war zehn Jahre jünger als sie und hielt vermutlich ohnehin nicht viel von einer festen Beziehung. Sie könnte das Ganze als eine Art One-night-Stand angehen. Für eine diskrete, zwanglose Bettgeschichte ab und zu war sie durchaus zu haben. Aber Moment, was wäre, wenn sich der One-night-Stand als richtig großartig erwies? Würde sie sich dann nicht nach einer zweiten Nacht sehnen? Und wenn sie eine zweite, ebenfalls berauschende Nacht mit ihm verbringen würde und danach wäre Schluß, was dann? Im Grunde waren zwei Nächte weitaus schlimmer als eine Nacht. Ein One-night-Stand ist das, was er verspricht. Am Morgen wachen wir auf, schauen uns gegenseitig an und machen: ›Hmmm.‹ Wenn beide denken: ›O Gott, das hab' ich mir also letzte Nacht angeschleppt‹, packt die Gastmannschaft ihren Kram und verläßt das Stadion. Die Heimmannschaft stellt sich unter die Dusche und beginnt ihren Tag. Wenn beide denken: ›Wow‹, gibst du noch einen Kuß mit auf den Weg. Er ruft nicht an und du ebenfalls nicht, beziehungsweise du oder er melden sich, die Sache wird ausdiskutiert, und damit ist alles erledigt. Aber Two-night-Stands, das sind die echt schmerzhaften Erfahrungen. Für dich ist es eine Beziehung, für ihn bloß ein Zufall. Du hast angefangen, deinen Freunden von der Geschichte zu erzählen, während er schon irgendeiner Neuen hinterherjagt.«

Andere Frauen verzichten zeitweilig auf sexuelle Beziehungen, sie finden in der Abstinenz ihren Frieden und fühlen sich freier, vor allem, wenn sie keine Lust mehr verspüren. Ich denke, viele Frauen werden der Behauptung zustimmen, daß kein Sex schlechtem Sex vorzuziehen ist.

Der Mangel an Zärtlichkeit ist jedenfalls weitaus schwerer zu ertragen. Wir wollen gestreichelt und umarmt werden; das Wohlbefinden, das uns Zärtlichkeiten bereiten, scheint auch eine biochemische Basis zu besitzen, indem sie das Niveau an Oxitocin erhöhen soll, das dahingehend wirkt, daß wir uns wohl fühlen und weniger angespannt sind. Das Fehlen von Zärtlichkeiten kann dagegen zu Reizbarkeit und Traurigkeit führen.

Die Frage, die Naomi Wolf stellt, erscheint mir zutreffend: Warum werden, wenn die Sexualität der Frau nicht wirklich subversiv ist, so viele Anstrengungen unternommen, um sie zu kontrollieren? Warum können wir die weibliche Lust nicht vollauf in unsere Zivilisation integrieren? Was würden wir gewinnen, wenn wir es zuließen, daß die Leidenschaft der Frauen in unserer sozialen Welt Einzug fände und dort ihren Platz behauptete?

Die sexuelle Revolution ist nicht abgeschlossen. Wir Frauen haben widersprüchliche Botschaften erhalten: Wir können tun, was immer wir wollen, und zugleich können wir aus genau diesem Grund als »Nutte« beschimpft werden. Wir müssen immer darum kämpfen, die Stereotype der Feministin und der Nutte, die unser Inneres zerrissen haben, miteinander zu versöhnen (Naomi Wolf). Zum Beispiel wurde im Feminismus das Verlangen nach dem männlichen Körper als ein Mangel oder eine Schwäche gedeutet. Emma Goldman, Politikerin, Agitatorin und Kämpferin für die Gleichberechtigung, eine mutige, engagierte und unerschrockene Frau, gestand, daß ihr sexuelles

Verlangen einen Riß in ihrer Identität verursacht habe. Im Jahre 1912 schrieb sie, die Frau sei zu einem Sexualobjekt erzogen worden und trotzdem habe sie vom Sinn und der Bedeutung der Sexualität nicht die geringste Ahnung. Diese Frau, die die freie Liebe predigte, gestand in ihren Briefen, es sei ihr nicht gelungen, das starke Verlangen, das ihr Geliebter in ihr hervorrief, in ihr Leben zu integrieren und sich ein Minimum an Würde zu bewahren. Sie empfand, daß ihre Leidenschaft mit ihrer Vernunft im Kampf lag.

Wenn wir Frauen die Tatsache, daß wir auf sexuellem Gebiet eine starke Zaubermacht besitzen, akzeptieren könnten, welche Lehre könnten wir daraus ziehen? Natürlich nicht, die weibliche Lust zu leugnen oder abzuwerten, sondern sie in unsere Kultur zu integrieren. Wir könnten daran denken, eine andere Welt zu erschaffen, in denen Weiblichkeit und Männlichkeit weder für alle Zeiten festgeschrieben noch verachtet und abgewertet werden müssen.

Wenn der erotische Instinkt, wie Jung sagt, zur Urnatur des Menschen gehört und mit der höchsten Form des Geistes verbunden ist, sollten wir ihn weder leugnen noch zum Schweigen bringen. Wir sollten die Möglichkeiten, unsere sexuelle Phantasie zu entwickeln, nicht beschränken, sondern erweitern, denn wir Frauen sind nicht übersättigt, was sexuelle Bilder anbelangt, vor allem weil wir noch keine oder nur sehr unzureichende Gelegenheiten hatten, eine weibliche Subjektivität, die aus unserem Blickwinkel über Sexualität spricht, zutage treten zu sehen (Raquel Osborne). Daher brauchen wir eine stärkere Entwicklung der sexuellen Kultur.

Von der Liebe fürs Leben zu alternativen Beziehungen

Derzeit ist viel von der Nichtlebbarkeit der Liebe für das ganze Leben die Rede, vom Verfallsdatum des Versprechens »bis daß der Tod uns scheidet« und folglich von der Suche nach Alternativen zur traditionellen Beziehung, mit der viele Frauen den Versuch wagen, andere Spielregeln aufzustellen: Beziehungen, in denen sie dem Streben nach dem Absoluten entkommen können.

Zu den positiven Aspekten, die normalerweise mit einer Paarbeziehung assoziiert werden, zählen Vertrautheit, starke Gefühle, Gesellschaft, Sex, Schutz, emotionale und wirtschaftliche Unterstützung, die Möglichkeit, Kinder zu bekommen und gemeinsam aufzuziehen ... Einen Partner zu finden bedeutet, einen Menschen zu haben, mit dem wir reden, ausgehen, schlafen, ins Bett gehen und den wir in die Arme nehmen können. Die Nachteile sind vor allem, daß wir unsere Unabhängigkeit verlieren, gezwungen sind, große Kompromisse einzugehen, daß wir den anderen brauchen und abhängig von ihm sind, keinen eigenen Raum besitzen, einige Träume nicht mehr verwirklichen können. In der bereits angesprochenen Studie von Tuula Gordon über alleinstehende Frauen in verschiedenen Ländern zeigten diese sich in bezug auf die Ehe, die sie an Ketten, Gefängnis, Hölle, Unglück denken ließ, viel kritischer als in bezug auf die Familie. Andere Frauen lehnen die Ehe nach einem ersten verunglückten Versuch ab, und einige verspüren den Wunsch, auf selbstbestimmte Art zu leben.

In gewisser Weise können sich viele reifere Frauen, je mehr sie sich weigern, sich dem »Alles oder nichts« zu unterwerfen, als kulturelle Dissidente betrachten. Sie versuchen, Beziehungen zu entwerfen und zu leben, die weniger traditionell sind, ihren Wünschen und Möglichkeiten entsprechen und ihnen Befriedigung verschaffen. Und es gelingt ihnen, sich vor den Gewohnheiten in acht zu nehmen, die Anpassung, Aufopferungsbereitschaft, Abhängigkeit und Unterwerfung fordern.

Aber diese Vorsichtsmaßnahmen führen unweigerlich zu Abgrenzung. Dies ist ihr Hauptmerkmal. Um sich zu schützen und ihre Autonomie nicht allmählich zu verlieren, ist die alleinstehende Frau ständig dabei, sich in ihren Beziehungen auf emotionaler, psychischer und körperlicher Ebene abzugrenzen. Sie weiß recht genau, was sie will und was sie braucht. Sie möchte sich keine Illusionen machen. Sie weiß aus Erfahrung, wie kurzlebig Leidenschaft und Verliebtheit sein können, und sie ist auf der Suche nach einer nichttraumatischen, vernunftbestimmten Realität.

Tatsächlich gibt es Frauen – und natürlich auch Männer –, die weder heiraten noch mit dem Partner zusammenleben wollen. Sie möchten dem anderen nicht automatisch und zwangsläufig begegnen, es ist ihnen zuviel, mit dem anderen zusammenzuleben, den Alltag zu teilen und ständig das eigene Tun und Lassen erklären zu müssen. Sie suchen nach alternativen Formen des Zusammenlebens. Sie leben zum Beispiel nicht mit ihrem Partner unter einem Dach und teilen sich mit ihm weder die wirtschaftlichen noch die häuslichen Pflichten. Sie begrenzen die Menge an Zeit und emotionaler Energie, die sie in die Beziehung einbringen möchten. Sie sind sehr vorsichtige Menschen; sie weigern sich, sich auf den anderen einzulassen, weil sie die Folgen kennen. Diese Art von Beziehung kann auch eine Verwirklichung des beiderseitigen Wunsches sein, sich die

Freiheit zu bewahren, ohne auf Liebe zu verzichten. Wie im Fall der LAT *(Living Apart Together)* oder der jungen Menschen, die zwar einen Partner haben, aber weiterhin bei den Eltern leben.

Eine Beziehung dieser Art kann sehr intensiv werden, ohne allzu große Beeinträchtigungen zur Folge zu haben, gerade weil bestimmte Verpflichtungen nicht eingegangen werden müssen. Ohne den Anspruch, das Thema erschöpfend zu behandeln, möchte ich die häufigsten Fälle erwähnen: Beziehungen, bei denen die Partner in verschiedenen Städten leben, in verschiedenen eigenen Wohnungen; Beziehungen, bei denen die Wochenenden und die Ferien gemeinsam verbracht werden; Beziehungen zu einem verheirateten Mann, zu jungen Männern und wechselnde, flüchtige Beziehungen.

Es gibt berühmte Paare, die nie gemeinsam Pläne geschmiedet und nie geheiratet haben, die mal zusammen gelebt haben, mal wieder nicht, die durch starke intellektuelle, künstlerische oder auch politische Bande aneinander gebunden waren. Diesen Beziehungen mangelte es nicht an Turbulenzen. Etwa die Liebesgeschichte von Dashiell Hammett und Lillian Hellman, die dreißig Jahre lang zusammen waren und sich ständig betrogen. Wie Lillian selbst in ihren *Erinnerungen* schreibt: »Wir hatten nie Pläne und haben auch nicht über die Zukunft gesprochen. Was mich angeht, so glaube ich, daß diese Mischung aus Verbindlichkeit und fehlender Verbindlichkeit von dem Bohèmeleben stammt, das ich durch Calvino kennenlernte; was Hammett angeht, ist sie darauf zurückzuführen, daß er nie an irgendeine Art von Dauer glaubte und jede Form von Absolutheit weit von sich wies.« In einem anderen Buch von ihr, das ebenfalls autobiographischen Charakter besitzt, *Eine unfertige Frau,* spricht sie von ihrem Mangel an Kontinuität, den sie mit der Kontrolle über ihr eigenes Leben in Verbindung bringt. »Das zähe, hartnäckige und beherrschende Bedürfnis, allein zu sein, das sich mit dem Bedürfnis rieb, nicht allein zu sein, wenn ich nicht allein sein mochte.«

Oft handelt es sich um Beziehungen, die einigermaßen zufriedenstellend verlaufen. Hier möchte ich als Beispiel die schöne Geschichte von Cristina und René anführen. Sie heirateten, als sie sehr krank war. Nach vielen Jahren hatten sie sich eine Beziehung geschaffen, die auf Gleichberechtigung beruhte. Sie arbeiteten beide sehr gern und lebten in sehr unterschiedlichen Städten – Chicago und Valencia. Sie regten sich gegenseitig an, sie sprachen sich ab, um in beiden Städten eine Zeitlang gemeinsam zu verbringen, ohne auf ihren jeweiligen Beruf oder ihre eigenen Freiräume verzichten zu müssen. Sie hatten einen ähnlichen Geschmack, kümmerten sich umeinander und liebten sich.

Das sind offene und ehrliche Beziehungen, die nicht auf Abhängigkeit beruhen und in denen es auf Freundschaft, Sex und emotionale Vertrautheit ankommt. Wichtig ist vor allem, wie sich Frau und Mann fühlen, wenn sie zusammen sind, denn ein großer Teil der Beziehung spielt sich in der Erinnerung ab. Es gibt keine Verpflichtungen und keine Kompromisse, die über das, was die Loyalität gebietet, hinausgehen würden. In der Regel werden Beziehungen dieser Art von reiferen, autonomen und selbstbewußten Menschen geführt und von solchen, die ein bestimmtes wirtschaftliches Niveau erreicht haben und ihren Beruf – auf den sie viel Energie verwenden – ebenso wie ihre gesellschaftlichen Verpflichtungen und ihre Freundschaften lieben und wertschätzen. Auch sie aber können sich gelegentlich unsicher fühlen, weil sie sich einbilden, nicht von allen anerkannt zu werden.

Eine der beliebtesten unter den komprimierten Beziehungsformen ist die Wochendbeziehung, denn am Wochenende haben wir Zeit, um uns auszuruhen und die Gemeinsamkeit ohne die Spannungen und Probleme des Alltags zu genießen. Auf diese Weise schaffen wir uns eine Art Seifenblase ohne die Alltagsprobleme und Schwierigkeiten des Zusammenlebens. Wir leben eine intensive Beziehung, die einen aber nicht vereinnahmt oder abhängig macht. Wenn Kinder aus früheren Beziehungen da sind, kommt es – auch wenn es gut funktionierende Familien gibt, in denen Kinder aus verschiedenen Ehen zusammenleben – gelegentlich vor, daß wir entscheiden, mit unseren Kindern allein zu leben.

Wenn wir lieben, möchten wir selbstverständlich so viel Zeit wie möglich gemeinsam verbringen, aber das ist nicht immer das Beste für eine Beziehung und auch nicht für die einzelnen Partner. Die Intensität einer Beziehung läßt sich nicht in Stunden bemessen, vor allem dann nicht, wenn diese Stunden vor dem Fernseher verbracht werden. Oft sind wir so versessen darauf, den anderen zu besitzen, kleben wir so sehr aneinander, daß es uns nicht gelingt, die Zeit zu genießen. »Frauen und Männer, die zu sehr lieben«, schaffen Abhängigkeiten, die fast schon einer Krankheit gleichen. Daher kommt es immer darauf an, einander nicht einzuengen und ein wenig auf Abstand zu gehen, sich die Dinge quasi von außen anzusehen.

Beziehungen mit jüngeren Männern

Auch die Beziehung mit einem jüngeren Mann stärkt das Selbstbewußtsein reiferer Frauen. Immer mehr Frauen machen diese Erfahrung, und das wird auch so bleiben, obwohl es auf gesellschaftlicher Ebene zumindest Befremden auslöst. Trotzdem gibt es immer mehr glückliche Paare, bei denen die Frau älter ist als der Mann, was darauf schließen läßt, daß einige Vorurteile allmählich verschwinden und die Möglichkeiten zunehmen.

Warum widmen wir den Beziehungen mit jüngeren Männern ein eigenes Kapitel? Weil sie neu sind oder weil die Erfahrung gezeigt hat, daß sie, zumindest derzeit noch, in der Regel nicht von langer Dauer sind? Auch hier gibt es schöne Liebesgeschichten, selbst wenn ihre Dauer begrenzt ist. Ich persönlich kenne ein Paar, deren Beziehung fünf Jahre dauerte: Sie war eine geschiedene Frau von fünfundvierzig und hatte zwei Söhne, und er war ein lediger Mann von fünfundzwanzig; sie hatten eine leidenschaftliche Liebesbeziehung, in der sie die Alters- und Bildungsunterschiede überwanden, in der die beiden sich gegenseitig bereicherten, bis die Unterschiede schließlich größer waren als das Begehren, das allmählich stetig an Intensität verlor.

Junge Männer können viele Dinge in eine Beziehung einbringen: Frische, neue Energie, andere Perspektiven … Was die Sexualität anbelangt, ist das Zusammenspiel unter Umständen besser, denn die weibliche Sexualität kommt erst ab dreißig zur vollen Entfaltung, aber danach entwickelt sie sich immer weiter, während sie beim Mann ab der Adoleszenz gleichbleibt oder eher abnimmt. Das kann zu einer sehr befriedigenden Beziehung führen, aber gelegentlich vermissen wir ein gewisses Einvernehmen, wie es unter den Mitgliedern einer Generation existiert, und laufen Gefahr, uns in die wundervolle »Mama« zu verwandeln, die immer um Rat gefragt werden kann. Frauen können allerdings auch von älteren Männern in die Mutterrolle gedrängt werden. Viele Frauen möchten eine bedeutende Persönlichkeit an ihrer Seite haben, einen Mann, der ihnen Sicherheit gibt, und haben deshalb kein Interesse an jüngeren Männern.

Wie dem auch sei, es gibt immer mehr Frauen, die nach einer ersten Paarbeziehung Beziehungen mit jüngeren Männern haben und sich dabei sehr wohl fühlen; Männer, die in einer anderen Zeit aufgewachsen sind, schätzen und verwöhnen uns mehr als die Männer unserer Generation. Auch sind die sexuellen Beziehungen in diesem Fall befriedigender, weil die Frauen ihren Körper besser kennen und mehr Erfahrung haben, während die Männer mehr Energie haben. Ein Ex-Schüler erzählte mir, er habe sich, nachdem er den Roman *Lob der erfahrenen Frauen* von Stephen Vizinczey gelesen hatte, für ältere Frauen interessiert, denn sie erschienen ihm weniger schwierig als die jungen Frauen, kannten ihre Gefühle besser, waren großzügiger, weniger auf sich selbst fixiert und durch ihre Reife ausgeglichener.

Eine der Protagonistinnen aus dem Roman von *Linda Jaivin* sagt es so: »Julia trat voll und ganz dafür ein und schwor auf die Vorzüge jüngerer Männer: ihre Verspieltheit, ihre liebe Art, die viele Zeit, die sie mitbrachten, um sich auf deinem Bett die Zehennägel zu schneiden oder auf deinem PC Spiele zu installieren, ihr Sinn für Abenteuer, ihre zuverlässigen Erektionen.« Die Frau müsse nicht ständig schwärende alte Wunden verbinden, die irgendeine andere Frau verursacht hatte, oder so tun, als verstehe sie die abgestumpfte, zynische Lebenseinstellung eines älteren Herrn. Auch könne eine Frau mit einem jüngeren Mann – so lautete ein weiteres Argument Julias – erfolgreich ihrem Beruf nachgehen, ohne gleich als Bedrohung oder Konkurrenz empfunden zu werden, weil jüngere Männer ohnehin erwarteten, daß sie ihnen auf der Karriereleiter bereits ein Stück voraus ist.

Liebe im Verborgenen

Die erotisch-romantischen Beziehungen zu verheirateten Männern sind ganz besonders dazu angetan, Konflikte zu erzeugen. Es gibt viele Frauen, die, aus unterschiedlichen Gründen, mit verheirateten Männern keine Beziehung haben wollen, sich nicht »einlassen« wollen, obwohl die Chancen, einem Mann zu begegnen, der noch »frei« ist und mit dem sie sich verstehen werden, so gering sind. Immer wieder wird behauptet, »freie« Männer seien ein seltenes Gut. Die Beziehungen mit verheirateten Männern sind gewissermaßen komprimiert, da sie von Anfang an, zumindest was die zur Verfügung stehende Zeit und die erforderlichen Kompromisse anbelangt, Einschränkungen unterworfen sind. In der Regel handelt es sich um geheime Beziehungen, bei denen die Leidenschaft eine elementare Rolle spielt. Frauen, die solche Beziehungen eingehen, fallen nicht unter die alte, abwertende Kategorie der »Geliebten«, der »ausgehaltenen Frau« oder der »Blutsaugerin«, weil sie wirtschaftlich gesehen meist ein eigenes, stabiles und unabhängiges Leben führen. Viele Frauen reden nicht gern offen über dieses Thema, weil sie über die Tatsache, daß sie einer anderen Frau übel mitspielen, so etwas wie Scham, Schuld und Gewissensbisse verspüren; außerdem sind sie eifersüchtig auf die »Rechtmäßige«. Eigentlich müßte der Mann sich schuldig fühlen. Aber gelegentlich werden diese Beziehungen auch nicht geheimgehalten, und es gibt weder Eifersucht, noch werden die Partner miteinander verglichen. Statt sich gegenseitig das Leben schwer zu machen, respektieren die Frauen einander.

Aber es ist schwierig, nicht unter der anderen Frau zu leiden, und sei es auch nur ganz insgeheim. In Filmen und in der Literatur wimmelt es nur so von Frauen, die bereit sind, eine »Ehe zu zerstören«, einer anderen Frau ihren Mann wegzuschnappen, aber auch von naiven Frauen, die sich endlos mit einem Scheidungsversprechen hinhalten lassen, das immer wieder hinausgeschoben wird. Denken wir nur an Shirley McLaine in Wilders *Appartement*. Und das Erschütterndste ist, wenn der Mann nach Jahren beide Frauen verläßt, um mit einer noch jüngeren Frau ein neues Leben anzufangen und eine Familie zu gründen. Am schlimmsten stört, daß alles im voraus geplant werden muß und die Zeit begrenzt ist. »Liebling, du mußt das verstehen, ich bin kein freier Mann.« Die Schlacht gewinnen die Geduldigen und Beharrlichen.

Gelegentlich sind diese Beziehungen nicht nur in sexueller Hinsicht befriedigend; oft herrscht gegenseitiges Einvernehmen, Freundschaft, Vertrauen. Und sie sind dann besonders befriedigend, wenn es gelingt, die Einschränkungen zu akzeptieren, wenn wir uns nicht ständig mehr von ihnen erträumen und mehr von ihnen verlangen, als sie uns geben können. Eine Freundin erzählte mir, sie habe ihre Freiheit sehr genossen und sei nicht sehr darauf erpicht gewesen, mit dem Partner zusammenzuziehen, sich um den Haushalt und die Kinder zu kümmern, und sie hätten ihre gemeinsame Zeit im wesentlichen damit verbracht, miteinander zu schlafen und auszuspannen, ohne sich mit größeren Problemen herumzuschlagen. Sie sagte, sie habe immer das Gefühl gehabt, erwählt zu sein, denn wenn sie sich sahen, dann nur, weil sie es auch wollten, wenn auch nicht so oft, wie sie es gerne gehabt hätte. Das war das größte Problem.

In seinem wundervollen Film *Avanti, Avanti* erzählt uns Billy Wilder die Geschichte einer romantischen außerehelichen Beziehung zwischen einem älteren, verheirateten Mann mit Sohn und einer älteren, verwitweten Frau mit Tochter, die einmal im Jahr einen Monat lang gemeinsam den Urlaub verbringen. Dasselbe Hotel, dasselbe Zimmer, dieselben Rituale ... Jedes Jahr wiederholt sich die Geschichte an einem wundervollen Ort am Mittelmeer, bis sie schließlich zusammen bei einem Verkehrsunfall ums Leben kommen.

Intensive Beziehungen ohne Verbindlichkeit

Freunde, die zu Liebhabern werden, Liebhaber, die zu Freunden werden. Freunde, mit denen wir irgendwann einmal geschlafen haben; ein Idyll, in dem der Sex aus verschiedenen Gründen allmählich an Bedeutung verloren hat. Bei diesen immer wieder aufflammenden Beziehungen entsteht großes Vertrauen und eine gute Dosis Vertrautheit. Menschen, die sich ab und zu begegnen, gelegentlich sogar aus beruflichen Gründen. Eine Freundin von mir lebt in New York, sie ist eine wundervolle Galeristin, achtundvierzig Jahre alt, seit fünfzehn Jahren geschieden, hat verschiedene »Freunde« unterschiedlicher Nationalitäten, mit denen sie sich trifft, wenn sie zu den internationalen Kunstmessen und zu verschiedenen kulturellen Veranstaltungen in die Stadt kommen; diese Beziehungen genießt sie sehr.

Einige dieser Beziehungen werden immer komplizierter, andere verblassen, ändern sich, es tauchen neue auf. Gelegentlich spielt der Zufall eine Rolle, dann wieder taucht ein Dritter auf, und wir kehren zur Monogamie zurück.

Vom Dilemma, sich für oder gegen die Mutterschaft zu entscheiden

Auf die Mutterschaft sind wir zwangsläufig im Laufe des Buches immer wieder zu sprechen gekommen, denn die Fortpflanzung ist eine der wesentlichen Fragen unseres Themas, das wohl immer wichtig bleiben wird. Ehefrau und Mutter zu sein war lange Zeit der einzige Lebenszweck einer Frau. Der Feminismus stellt nicht nur beides in Frage, sondern löst, wie wir ebenfalls gesehen haben, die Verbindung von Sexualität und Mutterschaft. Zum Glück müssen Frauen sich meist nicht mehr zwischen Mutterschaft und Beruf entscheiden; aber das kostet sie noch immer große Mühen, denn alles zu erreichen und für alles gerüstet zu sein ist trotz all der Belohnungen ziemlich zermürbend und stellt beim beruflichen Fortkommen ganz gewiß ein weiteres Hindernis dar.

Es ist nicht weiter verwunderlich, daß zu diesem Thema ausführlich geforscht wurde und daß immer wieder neue Aspekte untersucht werden, denn zum einen liegt hier der Ursprung der männlichen Herrschaft, und zum anderen neigen Frauen dazu, die Mutterschaft als einen unwiderstehlichen Impuls und ein wesentliches Band zwischen den

Frauen zu idealisieren. Diese Thesen, die zweifellos auch positive Aspekte haben, bergen die Gefahr, die verschiedenen Welten voneinander abzuschotten, einen Teil der Realität zu verdecken. Es kommt vor allem darauf an, daß jede Frau, nachdem sie das Für und Wider gegeneinander abgewägt hat, sich entscheiden kann, ob sie Mutter sein will oder nicht.

Solange wir uns im fruchtbaren Alter befinden, geht uns der Gedanke an die Mutterschaft unter Umständen dauernd im Kopf herum. Oft aber ist der Wunsch, Mutter zu sein – von Mutterinstinkt sprechen wir nicht mehr –, nicht spürbar, und dann bereitet uns die Vorstellung Sorge, es könnte eines Tages zu spät sein, wir könnten es bedauern, uns nicht im rechten Augenblick dafür entschieden zu haben. Doch dank des medizinischen Fortschritts, der Gentechnik und der zunehmenden Adoptionsangebote gibt es heutzutage immer mehr Möglichkeiten.

Es läßt sich behaupten, daß es so viele Einstellungen wie Frauen gibt. Jede Frau hat andere Gründe und Motive, warum sie Mutter geworden ist oder nicht. Sicher ist, daß verheiratete Frauen unter starkem Druck stehen, Kinder zu bekommen, zumindest werden sie ständig mit mitleidigem Blick gefragt, warum sie keine hätten, und wir pflegen ihnen offen oder versteckt die Schuld daran zu geben. Nur Simone de Beauvoir konnte erzählen, Jean-Paul Sartre sei diese Frage nie gestellt worden. Alleinstehende Frauen werden nicht nur gefragt, warum sie immer noch allein sind, sondern auch, warum sie nicht geheiratet und keine Kinder haben. In den meisten Fällen werden sie dafür schlicht bedauert.

Auch ich bekam, als ich verheiratet war, diese Frage ständig zu hören und antwortete jeweils im Scherz, ich würde dazu nicht taugen oder ich hätte keine Zeit. Tatsächlich war ich sehr mit meiner Karriere an der Universität beschäftigt, die viel Zeit in Anspruch nahm, mit meinem Engagement für Politik und Feminismus, und ich hatte einen großen Freiheitsdrang und Wissensdurst und wollte tausend Dinge tun. Daher dachte ich immer, es wäre sehr schön, mit vierzig Mutter zu werden, da ich annahm, dann würde ich meinen Platz in der Welt gefunden haben, wäre reifer und könnte mich ganz meinem Kind widmen. Letztlich glaube ich, daß ich keinen großen Wunsch danach hatte und zudem Angst vor der Verantwortung. Wieso Kinder in diese Welt setzen? Ich hatte Angst, unter dem Leid meiner möglichen Söhne oder Töchter leiden zu müssen. Ich weiß noch heute nicht, was passiert wäre, wenn einer meiner Partner einen klaren Kinderwunsch geäußert hätte. Gelegentlich hielt ich mich für egoistisch oder bekam entsprechende Vorwürfe, hin und wieder wurde ich schlichtweg beneidet; und ich glaube, daß ich nur selten bemitleidet wurde. Aber die Mütter, die ich kenne, bewundere ich eindeutig, und gelegentlich beneide ich sie, wenn auch nur in bestimmten Momenten. Anderseits habe ich das Glück gehabt, daß meine Nichten und Neffen ganz in meiner Nähe aufgewachsen sind. Und wenn mir heute wieder die typische Frage gestellt wird, antworte ich, daß mir der Weg zur Adoption immer noch offensteht.

Ich hätte auch antworten können, daß nur wenige Frauen allein aus beruflichen Gründen auf Kinder verzichtet haben; vielmehr versuchten sie, beides miteinander zu verbinden und zu vereinbaren. Dagegen geben einige Frauen zu, daß sie nicht Mutter geworden sind, weil sie den rechten Zeitpunkt oder den richtigen Mann nicht gefunden haben oder weil sie sich, was den Kinderwunsch angeht, mit ihrem Partner nicht einig werden konnten. Das soll nicht heißen, daß sie keine guten Mütter abgeben würden, sind sie doch der Auffassung, daß Frauen, was die Kinderpflege anbelangt, bestimmte Fähigkeiten und eine bestimmte Geschicklichkeit besitzen, denn sie haben die familiäre Unterstützerinnenrolle, die auch ihr Verhalten als Hüterin der Kinder bestimmt, verinnerlicht.

Trotzdem wollen die jüngeren Frauen ihre Beziehungen lieber nicht institutionalisieren und schieben die Mutterschaft aus beruflichen Gründen oft oder für immer hinaus. Ein Kind zu haben und großzuziehen bedeutet zumindest eine berufliche Beeinträchtigung und einen Stillstand oder gar Rückschritt in der Karriere. In unseren krisenbewegten Zeiten dürfen wir uns nicht allzu lange aus dem Berufsleben verabschieden, da wir sonst Gefahr laufen, keine Arbeit mehr zu bekommen und unseren Beruf ganz aufgeben zu müssen. Andere Frauen sublimieren dies und übernehmen die den heutigen Umständen angepaßte traditionelle Rolle. Denn das Problem der Aufteilung familiärer und häuslicher Pflichten besteht darin, die Männer zur Mitarbeit zu bewegen, sind diese doch die meiste Zeit außer Haus.

Meist sind die Gründe, die dazu führen, daß eine Frau ins reife Alter kommt, ohne Mutter geworden zu sein, eine komplizierte Kombination aus äußeren Umständen und eigenen Entscheidungen, und die Bandbreite der Gefühle und Ereignisse, die unsere Entscheidung betreffen, ob wir die Erfahrung der Mutterschaft machen möchten oder nicht, ist groß. Den meisten Frauen fällt es schwer, eine solche Entscheidung zu treffen; für einige ist es leicht, weil sie nie den Wunsch oder die Notwendigkeit verspürt haben. Anderseits ist es heute nicht mehr so wie damals, als eine

Frau, die nicht unter die Haube kam, automatisch auch auf die Mutterschaft verzichten mußte. Die Gleichsetzung der alleinstehenden Mutter mit der verführten und fallengelassenen Frau, die eine Frucht der Sünde im Leib trägt, ist letztlich ein Klischee aus der Vergangenheit. Heute ist auch eine außereheliche selbstgewählte Mutterschaft möglich. In Ländern mit sehr hoher außerehelicher Geburtenrate wie etwa die skandinavischen Länder betrifft das bis zu fünfzig Prozent der Frauen, doch in Wahrheit handelt es sich nicht immer um alleinstehende Frauen, sondern vielmehr auch um solche, die unverheiratet mit einem Partner leben. Es besteht ein großer Unterschied zwischen den jugendlichen ledigen Müttern – die meist ungewollt schwanger wurden – und denen, die sich aus freien Stücken dafür entschieden haben, mit einem bestimmten Mann ein Kind zu haben, die ein Kind adoptieren oder für eine künstliche Befruchtung die Hilfe einer Klinik in Anspruch nehmen. Dennoch sind viele alleinerziehende Mütter in Trennung lebende oder geschiedene Frauen, die schwanger wurden, als sie noch mit ihrem Partner oder Ehemann zusammenlebten.

Ich hatte Gelegenheit, den Werdegang einiger alleinstehender Frauen (von denen einige ungewollt schwanger wurden) aus der Nähe zu verfolgen. Sie beschlossen, das Kind auch ohne die Hilfe des Vaters aufzuziehen. Amparo zum Beispiel entschloß sich zur Mutterschaft, als sie zweiundzwanzig Jahre alt war. Damals war sie gefühlsmäßig an einen älteren Mann gebunden, der aber nie die Vaterrolle übernahm. Sie wurde schwanger und bekam Zwillinge, die mit Hilfe ihrer nachfolgenden Partner und ihrer Freundinnen von ihr allein großgezogen wurden. Erst als die Söhne in die Pubertät kamen, erfuhren sie, wer ihr Vater war.

Heute sind alleinstehende Mütter nicht mehr die Schande der Familie und werden meist nicht mehr ausgegrenzt. Trotzdem stehen auch sie in der Kritik (die populäre Fernsehserie *Murphy Brown* sorgte in den Vereinigten Staaten für Aufregung, als die von Candice Bergen dargestellte Figur beschloß, uneheliche Mutter zu werden), und es wird ihnen vorgeworfen, sie würden der natürlichen Entwicklung ihrer Kinder schaden, indem sie ihnen den Vater vorenthielten. Dieses Problem, das vor allem bei den geschiedenen und getrennt lebenden Frauen eine Rolle spielt, beinhaltet die Frage, inwieweit es für das Kind zum Trauma werden kann, wenn es keinen Vater in der Familie gibt. Die meisten Experten sind der Ansicht, daß dem nicht unbedingt so sein muß, denn ihre Lage findet, angesichts der vielen Kinder geschiedener oder getrennt lebender Eltern, gesellschaftliche Akzeptanz. Die Lösung besteht darin, dem Kind Sicherheit zu geben, dafür zu sorgen, daß es auch männliche Bezugspersonen hat und daß es nicht überbehütet wird, denn dies ist ebenso schädlich wie Vernachlässigung. Wir dürfen nicht vergessen, daß es für ein Kind schädlicher sein kann, bei Eltern aufzuwachsen, die sich ständig streiten, als bei nur einem Elternteil.

Kein Mensch kann darüber hinwegsehen, daß alleinstehende Mütter mit dem Problem zu kämpfen haben, daß die Kosten und die Verantwortung für die Erziehung und die Pflege der Kinder ganz allein auf ihren Schultern lasten. Die staatliche Hilfe ist in vielen Ländern kaum existent, andere Länder sind großzügiger, beispielsweise die nordischen Staaten. In anderen Ländern, wie etwa in Spanien, gibt es andere Formen der Unterstützung – die fast immer unzureichend sind – wie Mütterhäuser oder Wohnungen, die ·von Hilfsorganisationen oder Frauenvereinigungen völlig oder teilweise subventioniert werden. Einige Wissenschaftlerinnen wie etwa Tuula Gordon haben aufgezeigt, welche Folgen die Politik der neuen Rechten unter Ronald Reagan für Familien von alleinstehenden Frauen in Amerika hatte. Die Rechtskonservativen sind den alleinstehenden Müttern gegenüber negativ eingestellt, da sie die traditionelle Familie mit Zähnen und Klauen verteidigen. Traurige Zustände, gegen die wir mit aller Kraft, die wir haben, ankämpfen müssen.

Der eigene Raum

Wie bewohnen Frauen den privaten und den öffentlichen Raum? Wie bewegen sie sich durch die verschiedenen Sphären? Was geschieht mit den inneren Räumen: dem Unbewußten, den Erwartungen, den Phantasien? Die Notwendigkeit, eigene Räume zu besitzen, hat für Frauen eine grundlegende Bedeutung, denn Voraussetzung dafür ist, daß wir unseren Platz in der Welt gefunden und uns in ihr eingerichtet haben. Ohne diese generellen Fragen ganz aus dem Blick zu verlieren, spreche ich vom häuslichen Raum, dem privaten Bereich schlechthin.

Allein zu leben, sei es nun mit oder ohne feste Beziehung, setzt ein großes Maß an Autonomie und Eigenständigkeit voraus. Das eigene Leben in die Hand zu nehmen und sich einen eigenen Raum zu schaffen hat selbstverständlich sowohl positive als auch negative Seiten, ganz wie das Zusammenleben auch. Die Hausfrau ist für die Organisation des häuslichen Raumes zuständig und kümmert sich dabei vor allem um die Bedürfnisse der anderen, statt um ihre eigenen. Dagegen hat eine Frau, die allein lebt, prinzipiell weniger Verpflichtungen als eine Hausfrau, die Mutter und Ehefrau ist, und sie erledigt andere Aufgaben, von denen einige eng mit wirtschaftlichen Zielen verbunden sind und andere wiederum mit der Entfaltung der eigenen Fähigkeiten, Kenntnisse und Kreativität. Für verheiratete Frauen stellt sich dieses Problem anders; tatsächlich hat nicht jede verheiratete Frau einen persönlichen Bereich, weil dafür in den kleinen Wohnungen oft kein Platz ist. So ist sie immer für die Familie verfügbar und fühlt sich zugleich eingesperrt.

Wir alle haben schon von der sogenannten Hausfrauendepression gehört. Unter ihr leiden vor allem Frauen, die keinen Kontakt zur Außenwelt haben und das Gefühl bekommen, ihr Leben verliere in dem Maße an Sinn, wie sie für die Familie, denen sie den größten Teil ihrer Lebensenergie geopfert hat, entbehrlich sind. Die Frau kann aber auch das Gefühl haben, isoliert zu sein, während ihre Kinder und ihr Ehemann ihren jeweiligen Verpflichtungen nachgehen und das leere Haus sich immer mehr in einen Raum verwandelt, der sie anbindet und der nicht zu ihrer Selbstverwirklichung beiträgt – zumal bei der Aufteilung der Wohnräume nicht auf die Lebensqualität, sondern auf wirtschaftliche Rentabilität geachtet wurde. Daher hat die Hausfrau, die zwangsläufig isoliert ist und zugleich von allen in Anspruch genommen wird, das Gefühl, ihre Zeit und ihr Raum, sofern sie darüber überhaupt verfügt, würden nur gering geachtet und kaum respektiert.

Wie wir den eigenen Raum erleben, hängt selbstverständlich von unseren persönlichen Umständen ab; die Höhe unseres Einkommens entscheidet über unsere Möglichkeiten. Das kann so weit gehen, daß sich einige Eheleute nicht trennen können, weil es ihnen, obwohl beide arbeiten, nicht möglich ist, zwei getrennte Häuser oder Wohnungen zu unterhalten. Aber auch das Alleinleben birgt Probleme sowohl materieller als auch psychischer und sogar kultureller Art.

Die andere Seite der Medaille ist die Beengung durch andere, wenn die Frau sich in ihrem Haus von den anderen erdrückt fühlt, wenn sie den Raum mit Menschen teilt, mit denen sie sich nicht wohl fühlt. Eine Freundin von mir schloß sich, als sie noch verheiratet war, im Badezimmer ein, weil das der einzige Ort war, an dem sie sich frei fühlte. Andere Menschen stehen gerne frühmorgens auf, um eine Weile mit niemandem reden zu müssen. Wie die Schauspielerin Liv Ullman sagte, ist es oft weniger hart, aufzuwachen und sich allein zu fühlen, als aufzuwachen und sich allein zu fühlen, wenn ein Mensch an unserer Seite liegt.

Ich glaube, daß Frauen, denen es gelungen ist, sich ihren eigenen Raum zu schaffen, diesen wirklich genießen, daß es ihnen schwerfallen würde, darauf zu verzichten. Nicht weil sie sich in Ordnungsfanatikerinnen verwandelt hätten, sondern weil sie ihr Leben frei gestalten und die kleinen Freuden auskosten wollen, wie etwa die, es sich allein gemütlich zu machen, sich mit Freudinnen zu treffen.

Nach einem Arbeitstag alleine nach Hause zu kommen ist entweder ein Grund zu Freude oder für schlechte Laune. Wenn uns das Leben draußen sehr ermüdet, kann das Haus oder die Wohnung ein Ort der Ruhe sein, wo wir tun und lassen, was wir wollen, uns zum Dösen aufs Sofa legen, unseren Gedanken nachhängen, den Haushalt vernachlässigen, lesen, fernsehen, mit Freunden telefonieren ... Das Alleinsein ist eine bewußte Wahl, und wir genießen es. Und doch gibt es Menschen, denen vor allem am Abend »das Dach auf den Kopf fällt«, sie langweilen sich, fühlen sich bedrückt und würden am liebsten wegrennen. Sie haben Angst vor dem Moment, wenn sie zurückkommen und es im Haus dunkel und still ist. Die Stille ist tatsächlich ein

Symbol der Einsamkeit; oft ist sie notwendig, aber hin und wieder wirkt sie bedrückend und beängstigend. Solche Momente lassen sich auf verschiedene und sogar angenehme Art vermeiden.

Unabhängigkeit bedeutet auch Verantwortung, denn es gibt eine ganze Reihe von Aufgaben und Pflichten, die eine alleinstehende Frau selbst erledigen muß; Aufgaben, die sonst meist vom »Mann im Haus« erledigt werden, wie etwa ein Bild aufzuhängen, eine Steckdose zu reparieren, mit dem Handwerker zu sprechen, der die Renovierung machen soll ... Anfangs haben wir das Gefühl, wir seien nicht in der Lage, diese Funktionen zu übernehmen; doch wenn es uns dann gelingt, sind wir zufrieden, daß wir einen höheren Grad an Autonomie erlangt haben, eine höhere Selbstachtung und ein gewisses Machtgefühl. Jedenfalls dürfte es keiner Frau entgangen sein, daß wir noch immer in einer Männerwelt leben und uns mit Haltungen konfrontiert sehen, die uns gegenüber großes Mißtrauen zum Ausdruck bringen, unabhängig von unserer beruflichen Kompetenz oder unserer Fähigkeit, bestimmte Aufgaben zu erfüllen. Oft versuchen Männer tatsächlich, uns auf den Arm zu nehmen, oder zweifeln zumindest daran, daß wir wissen, was wir wollen und wie wir es erreichen können. Wir bekommen relativ häufig herablassende Kommentare zu hören, in denen anklingt, daß wir, wären wir Männer, das Problem längst gelöst hätten.

Viele Frauen halten sich für besonders ungeschickt in Sachen Technik, gehe es nun darum, den Videorecorder zu programmieren oder einen Computer zu bedienen. Zweifellos ist der Umgang mit der heutigen Technik, die uns häufig eine höhere Lebensqualität beschert, vor allem für ältere Menschen sehr schwierig. Aber wenn wir diese

Widerstände überwinden und uns nicht der Faulheit überlassen, läßt sich alles mit mehr oder minder großem Aufwand erlernen. Wir sind auf diese Aufgaben nicht vorbereitet, da sie immer als typische Aufgaben für den Mann im Haus betrachtet werden. Aber auch das stimmt so nicht ganz, denn viele verheiratete Frauen sind praktisch für die ganze Logistik zuständig: das Auto in die Werkstatt fahren, die Steuererklärung machen oder den Klempner anrufen, die Kinder in die Schule bringen, der Haushaltshilfe Anweisungen geben, den weiteren Tagesablauf planen und danach vielleicht noch einem Job nachgehen können. Sie bauen einen Schutzwall um die Familie, damit kein Kummer sie erreichen kann, und geben allen die Liebe und Aufmerksamkeit, die sie brauchen. Sie planen die täglichen und immer wiederkehrenden Haushaltspflichten, damit der Mann sich um das Wesentliche kümmern kann: seinen beruflichen Erfolg. Oft sind sie so erschöpft oder überlastet, daß sie sich selbst aus dem Blick verlieren, und wenn sie wieder zu sich kommen, fühlen sie sich unter Umständen unendlich allein.

Frauen ohne Partner haben selbstverständlich keinen »Hausmeister«, der ihnen allenfalls zur Hand geht und einige Dinge abnimmt. Wenn sie Kinder haben, müssen sie sich um alles kümmern, ohne die Verantwortung teilen zu können. Doch wenn sie alleine leben, liegen die Dinge oft einfacher, da sich dann leichter improvisieren läßt. Da fast alles nur an ihnen hängt, ist es gut, Abstand zu nehmen und zu sehen, worauf es wirklich ankommt. Genauso wichtig ist es, zu lernen, selbstgenügsam oder zumindest nicht so abhängig zu sein, obwohl wir gelegentlich Freunde um Hilfe bitten oder professionelle Hilfe in Anspruch nehmen müssen, zum Beispiel, wenn wir krank sind.

Für Alleinstehende ist es oft beängstigend, sich mit dem Altern auseinanderzusetzen. Es ist schon etliche Jahre her, als wir – eine Gruppe von Freundinnen, die ahnten, daß sie in Zukunft keinen Partner finden würden – unserer Phantasie freien Lauf ließen und uns vorstellten, wie wir später gemeinsam einen Ort suchen würden, an dem wir völlig unabhängig leben und zugleich unsere gemeinsamen Bedürfnisse befriedigen könnten, gerade so, als wären wir eine große und selbstgewählte Familie.

Angst vor den Zahlen

Allein zu leben oder als Mutter das alleinige Familienoberhaupt zu sein bedeutet notwendigerweise, daß wir haushalten, die Mittel gut einteilen und Prioritäten setzen müssen. Bis vor wenigen Jahrzehnten war der Ehemann sogar der Verwalter unserer Mitgift, die Frauen unterschrieben bloß die Dokumente, die er ihnen vorlegte, und wachten im Haushalt über die alltäglichen Ausgaben der Familie. Sie wußten nicht, wie Geld überwiesen oder die Steuererklärung ausgefüllt wird ... weil die Männer der Ansicht waren, Frauen seien unfähig, mit Zahlen umzugehen, und würden von »so wichtigen Dingen« nichts verstehen. Tatsächlich haben wir in der Regel Angst vor Zahlen, da sie uns, wie uns eingetrichtert wurde, »nicht liegen würden«.

Aber die Realität hat gezeigt, daß diese Unsicherheit nicht auf Unfähigkeit beruht. So machen sich zum Beispiel Witwen kundig und überwinden ihre Ängste, wenn sie dazu ermuntert werden und ihnen die Sache erklärt wird. In vielen Familien kümmert sich heute die Frau um die finanziellen Belange, weil sie sich dafür interessiert oder die Materie besser kennt als der Partner.

Wenn wir in der Lage sind, anscheinend triviale oder alltägliche Dinge in den Griff zu bekommen, bedeutet das, daß wir eine neue Einstellung bekommen und eine neue Position bezogen haben. Viele Frauen vergessen den Fortschritt, den sie errungen haben, und die Befriedigung, die das Dazulernen ihnen verschafft hat, nicht wieder. Zumal es herrlich ist, wenn sie über ihre Ausgaben keine Rechenschaft ablegen müssen und eigene Entscheidungen treffen können.

Die meisten geschiedenen Frauen müssen sich vor allem kurz nach der Scheidung in ihrem Lebensstil einschränken. Viele haben jung geheiratet und ihre Kräfte ganz auf die Familiengründung gerichtet, haben ihren Ehemann bei seinem beruflichen Aufstieg unterstützt und ihre eigene Ausbildung sowie ihre berufliche Entwicklung hintangestellt. Wie konnten sie dabei an Sparen und berufliche Fortbildung denken? Das ist schwer, wenn der Lohn gerade mal für die notwendigen Ausgaben reicht oder wenn wir hohen Lebensstandard schätzen. Alleinstehende Frauen brauchen meist keine hohes Einkommen, um glücklich zu sein, und streben nicht danach, aber ein Minimum an Einkünften muß vorhanden sein, um ein akzeptables Leben führen zu können und eine gewisse Lebensqualität zu gewährleisten.

Der öffentliche Bereich

Wir haben festgestellt, daß das Single-Dasein, das vor zwei, drei Jahrzehnten aufkam, sich immer weiter verbreitet. Doch die meisten öffentlichen Räume werden weiterhin auf Gruppen, Paare oder Familien ausgerichtet. So fällt es uns auch heute nicht leicht, uns ohne Begleitung in der Öffentlichkeit wohl zu fühlen.

In ihrem letzten Roman, *Atlas der Liebe,* beschreibt Almudena Grandes dies folgendermaßen:

»Am liebsten gehe ich in die Bars der Luxushotels. Kein Mensch achtet auf eine Frau, die in einem sehr teuren Hotel alleine an einem diskreten Tisch bei der Bar sitzt und in aller Ruhe etwas trinkt [...]. In der Bar eines billigen Hotels ruft eine Frau, die allein ist, selbst bei denen, die sie sich genauer ansehen, ein seltsames Mitleid hervor – warum, weiß ich nicht –, gerade so, als sei ihre Einsamkeit nicht zufällig, gewählt oder vorübergehend, sondern als habe sie, auch wenn nichts darauf schließen läßt, vor kurzem eine Trägödie erlebt. In billigen Hotels wirken alle Frauen, die alleine sind, wie Witwen eines Reisenden oder Waisen eines Unteroffiziers oder heimliche, verstoßene Geliebte eines herzlosen Mannes.«

Gelegentlich fühle ich mich unwohl, wenn ich alleine ein Lokal betrete, weil daraus falsche Schlüsse gezogen werden könnten; aber wieso sollte ich es nicht tun, wenn ich Lust darauf habe? Ich habe aus beruflichen Gründen Reisen gemacht, ich habe alleine Urlaub gemacht, um mein Englisch zu verbessern ... Alleine zu reisen ist noch immer nicht ganz einfach, aber interessant und bereichernd. Sicher gibt es Augenblicke, in denen ich mich nach Gesellschaft sehne, aber ich begegne den Städten, Landschaften und Menschen ganz anders. Ich speichere das Erlebte, um es später anderen zu erzählen oder um mich daran zu erfreuen.

In jenem Jahr, das ich in Rom verbrachte, war ich die meiste Zeit allein. Ich habe die Zeit, die ich im wesentlichen auf ein Forschungsprojekt verwandte, sehr genossen. Ich habe die Stadt gründlich kennengelernt und hatte das Glück, im »Centro Virginia Woolf« einigen wundervollen Feministinnen zu begegnen, die meine Kenntnisse erweiterten und meine Erfahrung bereicherten.

In den letzten Jahren habe ich mich oft einsam gefühlt. Je mehr Verantwortung ich hatte, desto größer und tiefer wurde die Einsamkeit. Wenn ich bei einem Projekt das letzte Wort hatte, waren selbst in der Teamarbeit Vorsicht und Mißtrauen angesagt. Aber ich darf sagen, daß ich immer das Glück hatte, auf ständige oder vorübergehende Verbündete zählen zu können, die mir die harte Realität erleichtert haben. Wenn du teilst, führt das gerade dazu, daß du siehst, wie schwer die Probleme derjenigen sind, die gegen dich arbeiten.

Oft habe ich mich verletzt oder ungerecht behandelt gefühlt; dann wieder stark und tüchtig, sicher und sogar umschwärmt; und ich spürte in jedem Moment, daß mein bewußt gewähltes Alleinsein die anderen beunruhigte. Wenn ich allein war, waren die Beziehungen notgedrungen anders, das reicht von der Sitzverteilung bis hin zu Fragen des Protokolls. Als ich noch in der Regierung tätig war, habe ich des öfteren Einladungen erhalten, auf denen stand »C. A. und Ehemann«. Oft wurde mein Sekretär mit einem gewissen Erstaunen gefragt: »Wird die Frau Ministerin allein erscheinen?« Es boten sich sogar spontan Begleiter an, die nicht begreifen konnten, wie ich allein ins Theater gehen und mich in eine Loge setzen konnte. In Wahrheit ging es mir dabei sehr gut. Ich erinnere mich, daß eine Bekannte mich einmal fragte, wie ich alleine die Treppen des Königspalastes hinaufgehen könne, um zu einem offiziellen Empfang oder einem Abendessen zu gehen. Ich glaube, beim ersten Mal war ich ein bißchen nervös, später war es für mich ganz normal; ich konzentrierte mich auf das Gespräch, das ich führen würde, oder auf die eigentlichen Amtsangelegenheiten.

Weil ich auf sie den Eindruck machte, einsam zu sein, sagten mir die eine oder andere Freundin und Menschen, die mir nicht so nahe standen, ich könne auf sie zählen. In gewisser Weise interessieren sich die Leute für dich, so daß das Bild deiner augenscheinlichen Einsamkeit am Ende gar nicht so bitter ist, sondern als selbstgewählte Einsamkeit interpretiert wird.

In der Geschlechtsrollenverteilung wird der Mann immer noch mit dem öffentlichen und die Frau mit dem privaten Bereich assoziiert. Im Westen haben sich die Frauen gegen diese feste Zuschreibung aufgelehnt und gewisse Barrieren durchbrochen; im Osten muß noch eine große Wegstrecke zurückgelegt werden. Die Armut und die Rückschrittlichkeit, in der die Menschen leben, unter anderem infolge fundamentalistischer oder konservativ-traditionalistischer Regimes, die insbesondere die Gewalt gegen Frauen und die Unterdrückung fördern, erschweren den Opfern den Weg zur Freiheit und Modernisierung der Gesellschaft.

Wir alleinstehenden Frauen müssen die Energie und den Willen aufbringen, zwischen vielen verschiedenen Bereichen hin und her zu wechseln und uns den psychischen und sozialen Herausforderungen zu stellen, damit wir uns überall wohl fühlen können. In einem bestimmten sozialen Umfeld stellt uns ein Leben ohne Partner auch heute vor Probleme. Die Frauen der Arbeitskollegen begegnen einer alleinstehenden Frau mit Mißtrauen und einem gewissen Unbehagen. »Wer ist diese unverheiratete Frau, die so viel

Zeit mit meinem Mann verbringt?« fragen sie sich. Über eine alleinstehende Frau wird viel spekuliert. Entweder wird sie dafür bemitleidet, daß sie keinen Mann bekommen hat, oder es wird ihr unterstellt, daß sie auf der Suche nach einem solchen ist, und hält sie folglich für eine leichte Beute oder »Jägerin«, die ihrerseits auf Beute aus ist ...

Eine Freundin erzählte, sie fühle sich, wenn sie allein ausgehe, als würden viele Menschen glauben, sie sei versetzt worden. Mir ist passiert, daß jemand kam – wahrscheinlich mit den besten Absichten –, um mir »Gesellschaft zu leisten«. Ich bin der Meinung, daß es viel unangenehmer ist, mit Menschen auszugehen, um nicht alleine zu sein, als alleine auszugehen (natürlich gilt das nicht für Freundinnen und Freunde, die mir vertraut sind und bei denen ich sicher sein kann, daß wir uns gerne austauschen).

Es gibt sehr selbstbewußte Frauen, die über diese stereotype Haltung hinwegsehen und tun und lassen, was ihnen gefällt. Auch wer sich nicht zu dieser Gruppe zählt, darf sich etwas zutrauen und sollte nicht auf ein Erlebnis, auf das sie sich freut, verzichten, nur weil sie keinen Begleiter hat. Außerdem hat das den Vorteil, daß wir die Zeit nutzen und unseren Wünschen nachgehen, ohne fragen oder Kompromisse schließen zu müssen.

Tatsächlich brauchen wir ein gewisses Geschick, um uns zu schützen und in der Lage zu sein, den Reaktionen der anderen auf unser Verhalten mit Gleichgültigkeit zu begegnen. Um mit diesem einzigartigen Leben zufrieden zu sein, muß eine Frau, die allein lebt, einen Weg finden, wie sie sich von den festgefahrenen Erwartungen und Strukturen frei machen kann, indem sie ihre Ängste überwindet und ihr Leben nach eigenen Vorstellungen gestaltet.

Die Mühen des Alleinseins

Zu Anfang des Buches haben wir davon gesprochen, daß es uns nicht möglich ist, der grundlegenden, jedem Menschen eigenen Einsamkeit zu entfliehen. Jetzt können wir in Übereinstimmung mit Thomas Wolfe hinzufügen: sich dessen bewußt zu werden bedeutet, daß wir uns einem tiefen Aspekt des menschlichen Lebens stellen. Selbst wenn wir mit einem anderen Menschen eine große Vertrautheit erlangt haben, müssen wir auch allein sein, einen persönlichen Raum haben, unsere eigene Individualität entwickeln und eine gewisse Distanz zu anderen herstellen – nicht, um uns zu verstecken, aber sehr wohl, um uns zurückzuziehen, auch wenn das davon abhängt, bis zu welchem Grad wir es ertragen, allein zu sein.

Zwischen selbstgewählter Einsamkeit und Zwangsisolation liegen viele verschiedene Formen des Alleinseins. In einigen Kulturen wird unter Einsamkeit nicht nur die Erfahrung des Alleinseins verstanden, sondern auch das Gefühl des Getrenntseins von anderen. Das heißt, die Einsamkeit umfaßt zwei Bereiche, einen körperlichen und einen emotionalen oder, was dasselbe ist, den spürbaren Umstand, von anderen getrennt zu sein, und das subjektive Empfinden dieses Umstandes. Wenn wir die Einsamkeit als Bestandteil unseres Lebens annehmen, statt vor ihr zu fliehen oder uns zu betäuben, um uns nicht mit ihr auseinandersetzen zu müssen, so bedeutet das, daß wir nicht ausschließlich die negativen Seiten sehen, sondern auch an das denken, was sie uns gibt oder geben und wie sie uns nützen kann. Wir können sogar behaupten, daß Einsamkeit notwendig ist und daß wir sie genießen können.

Die meisten von uns kennen in mehr oder minder starker Ausprägung die mehr oder minder intensiv und bewußt erlebte Angst vor der Einsamkeit, die Urangst vor dem Alleinsein. Während das Kind die Einsamkeit ablehnt, weil es Angst vor dem Verlassenwerden hat, weil es sie mit Strafe verbindet oder sich vor irgendwelchen Monstern draußen fürchtet, werden wir Erwachsene von anderen, im wesentlichen inneren Ängsten heimgesucht. Etwa der Angst vor Kontrollverlust, der Angst vor unseren eigenen Gedanken, vor unseren inneren Stimmen. Daß wir Einsamkeit unterschiedlich gut aushalten können, hängt unmittelbar damit zusammen, wie wir unseren Ängsten begegnen und ob wir uns im Einklang mit unserem Inneren befinden sowie mit unserer Fähigkeit, uns zu unterhalten und unsere Zeit zu füllen. Aus Angst, mit ungelösten persönlichen Problemen konfrontiert zu werden, mit Phantasmen, die uns bedrängen, mit unseren dunklen Bereichen, fliehen wir vor dem Unwohlsein, das uns das Alleinsein bereitet.

Wenn ein Mensch sich selbst nicht leiden kann, kann er nur schwer an einer eigenen Gesellschaft Gefallen finden; er wird sich vielmehr unwohl fühlen. Sicher kann Einsamkeit uns in die Verzweiflung treiben, sie kann uns aber auch in Ekstase bringen; das hängt ganz und gar – das möchte ich betonen – von unserer inneren Welt ab. Schließlich können wir uns auch mit anderen Menschen langweilen;

ja die Langeweile ist sogar einer der schlimmsten Feinde für ein Paar und wird oft mit Einsamkeit gleichgesetzt.

Voltaire hielt Langeweile für den allerschlimmsten Zustand überhaupt; für Kierkegaard war sie das Nichts, das in die Wirklichkeit einbricht. Pascal beschrieb sie so: »Wir suchen Ruhe, und daher kämpfen wir gegen bestimmte Hindernisse, aber sobald wir sie überwunden haben, wird die Ruhe, da sie Langeweile hevorruft, unerträglich [...]. Wir denken an gegenwärtige oder zukünftige Sorgen, und obwohl wir uns in jeder Hinsicht sicher fühlen, wird die Langeweile aus dem Inneren unseres Herzens, wo sie ihren natürlichen Platz hat, aufsteigen, um unseren Geist zu vergiften.«

Die Langeweile ist gelegentlich nicht weit von der Depression und dem Desinteresse entfernt. Eine Freundin gestand mir: »Meine Arbeit langweilt mich; meine Ehe langweilt mich, wir haben uns nichts zu sagen, aber eine Scheidung ist so eine lästige Sache; meine Freunde langweilen mich, wir machen immer dasselbe; aber am meisten bin ich von mir selbst gelangweilt. Ich ertrage es nicht, länger als eine Stunde allein zu sein.« Aber die Einsamkeit ruft gewiß auch andere, noch quälendere Gefühle hervor. Wenn Langeweile die häufigste negative Folge oder zumindest die einleuchtendste Folge des Alleinseins ist, so ist Schwermut eine der schmerzhaftesten und kann zu selbstzerstörerischen Handlungen führen. Bekanntlich gibt es neben den depressive Phasen, die Teil unseres Lebens sind, auch stärkere, chronische depressive Zustände, wie die krankhafte Schwermut, die von Selbstmitleid, Apathie und Niedergeschlagenheit geprägt sind. Zweifellos gibt es viele Faktoren, die uns in die Depression treiben und die dazu führen können, daß wir passiv werden und uns von Gefühlen des Unverstandenseins und von irrationalen Gedanken leiten lassen.

Vielleicht läßt sich die Schwermut am leichtesten überwinden, wenn wir sie in eine aktive Form der Einsamkeit verwandeln, indem wir dem Leiden einen Sinn geben und es als etwas betrachten, an dem wir wachsen können. Das kann einen Schritt zum persönlichen Wandel darstellen. Der Psychologe Clark Moustakas beschreibt ihn in *Loneliness* folgendermaßen: »In der Schwermut liegt Macht, Reinheit, Selbstversunkenheit und eine Tiefe, die sich mit keiner anderen Erfahrung vergleichen läßt. Es ist ein derart starkes, unmittelbares und tiefes Gefühl, ein Gefühl, das so anders ist, daß kein Platz für eine andere Wahrnehmung bleibt. Die Melancholie ist eine Erfahrung, die auf nichts hinzielt, die kein anderes Ziel hat als sich selbst. Sie ist keine Schutzlosigkeit, sie ist weder Partei noch Exil. Der Mensch geht vollständig darin auf.«

Dennoch kann die Einsamkeit uns, wie wir bereits gesagt haben, auch nützen. Eine gewisse Zeit allein zu sein ist weder eine Strafe noch ein Luxus, sondern eine Notwendigkeit, denn jeder Organismus braucht einen persönlichen Raum. Wenn der Abstand zu den anderen zu groß ist, fühlen wir uns isoliert, aber wenn das Gegenteil der Fall ist, können wir uns eingesperrt und beengt fühlen. Das hängt von unseren Grenzen ab, denn ebenso wie wir uns oft verhalten, als würden wir einem Herdentrieb folgen, neigen wir auch dazu, die Einsamkeit zu suchen, mit uns allein zu sein, vor allem, wenn wir starkem sozialem Druck ausgesetzt sind. Daher brauchen wir einen privaten Bereich und Zeit, uns zu versenken, uns selbst zu entdecken und uns auf uns selbst zu konzentrieren, Erfahrungen zu machen, die uns persönlich bereichern und die uns Harmonie bringen; brauchen wir Zeit, um unsere Phantasie frei schweifen zu lassen, Herz und Verstand zu ordnen, nachzudenken, ein optimales Gleichgewicht zwischen außen und innen herzustellen und bessere Beziehungen zu anderen Menschen zu bekommen.

Erich Fromm war der Ansicht, die Fähigkeit, Einsamkeit zu genießen, sei eine Voraussetzung, um andere Menschen lieben zu können, da uns dann der Wunsch und nicht die Notwendigkeit antreibt. Ebenso sind viele Expertinnen für seelische Gesundheit der Ansicht, die ausgeglichensten Menschen seien jene, die Einsamkeit suchen und genießen können. Viele abhängige und zerstörerische Beziehungen beruhen auf der Unfähigkeit, allein zu sein, oder auf dem Gefühl, sich selbst nicht ertragen zu können.

Ebenso, wie wir bestimmte Fähigkeiten brauchen und uns anstrengen müssen, um mit anderen in Beziehung zu treten, brauchen wir auch Fähigkeiten, um mit uns selbst eine Beziehung aufzubauen, um uns bewußt zu machen, was mit uns geschieht, und es in unsere innere Welt aufzunehmen, damit wir uns wohl fühlen. Wenn wir unser Leben verantwortungsvoll in die Hand nehmen und für eine größere Vertrautheit mit uns selbst sorgen, ist das auch für unsere Beziehung zu anderen Menschen nützlich.

Wir können die Last der Einsamkeit nur dann auf uns nehmen, wenn wir die Bedeutung der Einsamkeit verstanden haben und wissen, welchen Platz sie in unserem Leben einnimmt. Durch sie lernen wir, selbstgenügsamer und unabhängiger zu sein, die Zeit, in der wir allein sind, besser zum Ausruhen, zur Bereicherung unseres Lebens und zur Kreativität zu nützen, damit Traurigkeit, Langeweile und Kummer keinen Platz mehr in unserem Leben haben. Wenn wir lernen, mit uns selbst gut auszukommen, uns mit uns selbst wohl zu fühlen, Freiheit und Verantwortung auf uns zu nehmen, auf verschiedene Art mit uns über das, was wir erleben, und über unsere Lage zu sprechen, an unserer eigenen Gesellschaft Gefallen zu finden, dann werden wir Frieden mit uns selbst schließen. Dann werden wir die ersehnte Ausgeglichenheit und heitere Ruhe finden.

In diesem Buch haben wir von Leid, Zurückweisung, Schuld, Mitleid, Diskriminierung, Abhängigkeit, gegenseitigem Mißverstehen und Lieblosigkeit gesprochen, aber auch von Autonomie, Identität, Selbstachtung, Weisheit, Glück und natürlich von Liebe. Das alles im Zusammenhang mit der Einsamkeit, deren konstruktive, kreative, befreiende, bereichernde Seiten wir herauszuarbeiten versucht haben. Vielleicht können wir durch das, was die neuen Generationen erfahren, und mit den nötigen sozialen Umwälzungen eine gerechtere, freiere, gleichere und pluralistischere Gesellschaft entwickeln, ohne daß wir von Verzweiflung, Sorge und Kälte überwältigt werden. Denn unsere Existenz ist nicht von der Isolierung bedroht, sondern von bestimmten verarmenden und entfremdenden Kommunikationsformen.

Bibliographie

Accati, L.: *El matrimonio de Raffaele Albanese. Novela antropológica.* Col. Feminismos, Cátedra, Madrid 1995.

Alberdi, I.: *Parejas y matrimonios.* Ministerio de Asuntos Sociales, Madrid 1984.

Alberdi, I.: »Un amor par toda la vida« aus: Castaño, C./Palacios, S. (Eds.): *Salud, dinero y amor. Cómo viven las mujeres espagñolas de hoy.* Alianza Editorial, Madrid 1996.

Alberoni, F.: *Die neue Moral der Liebe. Ein Manifest.* Piper, München o.J.

Alberoni, F.: *Erotik. Weibliche Erotik – männliche Erotik – was ist das?* Seehamer, Weyarn 1999.

Alberoni, F.: *Liebe. Das Höchste der Gefühle.* Heyne, München o.J.

Alcalde, C.: *La mujer en la guerra civil espagñola.* Cambio 16, Madrid 1994.

Alcott, L. M.: *Little Women.* Hueber, München 1997.

Al-Sa'Dawi, N.: *Mujer en punto cero.* Horas y Horas, Madrid 1994.

Alston, K.: »A unicorn's memory: solitude and the life of teaching and learning« aus: Wear, D. (Ed.): *The Center of the Web. Women and Solitude.* Suny, New York 1993.

Amorós, C.: *Diez palabras clave sobre la mujer.* Verbo Divino, Estella 1995.

Amorós, C.: *Hacia una crítica de la razón patriarcal.* Anthropos, Barcelona 1991.

Amorós, C.: *Tiempo de feminismo. Sobre feminismo, proyecto ilustrado y postmodernidad.* Col. Feminismos, Cátedra, Madrid 1997.

Amorós, C. et alii: *Historia de la teoría feminista.* Communidad de Madrid, Dirección General de la Mujer, Instituto de Investigaciones Feministas, Universidad Complutense de Madrid 1994.

Amorós, C./Valcárel, A. (Comp.): *El concepto de igualdad.* Fundación Pablo Iglesias, Madrid 1994.

Anderson, C./Stewart, S./Dimidjian, S.: *Volando solas. Mujeres sin pareja a los 40*. Paidós, Barcelona 1993.

Anderson, B./Zinsser, J.: *Eine eigene Geschichte. Frauen in Europa.* Zwei Bände. Schweizer Verlagshaus, Zürich 1993.

Arendt, H.: *Macht und Gewalt.* Piper, München 1998.

Arendt, H./McCarthy, M.: *Im Vertrauen. Briefwechsel 1949–1975.* Piper, München 1995.

Ariés, P./Duby, G.: *Geschichte des privaten Lebens.* Fünf Bände. S. Fischer, Frankfurt/M. 1993.

Aristoteles: *Rhetorik,* Uni-Taschenbücher, Stuttgart 1995.

Armstrong, N.: *Deseo y ficción doméstica.* Col. Feminismos, Cátedra, Madrid 1991.

Arnedo, E. (Dir.): *El gran libro de la mujer.* Temas de Hoy, Madrid 1997.

Arnim, E. von: *Elisabeth und ihr Garten.* Insel, Frankfurt/M. 1990.

Atkins, E.: »Solitude and irony: a private vision and public position« aus: Wear, D. (Ed.): *The Center of the Web. Women and Solitude.* Suny, New York 1993.

Audy, J. R.: »Man the lonely animal: Biological routes of loneliness« aus: Hartog, J./Audy, J. R./Cohen, Y. A. (Eds.): *The Anatomy of Loneliness.* International Universities Press, New York 1981.

Austen, J.: *Emma.* Aufbau, Berlin 2001.

Bachmann, I.: *Sämtliche Erzählungen.* Piper, München 1998.

Badinter, E.: *Die Mutterliebe.* Piper, München 1999.

Balló, J./Pérez, J.: *La semilla inmortal. Los argumentos universales en el cine.* Anagrama, Barcelona 1996.

Barnes, D.: *Ladies Almanach.* Wagenbach, Berlin 1997.

Barnes, D.: *Nachtgewächs.* Suhrkamp, Frankfurt/M. 1998.

Baroja y Nessi, C.: *Recuerdos de una mujer de la generación del 98.* Tusquets, Barcelona 1998.

Barrio, E.: *Historia de las transgresoras. La transición de las mujeres.* Col. Antrazyt, Icaria, Barcelona 1996.

Barthes, R.: *Fragmente einer Sprache der Liebe.* Suhrkamp, Frankfurt/M. 1998.

Bataille, G.: *Die Erotik.* Matthes & Seitz Verlag, München 1998.

Baudrillard, J.: *Von der Verführung.* Matthes & Seitz Verlag, München 1992.

Beauvoir, S. de: *Das andere Geschlecht.* Rowohlt, Reinbek 2000.

Becker, C.: *Zimmer-Kopf-Welten.* Fink, München o. J.

Béjar, H.: *El ámbito íntimo. Privacidad, individualismo y modernidad.* Alianza Editorial, Madrid 1995.

Béjar, H.: *La cultura del yo.* Alianza Editorial, Madrid 1993.

Benedetti, M.: *El amor, las mujeres y la vida.* Alfaguara, Madrid 1995.
Benstock, S.: *Women of the Left Bank 1900–1940.* University of Texas, Houston 1987.
Berger, J.: *Das Leben der Bilder oder die Kunst des Sehens.* Wagenbach, Berlin 1989.
Bergman, I.: *Einzelgespräche.* Hanser, München 1997.
Berlak, A.: »Writing autobiographically in solitude about teaching: why to; how to.« aus: Wear, D. (Ed.): *The Center of the Web. Women and Solitude.* Suny, New York 1993
Bertomeu, O.: »¿Qué es eso del sexo?« aus: Arnedo, E. (Dir.): *El gran libro de la mujer.* Temas de Hoy, Madrid 1997.
Blixen, T.: *Jenseits von Afrika.* Rowohlt, Reinbek 1999.
Bochetti, A.: *Lo que quiere una mujer.* Col. Feminismos, Cátedra, Madrid 1996.
Bordieu, P.: *El sentido práctico.* Taurus, Madrid 1991.
Bornay, E.: *Aproximación a Ramón Casas a través de la figura femenina.* Ausa, Sabadell 1992.
Bornay, E.: *Las hijas de Lilith.* Col. Ensayos Arte, Cátedra, Madrid 1990.
Bravo, A.: *Femenino singular. La belleza a través de la Historia.* Alianza Editorial, Madrid 1996.
Brontë, A: *Agnes Grey.* Insel, Frankfurt/M. 1988.
Brontë, C.: *Jane Eyre.* Winkler, München 2000.
Brookner, A.: *Undue Influence.* Vintage. New York 2001.
Brookner, A.: *Vergangenheit ist ein anderes Land.* Zsolnay, Wien 1999.
Brookner, A.: *Verlorene Wünsche.* dtv, München 1997.
Bueno Alonso, J.: *Imágenes de mujer.* Universidad de Alicante, Alicante 1996.
Busi, A.: *Manual de la perfecta Gentildama.* Lumen, Barcelona 1997.
Campillo, N.: *El feminisme com a crítica.* Tàndem, Valencia 1997.
Camps, V.: *El siglo de las mujeres.* Col. Feminismos, Cátedra, Madrid 1998.
Carabias, J.: *Crónicas de la República. Del optimismo de 1931 a las vísperas de la tragedia de 1936.* Temas de Hoy, Madrid 1997.
Carrano, P.: *Küß mich, Dummkopf! Gebrauchsanleitung für Männer.* Droemer Knaur, München 1995.
Carroll, L.: *Alice im Wunderland.* Aufbau, Berlin 2000.
Castells, M.: *Information Age.* Vol. 3: End of Millennium. Blackwell Publishers, Oxford o. J.
Castro, J.: *Sor Juana Inés de la Cruz o la pasión del conocimiento.* Instituto Andaluz de la Mujer, Sevilla 1997.
Chadwick, W.: *Im Labyrinth der Bilder.* Rütten & Loening, Berlin 1999.

Chadwick, W./Courtiuron, I.: *Los otros importantes. Creatividad y relaciones íntimas*. Col. Feminismos, Cátedra, Madrid 1994.

Chodorow, N.: *Das Erbe der Mütter. Psychoanalyse und Soziologie der Mütterlichkeit*. Frauenoffensive, München 1985.

Chopin, K.: *Das Erwachen*. Insel, Frankfurt/M. 1998.

Chopin, K.: A *Shameful Affair and Other Stories*. Orion, New York 1998.

Christian-Smith, L. K.: »A time and place of one's own: women's struggles for solitude« aus: Wear, D. (Ed.): *The Center of the Web. Women and Solitude*. Suny, New York 1993.

Ciplijauskaité, B.: *La mujer insatisfecha. El adulterio en la novella realista*. Edhasa, Barcelona 1984.

Clarín (d.i. Alas, L.): *Die Präsidentin*. Suhrkamp, Frankfurt/M. 1987.

Clemente, J. E.: *Historia de la soledad*. Siglo XXI, Buenos Aires 1969.

Cobo, R.: *Fundamentos del patriarcado moderno*. Jean Jacques Rousseau. Col. Feminismos, Cátedra, Madrid 1995.

Cohen, A.: *Die Schöne des Herrn*. dtv, München 1989.

Colette: *Die Freuden des Lebens. Tagesanbruch*. Zsolnay, Wien 1961.

Davidson, S.: *Tres mujeres de los años sesenta*. Grijalbo, Barcelona 1979.

Deepwell, K.: *New Feminist Art Criticism*. University Press, Manchester 1998.

Deepwell, K.: *Women Artists and Modernism*. St Martin's Press, New York 1998.

Diego, E. de: *La mujer y la pintura del XIX español*. Col. Ensayos Arte, Cátedra, Madrid 1987.

Diego, E. de: *El andrógino sexuado. Eternos ideales, nuevas estrategias de género*. Col. La Balsa de la Medusa, Visor, Madrid 1992.

Dijkstra, B.: *Das Böse ist eine Frau. Männliche Gewaltphantasien und die Angst vor der weiblichen Sexualität*. Rowohlt, Reinbek 1999.

Doeuff, M. le: *El estudio y la rueca. De las mujeres, de la filsofía, etc*. Col. Feminismos, Cátedra, Madrid 1993.

Doña, J.: *Desde la noche y niebla (Mujeres en las cárceles franquistas)*. La Torre, Madrid 1978.

Dowling, C.: *Der Cinderella-Komplex. Die heimliche Angst der Frauen vor der Unabhängigkeit*. S. Fischer, Frankfurt/M. 1997.

Duhet, P.-M.: *Las mujeres y la revolución. 1789–1794*. Península, Barcelona 1974.

Duncan, I.: *Memoiren*, dt. 1928.

Dunn Mascetti, M.: *Goddess Wisdom. Aphrodite, Artemis and Athena*. Chronicle Books, San Francisco 1996.

Durán, M. A.: *Las familias monoparentales.* Ministerio de Asuntos Sociales, Madrid 1988.

Durán, M. A. et alii: *De puertas adentro.* Instituto de la Mujer, Madrid 1988.

Ehrhardt, U.: *Gute Mädchen kommen in den Himmel, böse überall hin.* S. Fischer, Frankfurt 2000.

Eichenbaum, E. L./Orbach, S.: *Frauenfeindschaft – Frauenfreundschaft.* Econ, Düsseldorf, 3. neubearbeitete Auflage 1996.

Eichenbaum, E. L./Orbach, S.: *Was wollen die Frauen? Ein psychotherapeutischer Führer durch das Labyrinth von Wünschen, Ängsten und Sehnsüchten in Liebesdingen.* Econ, Düsseldorf 1993.

Eidman-Aadahl, E.: »The solitary reader revisited: dialogues on a working class girlhood« aus: Wear, D. (Ed.): *The Center of the Web. Women and Solitude.* Suny, New York 1993.

Elias, N.: *Die Gesellschaft der Individuen.* Suhrkamp, Frankfurt/M. 1991.

Eliot, T. S.: *Gesammelte Gedichte 1904–1962.* Suhrkamp, Frankfurt/M. 1988.

Evans, M.: *Introducción al pensamiento feminista contemporáneo.* Minerva, Madrid 1997.

Fagoaga, C./Saavedra, P.: *Clara Campoamor. La sufragista española.* Dirección General de uventud y Promoción Socio-cultural, Subdirección General de la Mujer, Madrid 1981.

Falcón, L./Siurana, E.: *Catálogo de escritoras feministas actuales en lengua castellana.* Comunidad de Madrid, Dirección General de la Mujer, Madrid 1992.

Faludi, S.: *Backlash. Die Männer schlagen zurück.* Rowohlt, Reinbek 1995.

Farge, A./Klapisch-Zuber, C.: *Madame ou mademoiselle?* Montalba, Paris 1984.

Feminario de Alicante: *Elementos para una educación no sexista.* Víctor Orenga, Valencia 1987.

Fielding, H.: *Schokolade zum Frühstück. Das Tagebuch der Bridget Jones.* Goldmann, München 1999.

Firestone, S.: *La dialéctica del sexo.* Kairós, Barcelona 1976.

Flaubert, G.: *Madame Bovary.* Winkler, München 1993.

Flax, J.: *Psicoanálisis y feminismo. Pensamientos fragmentarios.* Col. Feminismos, Cátedra, Madrid 1995.

Folguera, P. et alii: *Otras visiones de España.* Fundación Pablo Iglesias, Madrid 1993.

Foucault, M.: *Sexualität und Wahrheit. Der Gebrauch der Lüste.* Bd. 2,

Suhrkamp, Frankfurt/M. 1989.

Foucault, M.: *Überwachen und Strafen. Die Geburt des Gefängnisses.* Suhrkamp, Frankfurt/M. 1976.

Fraisse, G.: *Geschlechterdifferenz.* Kimmerle, o. O. 1996.

Fraisse, G./Perrot, M. et alii: *Geschichte der Frauen.* Bd. 4, Campus Verlag, Frankfurt/M. 1994.

Francke, L.: *Mujeres guionistas en Hollywood.* Laertes, Barcelona 1996.

Franco, J.: *Las conspiradoras. La representación de la mujer en México.* Col. Tierra Firme, El Colegio de México-Fondo de Cultura Económica, México 1993.

Fredriksson, M.: *Hannas Töchter.* S. Fischer, Frankfurt/M. 1999.

Freud, S.: *Schriften über Liebe und Sexualität.* S. Fischer, Frankfurt/M. 1994.

Friedan, B.: *Der Weiblichkeitswahn oder Die Selbstbefreiung der Frau. Ein Emanzipationskonzept.* Rowohlt, Reinbek o. J.

Frischer, D.: *La revanche des misogynes.* Albin Michel, Paris 1997.

Fromm, E.: *Die Kunst des Liebens.* dtv, München. 1996.

Fuster, J.: *Misògins i enamorats.* Bromera, Alcira 1995.

García Calvo, A.: *El amor y los sexos.* Lucina, Madrid 1984.

García Calvo, A.: »Gramática de los sexos« aus: *Problemas de género,* monográfico de *Archipiélago. Cuadernos de crítica de la Cultura,* 30, 1997.

García de Cortázar, M./ García de León, M. A.: »Mujeres en minoría. Una investigación sociológica sobre las catedráticas de universidad en España« *Opiniones y Actitudes.* 16, Centro de Investigaciones Sociológicas, Madrid 1997.

García de León, M. A.: *Élites discriminadas (sobre el poder de las mujeres).* Anthropos, Barcelona 1994.

García Lorca, F.: *Tragikkomödie des Dón Christóbal und der Dona Rosita. Farce für Puppen in sechs Bildern.* Insel, Frankfurt/M. 1992.

García Morales, A.: *Das Schweigen der Sirenen.* Suhrkamp, Frankfurt/M. 1991.

Garrido, L.: »La revolución reproductiva« aus: Castaño, C./Palacios, S.: *Salud, dinero y amor. Cómo viven las mujeres españolas de hoy.* Alianza Editorial, Madrid 1996.

Giddens, A.: *Wandel der Intimität.* S. Fischer, Frankfurt/M. 1993.

Gil Calvo, E.: *El nuevo sexo débil. Los dilemas del varón posmoderno.* Temas de Hoy, Madrid 1997.

Gil Calvo, E.: *La era de las lectoras: El cambio cultural de las mujeres españolas.* Instituto de la Mujer, Ministerio de Asuntos Sociales, Madrid 1993.

Gil Calvo, E.: *La mujer cuarteada. Útero, deseo y Safo.* Anagrama, Barcelona 1991.

Giroud, F./Lévy, B.-H.: *Die Männer und die Frauen.* S. Fischer, Frankfurt/M. 1997.

González, A.: *El pensamiento filosófico de Lou Andreas-Salomé.* Col. Feminismos, Cátedra, Madrid 1997.

Gordon, B.: »Speaking in tongues: an african-american woman in the world and the academy« aus: Wear, D. (Ed.): *The Center of the Web. Women and Solitude.* Suny, New York 1993.

Gordon, T.: *Single Women. Women in Society.* Jo Campling, London 1994.

Graham, K.: *Wir drucken! Die Chefin der Washington Post erzählt die Geschichte ihres Lebens.* Kindler, München 1999.

Gray, J.: *Jeden Tag mehr Liebe – Männer sind vom Mars, Frauen von der Venus. 365 Anregungen für Paare.* Goldmann, München 1999.

Guigou, E.: *Etre femme en politique.* Plon, Paris 1997.

Gurméndez, C.: *Estudios sobre el amor.* Anthropos, Barcelona 1985.

Haushofer, M.: *Die Wand.* dtv, München 1999.

Heller, A.: *The Cultural Movement. The New Politics, the New Woman, the New Psychology, the New Art and the New Theatre in America (1915).* Rudgers University Press, New Brunswick o. J.

Henry, J.: »Loneliness and vulnerability« aus: Hartog, J./Audy, J. R./ Cohen, Y. A. (Eds.): *The Anatomy of Loneliness.* International Universities Press, New York 1981.

Heyden-Rynsch, V. von der: *Europäische Salons.* Artemis, Zürich 1997.

Howard Davis, R.: *Women and Power in Parliamentary Democracies.* University of Nebraska Press, Nebraska 1997.

Ibeas, N./Millán, M. A.: *La conjura del olvido.* Col. Antrazyt, Icaria, Barcelona o. J.

Ibn Hazm de Córdoba, C.: *El collar de la paloma.* Alianza Editorial, Madrid 1989.

Irazábal Martín, C.: *Alice, sí está. Directoras de cine europeas y norteamericanas 1896–1996.* Horaz y Horaz, Madrid 1996.

Izquieta Etulain, J. L.: »Protección y ayuda mutua en las redes familiares. Tendencias y retos actuales«, *Reis,* 74, 1996, 189–207.

Jalvin, L.: *Cómeme.* Planeta, Barcelona 1998.

James, H.: *Damen in Boston.* Aufbau, Berlin 2001.

Jaschok, M./Miers, S.: *Mujeres y patriarcado chino. Sumisión, servidumbre y escape.* Bellaterra 2000, Barcelona 1998.

Jayme, M./Sau, V.: *Psicología diferencial del sexo y el género. Fundamentos.* Col. Antrazyt, Icaria, Barcelona 1996.

Jones Royster, J.: »Time alone, place apart: The role of spiracy in using the power of solitude« aus: Wear, D. (Ed.): *The Center of the Web. Women and Solitude.* Suny, New York 1993.

Joyce, J.: *Ulysses.* Suhrkamp, Frankfurt/M. 1979.

Kafka, F.: *Brief an den Vater.* S. Fischer, Frankfurt/M. 1997.

Kahlo, F.: *Diario. Un íntimo autorretrato.* Debate, Madrid 1995.

Kaplan, E. A.: *Feminism and Film.* Oxford University Press, Oxford 2000.

Keyes, R.: »We, the lonely people« aus: Hartog, J./Audy, J. R./Cohen, Y. A. (Eds.): *The Anatomy of Loneliness.* International Universities Press, New York 1981.

Kirkpatrick, S.: *Las románticas. Escritoras y subjetividad en España. 1835–1850.* Col. Feminismos, Cátedra, Madrid 1995.

Klein, M.: »On the sense of loneliness« aus: Hartog, J./Audy, J. R./ Cohen, Y. A. (Eds.): *The Anatomy of Loneliness.* International Universities Press, New York 1981

Klüver, B./Martin, J.: *Kikis Paris.* DuMont, Köln 1989.

Kolbenschlag, M.: *Adiós, bella durmiente. Crítica de los mitos femeninos.* Kairós, Barcelona 1994.

Kollontai, A.: *Wege der Liebe. Drei Erzählungen.* Morgenbuch Verlag, Berlin 1992.

Kundera, M.: *Die Identität.* S. Fischer, Frankfurt/M. 2000.

Laird, S.: »Women, single life and solitude: A plea to rethink curriculum« aus: Wear, D. (Ed.): *The Center of the Web. Women and Solitude.* Suny, New York 1993.

Lamourère, O.: *Los que vivimos solos. La soledad ya no es lo que era.* Paidós, Barcelona 1994.

Landau, J.: »Loneliness and creativity« aus: Hartog, J./Audy, J. R./ Cohen, Y. A. (Eds.): *The Anatomy of Loneliness.* International Universities Press, New York 1981.

Landolfi, T.: *Zwei späte Jungfern.* Wagenbach, Berlin 2000.

Lasson, F./Selborn, C.: *Tania Blixen. Ihr Leben in Dänemark und Afrika.* DVA, Stuttgart 1987.

Lebelley, F.: *Marguerite Duras. Ein Leben.* Suhrkamp, Frankfurt/M. 2000.

Leck, G.: »One-way mirrors, alchemy and plentitude« aus: Wear, D. (Ed.): *The Center of the Web. Women and Solitude.* Suny, New York 1993.

Leguina, J.: *Malvadas y virtuosas. Retratosde mujeres inquietantes.* Temas de Hoy , Madrid 1997.

León, M. T.: *Memoria de la melancolía.* Anagrama, Barcelona 1987.

Lessing, D.: *Das goldene Notizbuch*. S. Fischer, Frankfurt/M. 1998.
Lessing, D.: *Und wieder die Liebe*. Goldmann, München 1997.
Lewis, M.: »Private spaces: The political economy of women's solitude« aus: Wear, D. (Ed.): *The Center of the Web. Women and Solitude*. Suny, New York 1993.
Lipovetsky, G.: *La troisième femme. Permanence et révolution du féminin*. Gallimard, Paris 1997.
Lledó, E.: *El silencio de la escritura*. Col. Austral, Espasa Calpe, Madrid 1998.
Luhmann, N.: *Liebe als Passion. Zur Codierung von Intimität*. Suhrkamp, Frankfurt/M. 1995.
Makanin, V.: *Zwei Einsamkeiten*. Neuer Malik Verlag, München 1995.
Mancebo, M. F.: »Las mujeres valencianas exiliadas. 1939–1975« aus García, M. (Ed.): *Homenaje a Manuela Ballester*. Institut Valencià de la Dona, Valencia 1995.
Mangini, S.: *Recuerdos de la resistencia. La voz de las mujeres de la Guerra Civil española*. Península, Barcelona 1997.
Mansfield, K.: *Erzählungen und Tagebücher*. Manesse Verlag, Zürich 1974.
Marcal, M. M.: *Auf den Spuren der Renée Vivien*. Frauenverlag, Wien, 1998.
Marías, J.: *Geschriebenes Leben*. Klett-Cotta, Stuttgart 2001.
Marina, J. A.: *El laberinto sentimental*. Anagrama, Barcelona 1996.
Marina, J. A.: *Ética para náufragos*. Anagrama, Barcelona 1996.
Marqués, J. V.: *¿Qué hace el poder en tu cama? Apuntes sobre la sexualidad bajo el patriarcado*. Ediciones 2001, Barcelona 1981.
Marqués, J. V./Osborne, R.: *Sexualidad y sexismo*. Universidad Nacional de Educación a Distancia, Fundación Universidad-Empresa, Madrid 1991.
Martín Gaite, C.: *Entre visillos*. Destino, Barcelona 1997.
Martín Gaite, C.: *Rotkäppchen in Manhattan*. Suhrkamp, Frankfurt/M. 1994.
Martín Gaite, C.: *Usos amorosos de la postguerra española*. Anagrama, Barcelona 1987.
Martín Gaite, C.: *Usos amorosos del XVIII en España*. Siglo XXI, Madrid 1972.
Martín Garzo, G.: *El amigo de las mujeres*. Caja España, Oviedo 1992.
Martino, G. de/Bruzzese, M.: *Las filósofas*. Col. Feminismos, Cátedra, Madrid 1996.
Maurois, A.: *Das Leben der George Sand*. dtv, München 1995.
McCullers, C.: *Das Herz ist ein einsamer Jäger*. Diogenes, Zürich 1997.

McFall, L.: »Solitude, suffering and personal authority« aus: Wear, D. (Ed.): *The Center of the Web. Women and Solitude.* Suny, New York 1993.

Mead, M.: *Mann und Weib. Das Verhältnis der Geschlechter in einer sich wandelnden Welt.* Ullstein, Berlin 1992

Mead, M.: »Loneliness, autonomy and interdependence in cultural context« aus: Hartog, J./Audy, J. R./ Cohen, Y. A. (Eds.): *The Anatomy of Loneliness.* International Universities Press, New York 1981.

Medina, J. A./Cembranos, F.: *La soledad.* Santillana, Madrid 1996.

Mendelsohn, J.: *I was Amelia Earhart.* Vintage, New York 1997.

Mernissi, F.: *Der politische Harem. Mohammed und die Frauen.* Herder, Freiburg 1998.

Mernissi, F.: *Die Sultanin. Die Macht der Frauen im Islam.* Luchterhand Literaturverlag, München 1991.

Messina, M.: *Das Haus in der Gasse.* Arche, Zürich 1990.

Michaelson, E.: »Opening the closed door« aus: Wear, D. (Ed.): *The Center of the Web. Women and Solitude.* Suny, New York 1993.

Middleton, R.: *Alexandra David-Néel. Portrait of an Adventurer.* Asin, o. O., o. J.

Mijuskovic, B.: »Loneliness: An interdisciplinary approach« aus: Hartog, J./Audy, J. R./ Cohen, Y. A. (Eds.): *The Anatomy of Loneliness.* International Universities Press, New York 1981.

Millás, J. J.: *Das war die Einsamkeit.* Suhrkamp, Frankfurt/M. 1991.

Miller, J.: »Solitary spaces: Women, teaching and curriculum« aus: Wear, D. (Ed.): *The Center of the Web. Women and Solitude.* Suny, New York 1993.

Millett, K.: *Sexual Politics.* University of Illinois, Boise 2000.

Montero, R.: *Das unsichtbare Leben. Porträts großer Frauen.* Engelhorn, Stuttgart 1997.

Montero, R.: *Geliebte und Feinde.* dtv, München 2001.

Montseny, F.: *La indomable.* Instituto de la Mujer, Castalia, Madrid 1991.

Morant, I.: *La felicidad de Madame du Châtelet: vida y estilo del siglo XVIII.* Col. Feminismos, Cátedra, Madrid 1996.

Moreschi, G./Almazán, B.: *Mujeres sin pareja.* Grupo Editorial Latinoamericano, Controversia, Buenos Aires 1992.

Morrison, T.: *Sehr blaue Augen.* Rowohlt, Reinbek 2000.

Moustakas, C.: *Loneliness.* Prentice Hall, New York 1961.

Muñoz Redon, J.: *Filosofía de la felicitat.* Empúries, Barcelona 1997.

Muñoz Zielinski, M. T.: *Colette. Entre la sensualidad y la creatividad.* Universidad de Murcia, Murcia 1993.

Musil, R.: *Der Mann ohne Eigenschaften.* Rowohlt Verlag, Reinbek 1981.
Nash, M.: *Mujer, familia y trabajo en España (1875–1936).* Anthropos, Barcelona 1983.
Neumaier, D.: *Reframings. New American Feminist Photographies.* Temple University Press, Philadelphia 1995.
Nietzsche, F.: *Also sprach Zarathustra.* Akademie, Berlin 2000.
Nin, A.: *Sanftmut des Zorns. Was es heißt, Frau zu sein.* Droemer Knaur, München 1994.
Norwood, R.: *Meditationen für Frauen, die zu sehr lieben. Ermutigungen für jeden Tag des Jahres.* Rowohlt, Reinbek 1999.
Ocampo, E.: *Cinco lecciones de amor proustiano.* Destino, Barcelona 1995.
Ortiz, A./Piqueras, M.: *La pintura en el cine.* Paidós Ibérica, Barcelona 1995.
Ortiz, L.: *El sueño de la pasión.* Planeta, Barcelona 1997.
Osborne, R.: *La construcción sexual de la realidad.* Col. Feminismos, Cátedra, Madrid 1993.
Ostrov, E./Offer, D.: »Loneliness and the adolescent« aus: Hartog, J./Audy, J. R./ Cohen, Y. A. (Eds.): *The Anatomy of Loneliness.* International Universities Press, New York 1981.
Pagano, J. A.: »Who am I when I'm alone with myself?« aus: Wear, D. (Ed.): *The Center of the Web. Women and Solitude.* Suny, New York 1993.
Pardo Bazán, E.: *La mujer española y otros artículos feministas.* Ausgewählt und mit einem Vorwort versehen von Leda Schiavo, Editorial Nacional, Madrid 1981.
Parker, D.: *New Yorker Geschichten.* Rowohlt, Reinbek 1997.
Pavese, C.: *Die einsamen Frauen.* Suhrkamp. Frankfurt/M. 1996.
Pavese, C./Freud, S./Rimbaud, A. et alii: *Del amor y los amantes.* Col. Estudios, Monte Ávila, Caracas 1971.
Paz, O.: *Sor Juana Inés de la Cruz oder Die Fallstricke des Glaubens.* Suhrkamp, Frankfurt/M. 1991.
Pedraza, P.: *La bella, enigma y pesadilla. Esfinge, medusa, pantera ...* Almudín, Valencia 1983.
Peraile, M.: *Sólo y soledad.* Huerga & Fierro, Madrid 1996.
Pérez Galdós, B.: *Fortunata y Jacinta.* Obras completas V, Novelas II, Aguilar, Madrid 1950.
Pérez Rojas, J.: *La Eva moderna. Ilustración gráfica española 1914–1935.* Fundación Cultural Mapfre Vida, Madrid 1997.
Platon: *Sämtliche Dialoge.* Meiner, Hamburg 1993.

Pomeroy, S.: *Frauenleben im klassischen Altertum.* Kröner, Stuttgart 1985.

Poniatowska, E.: Tinissima. *Der Lebensroman der Tina Modotti.* Suhrkamp, Frankfurt/M. 1996.

Preciado, N.: *El sentir de las mujeres.* Temas de Hoy, Madrid 1996.

Proust, M.: *Auf der Suche nach der verlorenen Zeit.* Suhrkamp, Frankfurt/M. 1976.

Puleo, A. H.: *Dialéctica de la sexualidad. Género y sexo en la filosofía contemporánea.* Col. Feminismos, Cátedra, Madrid 1992.

Puleo, A. H.: *Conceptualizaciones de la sexualidad e identidad femenina: voces de mujeres en la comunidad autónoma de Madrid.* Dirección General de la Mujer, Instituto de Investigaciones Feministas, Universidad Complutense de Madrid 1994.

Pulkkinen, T.: »Borders of solitude« aus: Wear, D. (Ed.): *The Center of the Web. Women and Solitude.* Suny, New York 1993.

Putnicki, P.: *Celibaty Is Better Than Really Bad Sex and Other Classic Rules for Single Women.* Cork Screw Press, Los Angeles 1994.

Rame, F./Fo, I./Fo, D.: *Tengamos el sexo en paz.* Hiru, Guipúzcoa 1997.

Reilly, L.: *Women Living Single.* Faber & Faber, London 1996.

Renau, M. D. et alii: *Integrismos, violencia y mujer.* Fundación Pablo Iglesias, Madrid 1996.

Requena, M.: *Nuevos amores, nuevas familias.* Tusquets, Barcelona 1992.

Reyero, C.: *Apariencia e identidad masculina. De la Ilustración al Decadentismo.* Cátedra, Madrid 1996.

Riefenstahl, L.: *Memoiren.* Taschen, Köln 2000.

Robles, M.: *Mujeres, mitos y diosas.* Consejo Nacional para la Cultura y las Artes y Fondo de Cultura Económica, México 1996.

Rodrigo, A.: *Mujeres para la historia. La España silenciada del siglo XX.* Compañía literaria, Madrid 1996.

Rojas Marcos, L.: *La pareja rota.* Espasa Calpe, Madrid 1994.

Romeu Alfaro, F.: *El silencio roto. Mujeres contra el franquismo.* F. Romeu, Madrid 1994.

Ros I Plana, M.: *Del monólogo al diálogo (hombres y mujeres).* Ediciones del Bronce, Barcelona 1996.

Rossanda, R.: *Auch für mich. Aufsätze zur Politik und Kultur.* Argument, Hamburg 1994.

Rougemont, D. de: *Die Liebe und das Abendland.* Rascher, Zürich 1939.

Rousseau, J. J.: *Abhandlung über den Ursprung und die Grundlagen der Ungleichheit unter den Menschen.* Reclam, Stuttgart 1998.

Royal, S.: *La vérité d'une femme.* Stock, Paris 1996.

Rubin, H.: *Machiavelli für Frauen. Strategie und Taktik im Kampf der Geschlechter.* Fischer Taschenbuch Verlag, Frankfurt/M. 2000.

Rushing, B.: »When we're together, I feel so alone: solitude in the midst of a crowd« aus: Wear, D. (Ed.): *The Center of the Web. Women and Solitude.* Suny, New York 1993.

Sadler, W. A. Jr./Johnson, T. B. Jr.: »From loneliness to anemia« aus: Hartog, J./Audy, J. R./ Cohen, Y. A. (Eds.): *The Anatomy of Loneliness.* International Universities Press, New York 1981.

Sáez Buenaventura, C.: »Afrontar los retos« aus: Arnedo, E. (Dir.): *El gran libro de la mujer.* Temas de Hoy, Madrid 1997.

Sand, G.: *Lélia.* Insel, Frankfurt/M. 1983.

Sand, G.: *Geschichte meines Lebens.* Insel, Frankfurt/M. 1996.

Sapon-Shevin, M.: »Reclaiming the safety of solitude: Being with, not hidden from« aus: Wear, D. (Ed.): *The Center of the Web. Women and Solitude.* Suny, New York 1993.

Sau, V.: *El vacío de la maternidad. Madre no hay más que ninguna.* Col. Antrazyt, Icaria, Barcelona 1995.

Savater, F.: *Die Fragen des Lebens. Fernando Savater lädt ein in die Welt der Philosophie.* Campus, Frankfurt/M. 2000.

Savater, F.: *El jardín de las dudas.* Planeta, Barcelona 1993.

Savigneau, J.: *Marguerite Yourcenar. Die Erfindung eines Lebens.* Hanser, München 1993.

Serrano, M.: *El albergue de las mujeres tristes.* Alfaguara, Madrid 1998.

Shelley, M. W.: *Frankenstein oder Der moderne Prometheus.* Insel, Frankfurt/M. 1999.

Staël, M. de: *Corinne ou l'Italy.* Des Femmes, Paris 1979.

Steinem, G.: *Was heißt schon emanzipiert. Meine Suche nach einem neuen Feminismus.* Droemer Knaur, München 1995.

Steloff, F.: *En compañía de genios. Memorias de una librera de Nueva York.* Ediciones de la Rosa Cúbica, Barcelona 1996.

Stendhal: *Rot und Schwarz.* Winkler, München 1992.

Stendhal: *Über die Liebe.* Aufbau, Berlin 1999.

Subirats, M.: *Con diferencia. Las mujeres frente al reto de la autonomía.* Col. Antrazyt, Icaria, Barcelona 1998.

Subirats, M./Brullet, C.: *Rosa y azul.* Instituto de la Mujer, Madrid 1998.

Taboada, L.: *La maternidad tecnológica: de la inseminación artificial a la fertilización in vitro.* Icaria, Barcelona 1986.

Talens, M.: *Hijas de Eva.* Tusquets, Barcelona 1997.

Thébaud, M. et alii: *Geschichte der Frauen.* Bd. 5: 20. Jahrhundert. Campus, Frankfurt/M. 1995.

Tillich, P.: »Loneliness and solitude« aus: Hartog, J./Audy, J. R./ Cohen, Y. A. (Eds.): *The Anatomy of Loneliness.* International Universities Press, New York 1981.

Tocqueville, A. de: *Über die Demokratie in Amerika.* Reclam, Stuttgart o. J.

Todorov, T.: *Abenteuer des Zusammenlebens. Versuch einer allgemeinen Anthropologie.* Wagenbach, Berlin 1996.

Todorov, T.: *El hombre deplazado.* Taurus, Madrid 1998.

Toni, S.: *Vademecum del single boy.* Rizzoli, Mailand 1986.

Trías, E.: *Tratado de la pasión.* Taurus, Madrid 1979.

Tristán, F.: *Fahrten einer Paria.* (3 Bände), Ala, o. O. 1983–87.

Tubert, S.: *Figuras del padre.* Col. Feminismos, Cátedra, Madrid 1997.

Utrera, F.: *Memorias de Colombine, la primera periodista.* HMR, Madrid 1998.

Valcárcel, A.: *La política de las mujeres.* Col. Feminismos, Cátedra, Madrid 1997.

Valcárcel, A.: *Sexo y filosofía. Sobre mujer y poder.* Anthropos, Barcelona 1991.

Valcárcel, A. et alii: *Mujeres al norte.* Instituto de la Mujer, Ministerio de Asuntos Sociales, Servicio de Publicaciones del Principado de Asturias 1995.

Vanderbeke, B.: *Das Muschelessen.* S. Fischer, Frankfurt/M. 2000.

Varela, J.: *Nacimiento de la mujer burguesa.* Col. Genealogía del Poder, La Piqueta, Madrid 1997.

Varela, J./Álvarez-Uría, F.: »Sociología del género. Algunos modelos de análisis« aus: *Problemas de género.* Monográfico de Archipiélago. Cuadernos de Crítica de la Cultura, 30, 1997.

Veith, I.: »Hermits and recluses: Healing aspects of voluntary withdrawal from society« aus: Hartog, J./Audy, J. R./ Cohen, Y. A. (Eds.): *The Anatomy of Loneliness.* International Universities Press, New York 1981.

Veith, I.: *Histeria. The History of a Disease.* University of Chicago 1965.

Walkowitz, J. R.: *Prostitution and Victorian Society: Woman, Class and the State.* Cambridge University, 1980.

Wear, D.: »A reconnection to self: Women and solitude« aus: Wear, D. (Ed.): *The Center of the Web. Women and Solitude.* Suny, New York 1993.

Weil, S.: *Cahiers. Aufzeichnungen.* 4 Bde. Hanser, München 1991 ff.

Weil, S.: *Aufmerksamkeit für das Alltägliche.* Kösel, München o. J.

Wharton, E.: *A Backward Glance.* New York 1934.

Wharton, E.: *Zeit der Unschuld.* Piper, München 1998.

Wolf, N.: *Der Mythos Schönheit.* Rowohlt, Reinbek 1991.

Wolf, N.: *Die Stärke der Frauen. Gegen den falsch verstandenen Feminismus.* Droemer Knaur, München 1996.

Wolfe, L.: *Women Who May Never Marry. The Reasons, Realities and Opportunities.* Longstreet Press, Atlanta 1993.

Wollstonecraft, M.: *Ein Plädoyer für die Rechte der Frau.* Böhlau, Weimar 1999.

Woolf, V.: *Ein Zimmer für sich allein.* S. Fischer, Frankfurt/M. 1997.

Woolf, V.: *A Wrighter's Diary: Being Extracts from the Diary of Virginia Woolf.* Harcourt, New York 1973.

Zambrano, M.: *Persona y democracia.* Anthropos, Barcelona 1988.

Zavala, I. M. (Coord.): *Breve historia feminista de la literatura española. La literatura escrita por mujer (del siglo XIX a la actualidad).* Anthropos, Barcelona 1998.

Zeldin, T.: *Eine intime Geschichte der Menschheit. Über die Kunst des Lebens.* DVA, Stuttgart 1997.